Sous la direction de
Monique Séguin, Alain Brunet

Intervention en situation de crise et en contexte traumatique

2e édition

gaëtan morin
éditeur
CHENELIÈRE ÉDUCATION

Intervention en situation de crise et en contexte traumatique
2e édition

Sous la direction de Monique Séguin, Alain Brunet et Line LeBlanc

Conception éditoriale : Sophie Jaillot
Édition : Frédéric Raguenez
Coordination : Valérie Côté
Révision linguistique : Marie Auclair (Communications Texto)
Correction d'épreuves : Natacha Auclair
Conception graphique : Josée Bégin

Catalogage avant publication de Bibliothèque et Archives nationales du Québec et Bibliothèque et Archives Canada

Vedette principale au titre :

Intervention en situation de crise et en contexte traumatique.

Comprend des réf. bibliogr. et un index.

ISBN 978-2-89632-073-8

1. Intervention en situation de crise (Psychiatrie). 2. Traumatisme psychique – Traitement. 3. Psychopathologie. I. Séguin, Monique, 1956- . II. Brunet, Alain, 1964- . III. LeBlanc, Line, 1960- .

RC480.6.I57 2012 616.89'025 C2012-940157-9

gaëtan morin éditeur

CHENELIÈRE ÉDUCATION

5800, rue Saint-Denis, bureau 900
Montréal (Québec) H2S 3L5 Canada
Téléphone : 514 273-1066
Télécopieur : 514 276-0324 ou 1 800 814-0324
info@cheneliere.ca

ISBN 978-2-89632-073-8

Dépôt légal : 2e trimestre 2012
Bibliothèque et Archives nationales du Québec
Bibliothèque et Archives Canada

Imprimé au Canada

2 3 4 5 6 M 17 16 15 14 13

Nous reconnaissons l'aide financière du gouvernement du Canada par l'entremise du Fonds du livre du Canada (FLC) pour nos activités d'édition.

Gouvernement du Québec – Programme de crédit d'impôt pour l'édition de livres – Gestion SODEC.

Œuvre de la couverture

Artiste : Georges Mamàn
Titre : *Portrait de ville variation 308*
Date : 2011
Médium : Mix-média sur toile
Mention : © Georges Mamàn
Crédit photographique : Galerie Dimension Plus

D'origine espagnole, Georges Mamàn vit et travaille à Montréal. Globe-trotter et inlassable chasseur d'émotions, l'artiste mélange couleurs, littérature, musique et poésie pour en extraire l'essentiel. Un essentiel subtilement épuré qui traduit les émotions de l'art contemporain. Les œuvres de Mamàn font partie de plusieurs collections au Canada, en France, en Belgique, en Allemagne et aux États-Unis.

Les cas présentés dans les mises en situation de cet ouvrage sont fictifs. Toute ressemblance avec des personnes existantes ou ayant déjà existé n'est que pure coïncidence.

L'achat en ligne est réservé aux résidants du Canada.

Préface - Boris Cyrulnik

Pourrait-on concevoir une existence sans crise? Nous viendrions au monde, serions nourris, aimés et éduqués aux plaisirs du corps et de l'esprit, sans un nuage, pendant 120 ans! Dès l'instant où, pour nous développer, nous sommes contraints à l'échange, nous courons le risque de ne pas être en accord avec notre milieu. Dans les situations d'isolement sensoriel, où les enfants ne sont jamais en désaccord puisqu'il n'y a pas d'autre personne, le développement s'arrête et les troubles sont nombreux. Il faut donc un autre pour devenir soi-même, sachant que la transaction entre ce que je suis et ce qu'est l'autre peut entraîner des moments de désaccord et provoquer des périodes de crise.

Quand on est enfant, on interroge le monde, mais à peine devient-on adulte que l'on se remet en question: la crise permet la maturation et amène à découvrir de nouvelles solutions, alors que l'isolement affectif ne donne aucune question à traiter. À l'adolescence, de nouvelles données, sexuelles et sociales, modifient fortement la structure de l'interaction. À ce moment, la crise nécessite un remaniement de l'être-ensemble. Les choix sont difficiles à faire et il faut aller vite, parce qu'à cet âge, un événement déstabilisant peut évoluer en une crise. La famille n'y trouve pas toujours de solution, parce que les contraintes sont hétérogènes et pas toujours harmonieuses. Les intérêts et les habitudes de l'un ne sont plus ceux de l'autre. L'intervention en situation de crise familiale fait ainsi appel à des causes hétérogènes et intégrées: développement de l'enfant, histoire des parents et contexte socioculturel.

Quand l'esprit sidéré ne trouve pas de solution, il n'est plus question de crise, mais de trauma. L'adversité, dans ce cas, peut provenir d'une vulnérabilité acquise précocement, d'une famille dysfonctionnelle ou de récits culturels disqualifiants. La déchirure traumatique, elle, nous met en face d'un choix difficile à faire. Ou bien l'agonie psychique persiste et le monde mental et relationnel se fige, mais si l'individu s'en remet, ce ne sera plus comme avant. Dans d'autres cas, la vulnérabilité acquise précocement peut entraîner le cumul de nombreuses difficultés, créant une spirale d'événements et de situations de crise qui plonge la personne dans le désarroi et amène une désorganisation psychique à l'âge adulte.

L'issue de tous ces types de crises peut varier selon des trajectoires de vie singulières, mais il est toutefois possible de les regrouper selon des paramètres cliniques pour répondre aux besoins d'intervention. Les auteurs du présent ouvrage, qui s'adresse aux étudiants et aux praticiens, proposent une réflexion et expliquent que les interventions de crise dépendent de la structure de la crise elle-même ainsi que du sujet dans son milieu. Il s'agit ici de comprendre pour agir. C'est pourquoi Monique Séguin, Alain Brunet et Line LeBlanc, en chercheurs et praticiens expérimentés, ont donné la parole à des disciplines différentes, et pourtant associées, ce qui est agréable pour le lecteur… et sécurisant.

Présentation des auteurs

Philippe Birmes, M. D., Ph. D., professeur de psychiatrie, psychiatre des hôpitaux, Université de Toulouse ; UPS ; Laboratoire du stress traumatique (LST-EA 4560) et CHU de Toulouse

Éric Bui, M. D., Ph. D., psychiatre, chercheur post-doctorant, Center for Anxiety and Traumatic Stress Disorders, Massachusetts General Hospital et Harvard Medical School, Boston

Boris Cyrulnik, neuropsychiatre, directeur d'enseignement, Université Toulon-Var

François Ducrocq, M. D., psychiatre hospitalier, pôle des urgences et cellule d'urgence médico-psychologique, CHRU de Lille

Louis Jehel, M. D., Ph. D., psychiatre hospitalier, Université Antilles-Guyane, Service de psychiatrie et addictologie, Centre hospitalier universitaire de Martinique

Rémy Klein, M. D., psychiatre, chef de clinique des universités et assistant des hôpitaux, hôpital Casselardit, CHU de Toulouse

Agnès Ladois, M. A., psychologue clinicienne, doctorante en neuroscience, CHU de Toulouse

Suzanne Lamarre, M. D., psychiatre, directrice du Service d'urgences psychiatriques et de crise à l'hôpital St. Mary's, hôpital général affilié à l'Université McGill

Anjali Mathur, M. D., psychiatre, praticien hospitalier, Service de psychiatrie et de psychologie médicale, hôpital Casselardit, CHU de Toulouse

Claude Martel, responsable de la mission santé et sécurité civile au ministère de la Santé et des Services sociaux du Québec

Linda S. Pagani, Ph. D., professeure titulaire, École de psychoéducation, Université de Montréal

Robert Pauzé, Ph. D., professeur titulaire, Département de psychoéducation, Université de Sherbrooke

Julien Pelletier, M. D., psychiatre, Département de psychiatrie du Centre hospitalier universitaire de Québec

Georges-F. Pinard, M. D., F. R. C. P. C., professeur agrégé de clinique, Département de psychiatrie, Université de Montréal

Nathalie Prieto, M. D., psychiatre hospitalière, cellule d'urgence médico-psychologique, CHU de Lyon

Laurent Schmitt, M. D., psychiatre, professeur des universités et praticien hospitalier, CHU de Toulouse

Luc Touchette, Ph. D., professeur, Département de service social, Université de Sherbrooke

Guillaume Vaiva, psychiatre, professeur des universités, chef du Service de psychiatrie adulte du Centre hospitalier universitaire de Lille, laboratoire neurocognition et santé (EA 4559), Université Lille-Nord de France

Remerciements

Cet ouvrage est le résultat d'une étroite collaboration entre plusieurs experts qui s'intéressent à l'intervention en situation de crise et en contexte traumatique. Nous les remercions tous de la générosité avec laquelle ils ont répondu à notre proposition de collaboration. Nous présentons aussi nos remerciements à nos éditeurs, Frédéric Raguenez et Sophie Jaillot, ainsi qu'aux personnes qui ont accepté de commenter le manuscrit à leur demande : Annie Lambert, professeure à l'Université de Sherbrooke ; Chantal Provencher, professeure au Cégep du Vieux Montréal ; Christian Lafleur, professeur au Cégep de l'Outaouais ; Yves Mercure, chargé de cours à l'Université du Québec à Trois-Rivières ; Marie-Hélène Poulin, professeure de l'Université du Québec en Abitibi-Témiscamingue ; Suissa Amnon Jacob, professeur de l'Université du Québec à Montréal ; Jacques Plamondon, professeur au Collège Mérici et Martin Villeneuve, professeur au Cégep de Jonquière. Nous tenons aussi à remercier chaleureusement, pour la qualité de leur travail, les membres de l'équipe de production de Chenelière Éducation : Valérie Côté, chargée de projet, Marie Auclair, réviseure, et Natacha Auclair, correctrice d'épreuves.

Monique Séguin

Alain Brunet

Line LeBlanc

Table des matières

PARTIE

UN

DEUX

TROIS

QUATRE

Contexte, typologie de la crise et intervention

CHAPITRE 1

OBJECTIFS D'APPRENTISSAGE

Après la lecture de ce chapitre, vous devriez être en mesure :

- de comprendre le concept de crise ;
- de distinguer les trois types de crises proposés dans une nouvelle typologie ;
- d'établir l'étiologie et la symptomatologie de chaque type de crise ;
- de déterminer les modèles d'intervention associés à chaque type de crise ;
- de connaître les différentes issues pour chaque type de crise.

Éclaircissement du concept de crise : présentation d'une typologie de la crise

Monique Séguin, Alain Brunet et
Line LeBlanc

INTRODUCTION

Dans le contexte actuel où nous assistons à un élargissement de la pratique de l'intervention de crise, le modèle de crise et ses limites doivent être mieux compris. Dans ce chapitre, nous nous attardons à la conceptualisation de la crise et proposons une typologie permettant de guider le travail des intervenants. La typologie de la crise proposée ici est décrite à partir d'un schéma commun comprenant l'étiologie, la symptomatologie, le traitement et l'issue, abordés pour chaque type de crise. Le tableau synthèse 1.1, présenté à la page 25, reprend ce schéma afin de fournir aux intervenants un outil leur permettant de prendre les décisions cliniques qui conviennent à chaque type de crise.

1.1 À propos de la crise

L'intervention de crise existe maintenant en tant qu'approche clinique depuis plusieurs décennies et s'appuie sur les travaux du syndrome général d'adaptation (SGA) élaboré par Selye (1956) de même que sur les travaux de Laborit (1972) au sujet des mécanismes liés au stress et aux réactions de fuite, d'agression, d'inhibition et d'action. L'émergence des travaux plus directement centrés sur la crise remonte aux recherches de Lindemann (1944) sur la crise et le deuil, sur la distinction entre les crises de maturation et les crises situationnelles (Erickson, 1959 ; 1963), sur la théorie de la crise psychosociale de Caplan (1964) et sur les recherches menées en psychiatrie militaire (*voir Kutz, 1996, pour une revue de littérature*).

Depuis le début des années 1960, l'intervention de crise s'est élargie à une multitude de services, d'interventions et de problèmes. Alors que dans les années 1960 les premiers dispositifs de crise étaient souvent des cliniques communautaires ambulatoires, il existe aujourd'hui des équipes de crise spécialisées dans différents domaines tels que la santé mentale, la première ligne psychosociale, l'urgence médicale ou post-traumatique, l'intervention de crise téléphonique, l'intervention de crise en milieu scolaire et auprès des forces armées, etc. On observe également une multiplication d'interventions de durées variées, dont des interventions téléphoniques uniques, des interventions ambulatoires brèves, des interventions en milieux hospitaliers à court ou moyen terme, des interventions de psychothérapies brèves, des interventions par Internet, etc. Dans la foulée de cet intérêt pour la crise, la mise en place des interventions s'est multipliée auprès de clientèles vivant des problèmes tout aussi variés, entre autres lors de situations traumatiques, de deuil, de perte ou d'accident, de violence conjugale ou familiale, d'urgence psychiatrique, durant des catastrophes naturelles, etc. Toutes ces interventions logent à la même enseigne, toujours définie en tant qu'intervention de crise, laissant croire à l'uniformité de l'évaluation d'une situation de crise et de la pratique clinique, alors que dans la réalité, on assiste plutôt à un élargissement des modes d'application du modèle de crise à toutes sortes de contextes cliniques.

Force est de constater que les domaines d'interventions de crise se sont multipliés depuis le début des années 1960, malgré le manque évident de recherche empirique sur l'efficacité des interventions de crise. Si la théorie de la crise permet d'expliquer une période de déséquilibre, celle-ci n'est pas un cadre théorique permettant d'expliquer l'adaptation générale, la maladie mentale ou la résilience. Par contre, le lieu commun de la théorie de la crise postule la présence d'un événement. Celui-ci déclenche un processus face auquel l'individu n'a pas les ressources suffisantes, à un moment précis, pour gérer adéquatement les changements qu'entraîne cet événement dans sa vie. Pour cette raison, l'intervention de crise se concentre généralement sur l'événement qui a provoqué la crise actuelle.

Sans nier l'apport des événements antérieurs, l'accent est mis sur la crise actuelle et l'incapacité de la personne à y faire face adéquatement.

Cela ne signifie pas que la présence d'un événement difficile entraînera automatiquement un état de crise. En effet, dans certains cas, des personnes peuvent vivre des événements difficiles, être tristes et souffrantes sans que leurs capacités adaptatives soient submergées. Dans d'autres cas, un événement peut provoquer une période de déstabilisation temporaire qui sera rapidement maîtrisée. Dans d'autres circonstances, la crise associée à la présence d'un événement peut s'ajouter à un trouble de santé mentale déjà existant ou à un contexte de vie déjà fragile. De même, l'événement qui est à l'origine de la crise peut exacerber des problèmes de santé mentale déjà présents et submerger rapidement la capacité adaptative de certains individus. Ainsi la présence d'un événement difficile peut engendrer une situation de crise ou favoriser le développement de différents troubles de santé mentale, ou les deux à la fois. Ce chapitre a pour objectif d'apporter des éclaircissements sur les questions suivantes : Est-ce que *toutes* les personnes exposées à un événement difficile doivent être considérées comment étant en état de crise ? Comment distinguer les événements stressants des événements traumatiques ? Y a-t-il des personnes qui réagissent mieux aux événements stressants ? Est-ce qu'une seule forme de traitement s'applique à toutes les situations de crise ?

L'utilisation du mot *crise* dans le langage populaire amène certaines dérives dans lesquelles tout comportement expansif ou colérique est défini comme une crise. On dit d'un enfant à qui on refuse une permission et qui crie et pleure qu'il fait une crise. On peut dire d'un patron qui tempête au sujet de la perte d'un contrat potentiel qu'il fait une crise. Dans ces deux cas, il serait sans doute plus juste de dire que ces personnes manifestent un comportement colérique, mais ne sont pas nécessairement « en état de crise ». De fait, le terme *crise* est entré dans l'usage populaire et est employé abondamment pour désigner tout événement difficile. Cette généralisation crée une banalisation des événements et du processus qui mènent véritablement à un état de crise.

Il faut reconnaître que le processus de la crise et la détermination d'un état de crise reposent sur l'élaboration d'un cadre conceptuel et ne sont pas définis par la présence d'une symptomatologie précise, comme peut l'être un trouble de santé mentale, dont le trouble de l'humeur ou le trouble anxieux, lesquels peuvent être diagnostiqués au moyen d'une série de signes et de symptômes se produisant à l'intérieur d'une période donnée.

La crise provient d'un événement qui provoque un état de stress important, lequel submerge les capacités adaptatives de l'individu. Cependant, il ne faut pas conclure que tout événement qui provoque une réaction intense est pour autant un état de crise.

Le cadre conceptuel de la crise postule que les événements et le stress ne suffisent pas en eux-mêmes à constituer une crise (Roberts, 2000b). La crise résulte toujours d'une interaction particulière entre un événement et l'évaluation qu'en fait une personne. La crise émerge lorsque le stress induit par l'événement est perçu comme une menace, une difficulté insurmontable qui dépasse les ressources d'adaptation de l'individu. Le développement de la crise a donc une étiologie centrée sur l'exposition à un événement potentiellement stressant.

Caplan (1964, p. 18) définit la crise comme étant :

> [u]n état qui se produit quand une personne fait face à un obstacle, à un des buts importants de sa vie qui, pour un certain temps, est insurmontable par l'utilisation des méthodes habituelles de résolution de problème. Une période de désorganisation s'ensuit, période d'inconfort durant laquelle différentes tentatives de solution sont utilisées en vain. Éventuellement, une certaine forme d'adaptation se produit, qui peut être ou non dans le meilleur intérêt de la personne et de ses proches.

Bien qu'il soit possible qu'un grand choc précipite rapidement l'apparition d'un état de crise, par exemple la présence subite d'un événement traumatique, on observe généralement une confrontation à un événement stressant qui amène l'individu à chercher des réponses pour réagir à cet événement. Lorsque l'individu ne trouve pas de réponses efficaces pour diminuer son niveau de tension, on observe une progression allant d'un état d'équilibre vers un état de vulnérabilité croissante, culminant dans un état de crise (*voir la figure 1.1*).

FIGURE 1.1 L'ÉVOLUTION DE L'ÉTAT D'ÉQUILIBRE À L'ÉTAT DE CRISE

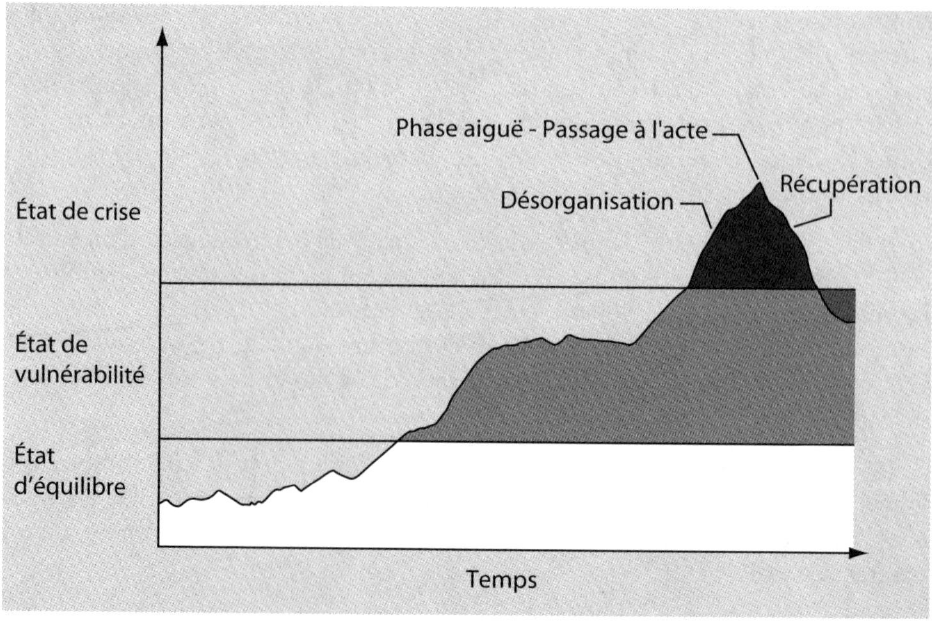

Selon le modèle que présente la figure 1.1 (Guide pédagogique du cégep de Saint-Jérôme, 1997 ; Séguin, 2001), la personne manifeste généralement un ensemble de réponses d'adaptation (stratégies d'adaptation) appelées, en anglais, *coping mechanisms*, afin de réagir au stress induit par les événements adverses. Lazarus (1985) classe les stratégies d'adaptation (*coping*) en trois grandes catégories. Elles sont de nature comportementale (par exemple, faire du sport, manger, boire de l'alcool, aller au cinéma, etc.), de nature affective (par exemple, exprimer ce qui ne va pas, discuter de ses émotions, etc.) ou de nature cognitive (par exemple, faire un plan d'action, minimiser la situation, trouver un sens à l'événement, etc.). Généralement, la personne utilise une combinaison de stratégies issues de ces trois grandes catégories pour faire face aux exigences de la vie quotidienne afin de maintenir un « état d'équilibre » (Folkman et Lazarus, 1985). Ainsi, dans des situations stressantes, la personne déploie constamment des efforts d'adaptation qui, s'ils sont positifs, lui permettent de se maintenir dans cet état d'équilibre, aussi appelé **homéostasie**.

Lorsqu'un événement vient menacer cet équilibre, la personne cherche à le maintenir par la mise en place de stratégies d'adaptation. Si ces stratégies ne fonctionnent pas, un déséquilibre peut survenir. La personne en déséquilibre se retrouve alors « en état de vulnérabilité », et sa capacité à faire face aux événements stressants est affaiblie. À cette étape, elle épuise de plus en plus son répertoire de réponses. Elle ne parvient plus à évacuer une tension devenue trop intense. C'est lors de cette période que la personne en état de vulnérabilité évalue que sa situation est négative, et les sentiments qui en résultent contribuent à accroître la tension, laquelle devient de plus en plus difficile à éliminer. La personne entre dans un état où ses émotions embrouillent de plus en plus sa perception de la réalité. Elle se dirige vers un état de crise.

L'état de crise se caractérise par une phase de désorganisation importante (Kirk, 1993). À cette étape, l'individu adopte, de façon consciente ou non, des solutions plus ou moins adéquates pour retrouver l'équilibre. Si la personne n'arrive plus à trouver des stratégies adéquates, elle peut compenser par une surutilisation de stratégies inadéquates (par exemple, la consommation abusive d'alcool ou l'utilisation de comportements colériques ou agressifs) qui peuvent diminuer la tension à court terme mais qui placent l'individu dans des situations précaires, provoquant ainsi de plus en plus de situations négatives et conflictuelles. Lorsque cette recherche de solutions s'avère infructueuse ou quand l'individu est confronté à des échecs répétés ou à un événement déclencheur supplémentaire (ou lorsque ces deux conditions sont réunies), il peut alors se retrouver en période de crise. Selon Caplan (1964), cette période évolue en intensité selon trois grandes phases : la phase aiguë, la période de passage à l'acte et la récupération. Lors de la période de phase aiguë, il s'agit d'une période de désorganisation intense pendant laquelle la personne tente d'arriver à une résolution acceptable de la situation actuelle qui lui permettrait de retrouver graduellement un état d'équilibre. Si la personne ne parvient pas à trouver de stratégies de désescalade durant cette phase aiguë, la tension devient encore plus importante, voire insupportable, au point de risquer de provoquer un passage à l'acte (*acting out*) prenant la forme d'un agir, comme la fuite, un comportement autoagressif (tentative de suicide) ou hétéroagressif (l'agressivité dirigée vers autrui). Le passage à l'acte permet au surplus de tension d'être évacué, subitement et souvent de manière explosive, comme un bouchon violemment expulsé du goulot d'une bouteille sous pression.

Les théories portant sur la crise suggèrent qu'un individu ne peut maintenir ce niveau de tension trop longtemps. Quoique la durée de l'état de crise puisse varier grandement, on estime qu'elle varie de six à huit semaines (Aguilera, 1995 ; Roberts, 2002). Bien que plusieurs théoriciens évoquent cette durée, aucune recherche ne la démontre empiriquement.

Indépendamment de sa durée maximale, lorsque la phase aiguë perdure dans le temps, l'intensité du stress plonge l'individu dans un état de souffrance tel qu'il envisage le passage à l'acte comme une manière de faire cesser la tension et la souffrance. Le passage à l'acte devient une façon d'évacuer une tension d'un niveau insupportable pour l'individu qui n'a pu trouver de stratégies de désescalade.

Le passage à l'acte est souvent violent et explosif et peut être déclenché par la présence d'un nouvel événement stressant pouvant sembler inattendu pour l'entourage. Le passage à l'acte est dû à l'incapacité de trouver des solutions efficaces et de nommer la souffrance. Notons que la période de passage à l'acte n'est pas inévitable. Certaines personnes pourront vivre un état de crise sans passer à l'acte.

Généralement, à la suite d'un passage à l'acte, l'individu est en situation de récupération, est libéré d'une certaine tension et semble plus calme. Il ne faut pourtant pas croire qu'il est revenu à un état d'équilibre, bien au contraire. L'individu est toujours en état de crise, et bien souvent le passage à l'acte n'a pas réglé les difficultés qui ont engendré la crise actuelle. Pour cette raison, le suivi clinique après un passage à l'acte est extrêmement important, car l'individu est encore en grande détresse. Il sera ouvert à recevoir de l'aide si celle-ci lui est offerte avec empathie et si on lui présente des solutions concrètes et valables. Si l'individu ne reçoit pas d'aide professionnelle, s'il demeure incapable de trouver des solutions adéquates aux difficultés qui ont provoqué la crise initiale, un deuxième passage à l'acte pourra se produire.

La description de ce modèle générique permet de conceptualiser le développement du processus de crise comme allant de l'état d'équilibre à un état de vulnérabilité et se poursuivant jusqu'à un état de crise. Par ailleurs, la pratique clinique amène souvent les cliniciens à observer des situations de crise de natures variées, même si toutes les crises possèdent des caractéristiques communes, dont la présence d'un événement perturbant, le débordement des capacités adaptatives et l'incapacité de trouver une solution de rechange qui permettrait de retrouver l'équilibre. Il faut également reconnaître que chaque situation de crise arrive à un moment précis dans la vie d'un individu et possède ses caractéristiques propres : cumul de difficultés, contexte environnemental, présence de vulnérabilité psychiatrique, etc. Ainsi, toutes les personnes ne vivent pas les crises de la même manière et n'ont pas les mêmes ressources personnelles et environnementales pour y faire face. La notion de crise demeure donc une indication de l'intensité de la désorganisation, sans référence directe à une pathologie particulière.

1.2 La typologie de la crise

Déjà, en 1944, Lindemann soulevait l'importance de reconnaître le type de crise pour fournir une intervention adaptée. Dans cette perspective, Baldwin (1979) a élaboré une typologie de la crise, hiérarchisée selon une progression d'intensité sur un continuum stress/crise, dans l'ordre suivant : crise somatique, crise de transition, crise traumatique, crise développementale, crise psychopathologique et crise d'urgence psychiatrique. Burgess (1995) a ajouté à ce continuum la crise catastrophique. La reconnaissance de ces types de crises et leur emplacement sur le continuum d'intensité présentent toutefois plusieurs désavantages. Premièrement, les nombreuses catégories de cette typologie ne sont pas mutuellement exclusives, ce qui rend la reconnaissance du type de crise et le choix de l'intervention difficile. Deuxièmement, la progression de la sévérité des crises sur le continuum d'intensité de l'événement ne tient pas compte de la dimension subjective de la crise ni des différences individuelles dans la réaction au stress. Troisièmement, certaines distinctions sont plutôt d'ordre théorique et ont peu d'incidence sur le type d'intervention à adopter. Par conséquent, les typologies actuelles de la crise comportent des types de crises qui se chevauchent, portant ainsi atteinte à la prise de décision quant aux modalités et stratégies d'intervention à privilégier (Séguin, Brunet et LeBlanc, 2005).

Étant donné les désavantages associés à une classification trop nombreuse, nous suggérons une typologie plus simple basée sur des distinctions claires en fonction de chaque type de crise quant à l'étiologie, la symptomatologie, les interventions de crise et les traitements de choix et l'issue habituelle. Ces principes justifient le regroupement des différentes crises dans trois grandes classes : 1) les crises psychosociales, 2) les crises psychotraumatiques et 3) les crises psychopathologiques.

1.2.1 L'étiologie selon les types de crises

Pour mieux comprendre cette typologie, nous devons avoir à l'esprit que les crises ont des origines, des trajectoires et des issues différentes. Comme la crise est une réaction à un événement, il est nécessaire de tenir compte de la nature de celui-ci, des caractéristiques individuelles de la personne qui y est exposée et de l'interaction entre l'individu et l'événement afin de déterminer si une crise est de type psychosocial, psychotraumatique ou psychopathologique.

La crise psychosociale

La description d'un individu en situation de crise telle que proposée par Caplan (1964) ainsi que Messick et Aguillera (1976) correspond bien à la crise psychosociale. Ce type de crise peut être décrit à travers la situation d'une personne qui vit une période de déséquilibre et qui peut retrouver un état d'équilibre si elle reçoit le soutien approprié. L'événement déclencheur de la crise est souvent de nature psychosociale, mais parfois aussi de nature développementale, par exemple, une perte, une rupture, une transition ou une série d'événements concomitants. Un événement adverse peut souvent provoquer une chaîne d'événements difficiles qui rendront le maintien de l'équilibre de plus en plus précaire, comme en témoigne le cas suivant.

Mise en situation

Une jeune femme âgée de 22 ans a récemment déménagé dans une autre ville pour vivre avec son conjoint, car celui-ci y a été transféré pour des raisons professionnelles. Elle se trouve loin de son milieu familial et de ses amis et a interrompu temporairement ses études universitaires pour vivre avec son conjoint. Quelques mois après son arrivée dans cette nouvelle ville, elle trouve que celui-ci se fait plus distant avec elle. Après plusieurs tentatives de discussion infructueuses, il lui avoue qu'il est amoureux d'une femme avec qui il travaille. Une période de crise et de bouleversements s'ensuit, pendant laquelle il y aura augmentation de la consommation d'alcool et scènes de colère. Cette jeune femme a le sentiment d'avoir tout perdu, d'avoir été trahie, et remet tout en question.

Pas plus les événements que le stress ne suffisent à constituer une crise. C'est lorsque le stress, qui est induit par l'événement stressant, est perçu comme une menace ou une difficulté insurmontable que l'individu développe un état de crise. Compte tenu du rôle central que joue la perception dans la crise, l'intervention repose généralement sur un modèle d'orientation cognitive qui vise à amener l'individu à percevoir l'événement différemment (d'insurmontable ou insoutenable à émotivement soutenable) et ensuite à trouver des solutions pour y faire face. Dans un contexte comme celui-ci, l'intervention sera axée sur le rétablissement de l'équilibre, l'expression des émotions, la compréhension des événements qui ont mené à la crise, l'apprentissage de nouvelles habiletés en résolution de problèmes et le recadrage cognitif.

La crise psychosociale, comme la décrivait Caplan (1964), se produit généralement en l'absence de problèmes de santé mentale. Dans ce type de crise, l'événement adverse fait basculer l'équilibre de la personne, qui ne parvient pas à retrouver sa stabilité de fonctionnement. La crise psychosociale se traduit par la présence d'une détresse provoquée par une situation problématique, interne ou externe, prévisible ou imprévisible, mais dont la nature demeure dans les frontières de la normalité. Les pertes, les ruptures, les deuils ou les événements provoqués par des transitions telles que les déménagements, les changements d'école, d'emploi, etc., sont des exemples de situations pouvant provoquer ce type de crise. L'événement peut être unique, mais il peut aussi s'agir d'une chaîne d'événements malheureux. Il arrive même que l'événement soit au départ heureux, mais finisse par provoquer des difficultés (Brown *et al.*, 1986), par exemple l'arrivée attendue et souhaitée d'un bébé qui, chez un couple vivant une série de situations difficiles, peut amener une période de crise et de déséquilibre importante. Il est rare qu'un événement précipite l'individu directement de l'état d'équilibre à l'état de crise. La plupart du temps, l'individu tente d'abord de trouver des solutions pour retrouver l'état d'équilibre, mais lorsque ses efforts se soldent par des échecs répétés, il passe de l'état d'équilibre à celui de vulnérabilité, puis à l'état de crise.

La crise psychotraumatique

Quant à la crise psychotraumatique, la menace et la réaction de peur à l'événement traumatique y sont déterminantes, que l'on soit en présence d'une personne aux prises avec des problèmes de santé mentale ou non. Le cas suivant illustre ce type de crise.

Mise en situation

Après une séance de conditionnement physique en soirée, une jeune femme d'une trentaine d'années quitte le centre pour se rendre à sa voiture et aller rejoindre des amis au restaurant. Dans le stationnement, elle se fait agresser physiquement et sexuellement. Elle subit de nombreuses blessures et elle est laissée seule après l'attaque. C'est une autre abonnée du centre qui la trouve, gisant dans un coin isolé du stationnement. Elle est alors transportée à l'urgence, où elle est traitée pour ses blessures physiques. Depuis son retour à son appartement, elle pleure constamment, ne veut plus sortir et craint que son agresseur ne la retrouve.

Il importe de vérifier si un événement précipitant revêt un caractère traumatique ou non, puisque cette information permettra d'établir la différence entre, d'une part, la crise psychosociale ou psychopathologique et, d'autre part, la crise psychotraumatique. Le trauma provoque une crise qui se classe à part des autres, car elle diffère sur les plans de l'étiologie, de la symptomatologie, de la trajectoire et de l'intervention.

Deux caractéristiques servent à définir l'événement traumatique (APA, 2000). En premier lieu, il implique une menace à l'intégrité physique (par exemple, un viol ou une mutilation lors d'un accident au travail) ou encore une confrontation soudaine et inattendue avec la mort (par exemple, une prise d'otage). En second lieu, pour être considéré comme traumatique, l'événement doit susciter une réaction intense de peur, d'impuissance ou d'horreur (APA, 2000), aussi appelée *détresse péritraumatique* (Brunet *et al.*, 2001). D'autres auteurs considèrent plutôt que c'est la présence de dissociation péritraumatique (Marmar *et al.*, 1994), de sidération et d'effroi (Vaiva *et al.*, 2003a) qui détermine le caractère traumatique d'un événement. Tous ces chercheurs s'entendent cependant pour dire que le caractère traumatique de l'événement vient du bouleversement psychique qu'il suscite.

Si les crises sont généralement précipitées par des événements de la vie le plus souvent négatifs, la crise psychotraumatique est précipitée par un événement subit, catapulté, arbitraire et violent et d'une sévérité sans précédent. Contrairement à la crise psychosociale, cet événement propulse la personne très rapidement dans un état de déséquilibre. Le tableau synthèse 1.1, présenté à la page 25, propose des distinctions conceptuelles entre les différents types de crise.

La crise psychopathologique

Mais qu'en est-il des personnes qui possèdent une vulnérabilité psychologique et qui se retrouvent régulièrement en situation de crise ? Le modèle de crise ne saurait être une explication étiologique de la pathologie, bien qu'une personne ayant des troubles mentaux puisse aussi être en crise. Le passage à l'acte n'est pas en soi un diagnostic, mais un comportement qui caractérise le malaise vécu par une personne qui souffre, indépendamment de ses difficultés psychologiques. Il est alors important d'éviter de placer toutes les personnes en crise dans la même catégorie et de leur offrir un seul et même traitement. Le modèle de crise est un modèle conceptuel qui correspond à une période définie dans le temps et qui offre un appui théorique à une technique d'intervention d'urgence. Il correspond à une période de désorganisation ciblée dans le temps, mais ne saurait se substituer aux modèles théoriques de la psychopathologie.

L'observation clinique nous permet de constater que lorsque des personnes ayant des antécédents psychiatriques ou présentant une grande vulnérabilité psychologique vivent des situations difficiles, elles se retrouvent en crise plus rapidement. L'explication vient probablement de ce qu'elles n'étaient pas dans la phase d'équilibre lorsque les situations de stress sont apparues. Ces personnes vivent souvent dans un état de vulnérabilité continuel, ainsi le moindre événement stressant, incluant certaines étapes du développement, peut les précipiter dans une situation de crise, comme le démontre le cas suivant.

Mise en situation

Un homme âgé de 46 ans a récemment perdu son emploi sur un chantier de construction. Il a une histoire de troubles affectifs, pour lesquels il a été hospitalisé à 3 reprises au cours des 16 dernières années. Il a déjà fait une tentative de suicide qui a nécessité son hospitalisation en psychiatrie pendant plusieurs semaines. La perte de son emploi, conjuguée à une condition financière déjà précaire, provoque en lui un profond découragement. Il passe ses journées à la maison et boit presque continuellement. Monsieur a déjà suivi plusieurs thérapies pour cesser sa consommation d'alcool, sans succès. Il devient de plus en plus agressif vis-à-vis de sa conjointe, qui a également des problèmes de consommation d'alcool. À la suite d'une dispute importante, pendant laquelle sa conjointe menace de le quitter, cet homme devient violent. Sa conjointe appelle les policiers, qui doivent intervenir à la maison et conduire le conjoint à l'urgence de l'hôpital.

Dans le cas de crises psychopathologiques, la vulnérabilité personnelle et la pathologie psychiatrique permettent d'expliquer les réactions d'escalade et la nature des réponses inefficaces. Les personnes qui vivent ce type de crise sont habituellement aux prises avec de nombreuses difficultés et peuvent avoir tendance à répondre de manière inefficace aux différentes demandes de l'environnement. Il semble que l'épuisement, le découragement et le sentiment d'impuissance exacerbent l'effet de tous les événements négatifs, indépendamment de leur gravité, et suscitent une réponse d'une intensité telle que les cliniciens eux-mêmes en sont désarçonnés. Les personnes qui vivent des crises de manière répétitive ont souvent une vulnérabilité importante ou des difficultés psychopathologiques complexes de nature comorbide, pouvant inclure des troubles de l'humeur, de la dépendance à diverses substances ainsi que des troubles de la personnalité. Dans le cas des crises psychopathologiques, l'événement qui provoque la crise s'ajoute aux problèmes de santé mentale déjà existants. Dans ce cas, le profil clinique est plus complexe et l'intervention à court terme n'est sans doute pas suffisante pour assurer à elle seule un retour à l'équilibre, puisque la personne est déjà dans un état de vulnérabilité au moment où survient l'événement.

Pour ce qui est de la crise psychopathologique, nous distinguerons, au chapitre 8, deux sous-groupes : 1) les personnes ayant des troubles mentaux avec ou sans comorbidité et 2) les personnes ayant des troubles mentaux graves, de type psychotique. La figure 1.2, à la page suivante, présente les trajectoires selon les types de crises.

FIGURE 1.2 UN SCHÉMA ILLUSTRANT LES TYPES DE CRISES ET LEURS TRAJECTOIRES

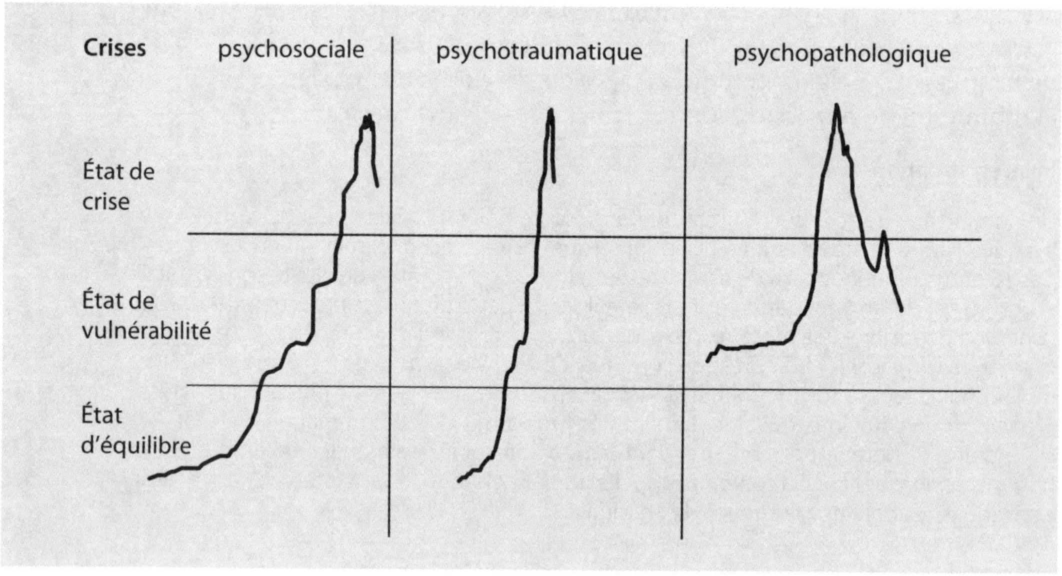

1.2.2 La symptomatologie selon les types de crises

Une mise au point s'impose avant de discuter de la symptomatologie : alors que la crise psychotraumatique est définie en fonction des diagnostics psychiatriques répertoriés dans le DSM (APA, 2000), cela n'est pas le cas de la crise psychosociale et de la crise psychopathologique, auxquelles peuvent être associés un nombre varié de troubles psychiatriques. Il nous sera donc plus facile de décrire les symptômes des crises psychosociale et psychopathologique en analysant le processus qui leur est associé.

La crise psychosociale

La crise de ce type est marquée par l'intensité des émotions, des réactions et des comportements. Souvent, une telle désorganisation est insoutenable, au point où il est possible, dans certains cas, que la personne en crise voie le passage à l'acte comme l'unique moyen de diminuer la tension. Plus précisément, elle exprime sa souffrance de la façon suivante :

- La personne est submergée par ses émotions, particulièrement par l'angoisse et la dépression (Burgess et Baldwin, 1981).
- La présence de problèmes et de blocages cognitifs ; la personne tente, sans succès, de résoudre un problème ; son langage peut être incohérent et la personne peut affirmer ne plus être capable de se concentrer (Aguilera, 1995).

- La personne peut avoir le sentiment d'être «vidée» physiquement: elle éprouve diverses émotions contradictoires, tentant sans succès de reprendre le contrôle et cherchant vainement une solution. Elle est soumise pendant un certain temps à une tension extrême (Séguin, 2001).
- La personne se perçoit négativement; elle n'arrive plus à faire un usage adéquat de ses propres ressources (Roberts, 2002).
- La personne a l'impression que cet état est définitif. Elle est de plus en plus persuadée qu'il lui sera impossible de continuer ainsi très longtemps (Hoff, 1995).
- Le passage à l'acte peut être très impulsif et très rapide; il constitue une façon d'éviter et d'éliminer momentanément le stress causé par une situation difficile à vivre. Il peut aussi y avoir des passages à l'acte répétés. Il est toutefois possible d'être en état de crise sans vivre de passage à l'acte (Morissette, 1984).

Il est à noter que lors de la crise psychosociale, il arrive que certaines personnes manifestent des symptômes associés à un trouble d'adaptation ou à des troubles mentaux courants, généralement de nature transitoire.

La crise psychotraumatique

La personne exposée à un événement traumatique est catapultée, seule ou avec d'autres victimes, dans un état de crise qui interfère avec sa vie sociale, occupationnelle ou relationnelle et où ses habiletés d'autorégulation psychologiques sont mises à rude épreuve. D'innombrables études (Ballenger *et al.*, 2000; Brunet et Birmes, 2002) ont documenté la présence de symptômes post-traumatiques chez la très grande majorité des personnes exposées à un événement traumatique. Les symptômes associés à la crise post-traumatique sont divers:

- les symptômes de reviviscence (cauchemars, pensées intrusives, *flashbacks* et réactivité émotionnelle et physique à tout ce qui rappelle le trauma);
- les symptômes d'évitement (évitement des pensées, discussions, activités et lieux);
- les symptômes de torpeur (*numbing*) (amnésie, baisse de l'intérêt pour des activités auparavant aimées, sentiment de détachement d'autrui, restriction des affects et sentiment que l'avenir est amputé);
- les symptômes d'hyperéveil (troubles du sommeil, irritabilité, difficulté à se concentrer, hypervigilance et sursauts exagérés).

Il est à noter que certains troubles mentaux peuvent être associés à la crise psychotraumatique, tels que les troubles de l'humeur, anxieux, de dépendance et dissociatifs.

La plupart des personnes exposées à un événement traumatique éprouvent certains symptômes sans pour autant qu'apparaisse chez elles un trouble de stress post-traumatique caractérisé. Lorsque ces symptômes durent plus d'un mois, un diagnostic est posé et les réactions post-traumatiques cessent d'être considérées comme une réponse *normale* à un événement *anormal* et entrent alors dans le domaine du pathologique. Selon Birmes et ses collaborateurs (2003), les schèmes de pensée envers soi, les autres et le monde volent en éclat à la suite d'un événement traumatique. Le sentiment d'omnipotence et d'invulnérabilité personnelle (particulièrement en évidence chez les adolescents et les jeunes adultes) s'effrite. Le monde devient alors un endroit dangereux où le pire peut arriver, et ce, au moment où l'on s'y attend le moins. Dans le cas d'un événement traumatique de nature interpersonnelle, les rapports interpersonnels peuvent prendre une connotation menaçante.

D'après Horowitz (1986), les phases traversées par les individus ayant fait face à un événement traumatique sont les mêmes, bien qu'elles puissent varier en durée et en intensité. Tout d'abord, la personne traverse une *phase initiale* marquée par la surprise et la stupeur. Par la suite survient la *phase du déni,* où elle éprouve des difficultés à comprendre ou à accepter ce qui se passe. Elle préfère alors nier la réalité et peut être incapable de contenir la surcharge émotive et cognitive liée à l'incident. Elle entre ensuite dans une phase de *pensées envahissantes récurrentes*, caractérisée par des reviviscences de l'événement stressant (par exemple, des cauchemars ou des images). Les phases d'intrusion et de déni sont concomitantes à la *phase de perlaboration*, au cours de laquelle la personne effectue un travail de deuil et réforme progressivement ses schèmes d'elle-même et du monde. Ce processus se termine soit par la *phase de résolution*, si l'événement traumatisant est assimilé avec succès, soit par la *phase de chronicisation*, si cette tentative échoue ou se prolonge indûment.

La crise psychopathologique

Comme nous l'avons mentionné plus tôt, les personnes qui vivent des crises de nature psychopathologique ont la plupart du temps une vulnérabilité sous-jacente. Celle-ci se manifeste souvent par des problèmes de santé mentale dont l'origine peut même remonter à des situations d'adversité présentes dès l'enfance. Entre autres, les personnes dont les modèles d'attachement ont été ambivalents dès l'enfance et celles qui ont subi de mauvais traitements physiques ou sexuels, des situations d'abus, de négligence, de conflits majeurs au sein de leur famille sont plus à risque d'éprouver, plus tard dans leur vie adulte, des problèmes de santé mentale, dont la dépression, des troubles associés à la consommation de substances, des troubles de stress post-traumatique et des troubles de la personnalité (Brown et Harris, 1989 ; Bifulco *et al.*, 2002 ; Rutter, 2002 ; Bryant et Range, 1995). Certaines combinaisons de conditions adverses semblent particulièrement périlleuses (Rutter, 2002 ; Wasserman et Seracini, 2001), notamment le fait d'éprouver des difficultés à l'âge où devraient s'établir une relation d'attachement sécurisante et une relation parentale précoce qui protège l'enfant. Également, certaines personnes sont à l'abri de formes graves de stress ou de malheur, alors que d'autres ont leur lot de risques psychosociaux. Plusieurs études (Sameroff et Seifer, 1983) démontrent que l'effet cumulatif des facteurs de risque est à redouter, parce qu'ils peuvent entraîner un effritement de la résistance, de la capacité d'envisager des solutions adéquates et de l'espoir d'éventuellement se sortir du malheur.

Lorsqu'une personne est confrontée à des situations stressantes majeures, la manière dont elle arrive à envisager le problème joue un rôle considérable dans l'apparition et le développement de la crise. La personne en état de crise psychopathologique est parfois à bout de solutions, son éventail de stratégies est souvent restreint et le problème qui précipite la crise peut être enchevêtré à de nombreux problèmes présents depuis très longtemps. En état de crise, le risque de passage à l'acte peut être plus imminent et plus important chez une personne dont la crise est de nature psychopathologique, compte tenu du fait qu'elle manque de stratégies pour abaisser le niveau de tension. En présence, par exemple, d'un trouble de la personnalité, elle peut plus rapidement et plus impulsivement se retrouver tout près du passage à l'acte et même, sans avertissement ou presque, à son seuil. Cette personne peut diriger l'agressivité du passage à l'acte vers elle-même ou vers autrui. Dans cette section, nous nous attardons de manière plus particulière au problème du suicide, étant donné la gravité et la fréquence de ce type de passage à l'acte.

Certaines crises suicidaires peuvent survenir au moment de la progression d'une crise psychosociale. Il peut arriver qu'une rupture amoureuse, chez un adolescent, bouleverse toute son existence et le fasse souffrir au point qu'il perde tout espoir de s'en remettre un jour. Des situations de ce type peuvent se produire en l'absence de psychopathologie. Ce genre de bouleversement est violent et rapide, mais plus rare et plus difficile à prévoir. Dans la grande majorité des cas, la trajectoire des personnes qui font un passage à l'acte suicidaire est parsemée de difficultés et est constituée d'un cumul de problèmes personnels, familiaux, psychologiques, psychiatriques et sociaux (Séguin *et al.*, 2005). Compte tenu de la présence de troubles mentaux, qui accompagnent généralement les crises suicidaires, les crises de ce type sont généralement de nature psychopathologique. Les symptômes associés sont divers :

- une douleur psychologique intolérable, causée par un ou plusieurs événements, par des deuils anciens non résolus qui refont surface lors de nouvelles épreuves ou par la perte d'objets investis psychologiquement ;
- des besoins psychologiques non satisfaits ;
- le désir que la douleur cesse : le sujet recherche la fin de sa souffrance ;
- le désespoir et le manque de soutien, le sentiment d'être rejeté, isolé et désespéré ;
- l'ambivalence entre le désir de vivre et celui de mourir, laquelle est toujours présente ;

- la constriction cognitive : l'individu est affecté par une *vision en tunnel* où les options et les solutions de rechange sont cognitivement réduites ;
- la fuite ou l'agression : le suicide devient l'ultime façon de fuir pour faire disparaître une souffrance devenue insupportable.

Le passage à l'acte peut aussi prendre des formes variées, dont l'automutilation, le suicide ou l'homicide. Il est également important de noter que les personnes en crise psychopathologique ne passent pas nécessairement à l'acte. Cependant, l'évaluation rapide du risque, de l'urgence et de la dangerosité reste importante dans tous les cas. Il est question de cet élément au chapitre 2, portant sur la conduite de l'entretien clinique, et au chapitre 10, portant sur l'évaluation de la dangerosité.

En résumé, l'intensité de la symptomatologie de la crise psychosociale et de la crise psychopathologique peut être variable, la différence étant le passé personnel et la vulnérabilité psychologique sur lesquels se greffe la nouvelle crise. La différence entre ces deux types de crises est donc une question d'intensité des réactions, de type de proximité du passage à l'acte et de degré de vulnérabilité personnelle antérieure à la crise. Dans cette perspective, la typologie de la crise présentée ici permet de mieux comprendre et de mieux choisir les interventions qui doivent être proposées aux personnes en état de crise et qui sont basées en tout premier lieu sur l'établissement d'une alliance thérapeutique.

1.2.3 Les cadres théoriques associés aux trois types de crises

L'intervention en situation de crise est par définition limitée dans le temps. Son type et sa durée dépendent du type de crise, des caractéristiques de la personne et de son entourage. Les personnes qui ont plus de ressources personnelles, cognitives et sociales et dont la crise est due à un événement psychosocial peuvent retrouver l'équilibre, sinon le chemin menant vers celui-ci, après six à huit rencontres d'intervention. L'intervention de crise est considérée comme une approche psychothérapique complète qui peut s'arrêter après cette brève période de consultation. Cependant, rien n'empêche qu'elle soit suivie d'une thérapie à moyen ou à long terme si la personne souhaite poursuivre un travail psychothérapeutique.

Les personnes qui vivent une crise psychopathologique disposent peut-être de moins de ressources personnelles et ont certainement besoin d'un soutien à plus long terme qui relève d'un processus de psychothérapie classique. L'intervention de crise est alors plus courte, visant la stabilisation de l'individu et la demande de consultation rapide aux services appropriés à ses besoins. Il est important que cette recommandation de consultation soit rapide, puisqu'elle permettra à la personne vulnérable d'entreprendre un travail psychothérapeutique plus rapidement, à un moment où ses capacités de changement sont mobilisées. De plus, elle pourra plus rapidement établir une alliance de travail avec un clinicien, qui assurera le suivi à plus long terme. Les recommandations tardives obligent la personne à faire de multiples transitions, à raconter ses problèmes plusieurs fois et à tenter de réétablir une alliance thérapeutique avec de nouveaux intervenants. Ces exigences peuvent décourager et démotiver la personne déjà vulnérable et épuiser ses ressources personnelles.

Dans le cas de l'intervention psychotraumatique, l'intervention est rapide et précoce afin d'éviter le développement ultérieur d'un trouble de stress post-traumatique ou d'en minimiser l'effet. Les approches les plus couramment utilisées sont les interventions brèves et les interventions d'exposition. Les différents modèles d'intervention associés à chacune des crises sont présentés dans les sections suivantes.

La crise psychosociale

Caplan (1964) ainsi que Messick et Aguilera (1976) définissent la personne en situation de crise comme quelqu'un qui vit une période de déséquilibre et qui peut éventuellement retrouver un état d'équilibre après avoir reçu le soutien approprié. L'événement déclencheur de la crise est souvent de nature psychosociale : une perte, une rupture ou une série d'événements adverses. Un événement stressant peut provoquer une chaîne d'événements difficiles qui rendent l'équilibre de plus en plus précaire et son maintien de plus en plus difficile. Dans un tel contexte, l'intervention doit être axée sur le rétablissement de l'équilibre, l'expression des émotions, la compréhension des événements qui ont mené à la crise, le recadrage cognitif et l'apprentissage de nouvelles habiletés de résolution de problème. Trois modèles sont souvent utilisés pour intervenir auprès des personnes vivant une crise de nature psychosociale : le modèle de résolution de problème, le modèle d'intervention de crise classique et le modèle centré sur les solutions.

Le modèle de résolution de problème Ce modèle a été conçu dans les années 1960 en réaction à l'augmentation de la demande de services en santé mentale (Lecomte et Lefebvre, 1986). Depuis les années 1970, ce sont généralement les paraprofessionnels œuvrant dans des centres de service de santé mentale non médicaux ou associatifs qui recourent à ce modèle d'intervention. Le modèle de résolution de problème a initialement été considéré comme innovateur parce qu'il favorise la consultation (*counseling*) par les pairs. Il prévoit que des personnes n'ayant pas d'expérience en psychothérapie reçoivent une formation en intervention de crise afin d'acquérir les habiletés nécessaires pour aider leurs pairs en difficulté. Cette formation de type humaniste met l'accent sur l'écoute active, l'établissement d'une relation chaleureuse avec la personne et la diffusion d'information pouvant l'aider à prendre des décisions. L'objectif est de permettre aux participants d'acquérir suffisamment de compétences pour être aptes à aider une personne en crise à définir et à évaluer les différentes solutions possibles à son problème. Dans les faits, ce modèle de résolution de problème se traduit par une intervention de crise peu structurée, qui peut non seulement avoir lieu en entretien face à face, mais aussi au téléphone. Le nombre de séances d'intervention varie selon les besoins de la personne. L'intervention porte surtout sur le présent, quoique l'avenir soit envisagé dans le cas de certains éléments de la résolution de problèmes (Jacobson, 1980).

Bien que ce modèle ait donné des résultats fructueux chez de nombreuses personnes en difficulté, il a tout de même fait l'objet de critiques (Lecomte et Lefebvre, 1986). Par exemple, le fait que le contenu et le nombre des séances ne soient pas clairement définis permet à certaines personnes de consulter à répétition, durant une longue période et à une fréquence élevée, ce qui engendre une certaine dépendance à cette forme de soutien. Cette situation peut entraîner la régression de ces personnes et créer une incapacité d'acquérir de nouvelles habiletés en résolution de problème. Également, Torop et Torop (1972) ont remarqué que les intervenants formés à cette méthode sont souvent jeunes et voient leur rôle auprès des personnes en difficulté de façon très idéaliste, ce qui entraîne un surinvestissement des problématiques, une tendance à se faire manipuler par certaines personnes et, conséquemment, une possibilité accrue d'épuisement professionnel.

Le modèle d'intervention de crise classique Ce modèle découle des travaux de Caplan (1964), de Messick et Aguilera (1976) et d'Aguilera (1995). C'est actuellement le modèle le plus reconnu dans le domaine de l'intervention de crise. Selon Aguilera (1995), le modèle d'intervention de crise classique a pour précurseur la psychothérapie brève et a pour objectif de résoudre immédiatement la crise. Le nombre de séances va généralement de une à six. Aguilera (1995) propose un paradigme qui explique l'influence qu'ont les événements stressants sur la déstabilisation de l'individu. Une crise serait provoquée, plus ou moins directement, par une perception déformée de l'événement, par un manque de soutien social, par l'absence de mécanismes d'adaptation adéquats ou encore par une combinaison de ces facteurs. Par conséquent, l'intervention devrait porter sur le ou les facteurs de déstabilisation. Lorsque la dimension cognitive est défaillante, la situation est perçue comme menaçante, d'autant plus que l'individu en crise généralise les répercussions négatives sur les objectifs futurs. Par ailleurs, s'il souffre d'isolement social, il devient plus vulnérable au déséquilibre lorsque survient une perte ou une menace de perte. Donc, en général, l'intervention de crise doit : 1) permettre un rééquilibre émotif par l'expression de la souffrance et de la détresse ; 2) favoriser une restructuration cognitive en proposant une perception plus réaliste de l'événement ; 3) prendre en considération la composante liée au soutien social et la mobiliser ; 4) inciter l'individu à utiliser des mécanismes d'adaptation qui ont déjà fonctionné dans le passé ; 5) l'aider à acquérir de nouveaux mécanismes d'adaptation efficaces (dans le cas où il n'en aurait pas).

Cependant, l'importance de la composante cognitive dans l'intervention de crise varie selon que les auteurs sont Américains ou Européens. Les Anglo-Saxons et les Nord-Américains (Caplan, 1964 ; Langsley, Machotka et Flomenhaft, 1971 ; Marmar et Horowitz, 1988) perçoivent la crise comme une période où la personne est submergée émotivement, où sa perception cognitive de la réalité est rigide et déformée et où elle éprouve de la difficulté à résoudre des problèmes. L'intervention que ces auteurs privilégient porte donc sur les événements présents, alors que les problèmes du passé sont peu abordés, voire pas du tout, à moins qu'ils ne soient liés directement aux événements actuels. Ce type d'intervention vise la résolution de la crise actuelle et le retour à l'équilibre.

Lorsque ce sont des auteurs européens qui discutent de l'intervention de crise (Andreoli, 1986 ; Ottino, 1999 ; Souris, 1988), le lien entre les conflits intrapsychiques passés et présents est davantage pris en compte. La réactualisation des conflits sous-jacents demeure l'objectif thérapeutique et l'intervention de crise vise à offrir à la personne un espace de transition « dans lequel le sujet pourra élaborer ses conflits et structurer de nouveaux étayages » (Souris, 1988). Malgré ces divergences théoriques, tous s'entendent pour considérer la crise comme une période de transition dont l'issue peut être une résolution adéquate (c'est-à-dire un retour à l'équilibre antérieur) ou une précipitation vers d'autres crises.

Le modèle d'intervention axée sur les solutions Inspirée des travaux sur la communication de Bateson et de l'approche psychothérapeutique de Milton Erickson, l'approche orientée vers la recherche de solutions est une approche inductive qui est axée sur ce qui est utile et générateur de solutions. En d'autres termes, alors qu'une démarche de psychothérapie axée sur le changement se penche traditionnellement sur les problèmes à résoudre, cette approche se centre sur les solutions à mettre en place. Ainsi cette approche d'inspiration cognitive est maintenant favorisée par de nombreux intervenants. Certains auteurs utilisent l'expression *approche orientée vers les solutions* (AOS). Cette approche, développée au début des années 1980 par Shazer et ses collaborateurs (1985), tire ses origines du constructivisme social, met l'accent sur les forces de l'individu et oriente ses interventions sur les objectifs futurs de celui-ci, non sur les événements antérieurs. Bien que cette intervention soit de plus en plus utilisée et enseignée dans les centres de crise, peu d'études empiriques permettent de conclure à l'efficacité du traitement. Le chapitre 3 présente les origines des différentes approches cognitives comportementales élaborées pour l'intervention de crise psychosociale.

La crise psychotraumatique

Les principales interventions en cas de crise psychotraumatique sont les interventions brèves et les interventions d'exposition. Rappelons que l'intervention de débriefing, qui a été privilégiée pendant une très longue période, a fait l'objet de plusieurs évaluations quant à l'efficacité du traitement. De nos jours, les groupes d'experts qui ont élaboré des guides de bonnes pratiques, adoptés par plusieurs pays, recommandent de ne plus faire de débriefing individuel. Cette directive ne s'applique cependant pas au débriefing de groupe, pour lequel les preuves scientifiques ne permettent pas de conclure dans un sens ou dans l'autre. Une approche plus globale et plus efficace que la séance de débriefing individuel consiste à offrir à la personne en crise une véritable thérapie intensive avec un thérapeute. Cette approche thérapeutique inclut généralement les thérapies d'exposition.

La crise psychopathologique

Le modèle de dépistage et d'évaluation (*screening/assessment model*) s'inspire de modèles médicaux basés sur certains principes de dépistage et d'évaluation mis en application dans un contexte psychothérapeutique (Burgess et Baldwin, 1981). Ce type d'intervention met d'abord l'accent sur l'évaluation des problèmes, des difficultés et des tensions vécues par l'individu et, par la suite, sur la conception d'un plan de recommandation adapté et adéquat vers des services de prise en charge à plus long terme.

Le cadre structuré de l'intervention de crise qui découle de ce modèle est principalement sous la responsabilité d'un clinicien. Celui-ci effectue une évaluation psychologique des expériences passées de la personne, de son histoire familiale et sociale ainsi que de son histoire médicale. À la suite de cette évaluation, la personne est dirigée vers d'autres ressources ou services communautaires afin d'y recevoir le traitement approprié. Dans ce cadre, le rôle du clinicien qui reçoit la personne, généralement dans les centres de crise, les cliniques ambulatoires, les salles des urgences médicales ou psychiatriques, est de déterminer les ressources et les services à engager dans le plan de traitement, de les coordonner et d'en assurer le suivi. Par conséquent, les responsabilités du clinicien qui applique le modèle de dépistage et d'évaluation sont l'évaluation du fonctionnement passé et présent de l'individu ainsi que l'obtention de services adéquats pouvant faciliter la résolution de la crise actuelle. Ce modèle constitue donc une intervention de courte durée, limitée à quelques rencontres, ce qui restreint les possibilités d'interventions plus élaborées. Cette intervention de courte durée vise à engager ou à réengager la personne en crise en la dirigeant vers les services spécialisés en santé mentale. Bien qu'elle soit de courte durée, elle n'est pas simple pour autant. L'intervenant doit rapidement créer une alliance thérapeutique avec la personne en crise et lui transmettre l'espoir d'un mieux-être possible. Cette intervention demeure complexe en raison même de sa courte durée : l'intervenant doit rapidement faire une demande de consultation appropriée à la personne en crise et maintenir le lien thérapeutique jusqu'à ce que celle-ci soit engagée auprès d'un autre intervenant.

En somme, selon Burgess et Baldwin (1981), cette forme d'intervention de crise n'est adéquate que pour certaines personnes en difficulté, dont celles qui souffrent de psychopathologie chronique ou récurrente. Ce modèle convient davantage aux structures qui reçoivent les personnes en urgence et qui mettent en place des politiques limitant les services de crise aux activités d'évaluation et d'orientation, mais qui ont la capacité de coordonner un traitement complexe avec plusieurs organismes. La distinction entre les approches d'intervention utilisées pour la crise psychosociale et la crise psychopathologique sera abordée au chapitre 8.

1.2.4 L'issue selon les types de crises

L'issue d'une crise de chaque type peut être positive ou négative, mais les éléments qui permettent de les qualifier sont différents.

La crise psychosociale

Dans la vie de tous les jours, les personnes ont tendance à maintenir leur état d'équilibre, que l'on appelle *homéostasie*. Lorsqu'un événement adverse survient, elles manifestent des comportements qui leur permettent de maintenir l'homéostasie. Lorsqu'une personne ne voit pas de solution à ses problèmes, que ses mécanismes d'adaptation s'avèrent inefficaces et qu'elle a peu de soutien, il est possible qu'elle se dirige vers une crise. Ainsi, on parle de résolution adéquate d'une crise lorsqu'il y a recadrage du problème de départ, que la crise se résorbe et qu'il y a apprentissage de nouvelles stratégies d'adaptation. Toute crise peut constituer une occasion d'épanouissement personnel et avoir une valeur positive dans le développement d'une personne. Celle-ci peut fonctionner, après la crise, de façon plus adaptée qu'elle ne le faisait antérieurement, puisqu'elle peut avoir développé une meilleure capacité d'expression de sa souffrance et avoir acquis de nouveaux mécanismes de régulation de soi.

Il arrive qu'après la crise, une personne revienne au même niveau de fonctionnement que par le passé. Il y a alors un retour à l'homéostasie. Parfois, l'apprentissage peut aller au-delà de l'homéostasie et rendre la personne apte à gérer les situations stressantes futures. Dans ce cas, la crise peut être une occasion d'apprentissage personnel. Il est probable que la personne se donne alors des moyens pour tendre vers un équilibre en utilisant de meilleures stratégies de résolution de problèmes. L'intervention de crise aura permis, à moyen ou à long terme, de résoudre les problèmes qui ont engendré la crise, sans que la personne fasse de gains sur le plan du développement personnel.

Dans le cas d'une résolution inadéquate, la personne adopte des stratégies qui lui permettent peut-être de réduire son niveau de stress et d'anxiété à court terme, mais qui peuvent avoir, à long terme, des conséquences néfastes (par exemple, l'alcoolisme et la toxicomanie). Ces moyens constituent surtout des tentatives pour engourdir la douleur, et la personne risque de voir apparaître d'autres difficultés qui devront être traitées ultérieurement. Dans ce contexte, il arrive fréquemment qu'elle demeure dans un état de vulnérabilité jusqu'à ce qu'un autre événement vienne la replonger dans un état de crise.

La crise psychotraumatique

Le souhait des personnes traumatisées est de « revenir comme avant », d'effacer l'événement traumatique. Le retour à l'homéostasie est rarement possible, ni même souhaitable. À la suite du trauma, le monde a désormais changé pour l'individu, car celui-ci a perdu, par exemple, sa maison, un être cher ou encore une certaine naïveté vis-à-vis de l'espèce humaine ou de la justice. Les pertes, réelles ou symboliques, sont généralement irremplaçables et un travail de deuil est nécessaire. Même s'il existe des possibilités d'épanouissement personnel (Bonne, Neumeister et Charney, 2003), elles peuvent prendre des années à se concrétiser. On désigne par le terme **allostasie** le fait, pour un individu qui a vécu une crise psychotraumatique, de trouver un nouveau point d'équilibre (sain ou pathologique), à la suite d'un trauma, qui tient compte des limites associées aux conséquences du trauma. La recherche fait état de la croissance post-traumatique (*post-traumatic growth*) (Cadell *et al.*, 2003), laquelle serait favorisée par la présence d'un sentiment de spiritualité et de soutien social.

La crise psychopathologique

Si, en général, l'objectif thérapeutique consiste à ramener la personne à un niveau d'équilibre émotionnel égal ou supérieur au niveau antérieur à la crise, dans le cas d'une crise psychopathologique, il vise plutôt la fin des épisodes de crise, ou du moins la diminution de leur fréquence, de leur intensité et de leur gravité. L'intervenant doit réengager la personne en crise en la dirigeant vers les services spécialisés en santé mentale et lui transmettre l'espoir d'un mieux-être possible. Les interventions effectuées en période de crise peuvent servir de tremplin vers des services de psychothérapie à plus long terme. L'engagement de la personne dans un processus de psychothérapie à plus long terme est déjà une issue positive à la crise.

Malheureusement, les demandes de consultation auprès des ressources adéquates ne se réalisent pas toujours en un temps suffisamment court. Si la personne n'a pas accès rapidement à d'autres services, l'intervenant doit continuer de la soutenir au-delà des deux ou trois rencontres habituellement prévues.

Durant ce temps, le clinicien peut entreprendre un travail thérapeutique dans le but de faire acquérir à la personne de nouveaux mécanismes de maîtrise, de façon qu'elle puisse faire un choix conscient parmi les stratégies qui visent la protection de soi et qu'elle puisse les utiliser. L'intervenant doit tenter de voir avec la personne de quelle manière elle est en mesure de se protéger elle-même. La personne en crise ne doit pas simplement utiliser la première stratégie qui lui permet de réduire son niveau de stress, mais choisir consciemment d'acquérir et d'utiliser des mécanismes, habituels ou non, qui lui permettront d'acquérir graduellement la capacité à se protéger et à maintenir une certaine maîtrise des événements qui ont provoqué la crise pour laquelle elle consulte. Les objectifs sont donc la stabilisation et la prévention de la rechute.

Les mécanismes de maîtrise regroupent différentes stratégies, mises en œuvre consciemment ou non, qui permettent d'affronter le stress et les tensions et de faire face aux défis de la vie quotidienne. Ils concernent l'adaptation, la défense, le savoir-faire et les réactions d'ajustement (Aguilera, 1995), la prévention des rechutes et l'engagement à long terme auprès d'une équipe en santé mentale. Ils permettent de mettre en branle un processus pour trouver des solutions aux problèmes de la vie et pour maintenir la capacité de se protéger. C'est cette capacité de maîtrise que le clinicien doit valoriser et reconstruire chez les individus en crise psychopathologique.

TABLEAU 1.1 LE RÉSUMÉ DES DISTINCTIONS CONCEPTUELLES ENTRE LES TYPES DE CRISES

Type de crise et progression des étapes de la crise	Étiologie	Symptomatologie	Modèles d'intervention	Issues et attentes
Crise psychosociale Progression : État d'équilibre ↓ État de vulnérabilité ↓ État de crise, avec ou sans passage à l'acte	Trajectoire de vie présentant des difficultés et des conflits normaux ; présence de relations interpersonnelles soutenantes ; présence de facteurs de protection.	L'adaptation positive est la réponse normative, alors que le développement de troubles courants (p. ex. : trouble de l'adaptation ou problème courant de santé mentale) est une réponse plus complexe à la crise psychosociale.	- Recherche un retour graduel à l'équilibre - Création d'un lien de confiance par l'écoute et l'expression de la souffrance - Élargissement du répertoire de stratégies d'adaptation (stratégies de type comportementale, affectif et cognitif)	- Retour à l'équilibre - Acquisition de compétences

TABLEAU 1.1 LE RÉSUMÉ DES DISTINCTIONS CONCEPTUELLES ENTRE LES TYPES DE CRISES (*SUITE*)

Type de crise et progression des étapes de la crise	Étiologie	Symptomatologie	Modèles d'intervention	Issues et attentes
Crise psycho-sociale (*suite*)	*Exemples d'événements déclencheurs*: - Perte et rupture - Décès et maladie - Événement stressant majeur - Échec et déception importante - Transition de vie importante (maturation, retraite, etc.)		- Modification cognitive - Mobilisation du réseau de soutien social (formel et informel) - Prévision d'un suivi à court terme Modèles théoriques: - Modèle de résolution de problème - Modèle d'intervention de crise classique - Modèle d'intervention axé sur les solutions	
Crise psycho-traumatique Progression: État d'équilibre ou état de vulnérabilité ↓ État de crise, avec ou sans passage à l'acte	Peut ressembler aux deux autres types de crises. *Exemples d'événements déclencheurs*: - Événement traumatique ayant provoqué l'effroi - Événement sévère, vitesse de survenue rapide et confrontant la personne à la mort	La résilience est la réponse normative, alors que le développement de troubles mentaux (p. ex.: trouble de stress post-traumatique, phobie, trouble dépressif, etc.) est une réponse plus complexe à la crise psychotraumatique.	- Offre de premiers soins et assurance d'un milieu sécuritaire - Interventions visant à réduire les réactions anxieuses - Présentation d'information et indication des ressources d'aide - Recommandation vers une intervention de psychothérapie brève Modèles théoriques: - Approche thérapeutique brève - Thérapies d'exposition	- Allostasie - Recherche de sens - Croissance post-traumatique

TABLEAU 1.1 LE RÉSUMÉ DES DISTINCTIONS CONCEPTUELLES ENTRE LES TYPES DE CRISES (*SUITE*)

Type de crise et progression des étapes de la crise	Étiologie	Symptomatologie	Modèles d'intervention	Issues et attentes
Crise psycho-pathologique Progression : État de vulnérabilité ↓ État de crise, plus fréquemment avec passage à l'acte	Perte précoce survenue dans l'enfance ; difficulté associée au développement ; antécédents personnel et familial de problème de santé mentale ; problème d'abus et de dépendance aux substances ; précarité sociale ; cumul de difficultés et d'événements adverses ; peu de facteurs de protection. *Exemples d'événements déclencheurs* : - Perte et rupture - Difficultés relationnelles - Déception - Découragement - Réaction impulsive et agressive face à une situation difficile - Sentiment d'isolement - Etc.	La récurrence des crises est souvent la réponse la plus fréquente, alors que la stabilisation souhaitée est plus souvent une réponse marginale à la crise psychopathologique. La récurrence peut avoir deux types de trajectoires : 1. de nature psychopathologique, caractérisée par la présence de troubles mentaux (axe I) et de troubles de la personnalité (axe II) ; 2. de nature psychopathologique qui se caractérise par la présence de troubles graves en réadaptation psychiatrique ou en urgence psychiatrique.	- Désescalade de l'état de crise - Prévention du passage à l'acte - Création d'un lien de confiance - Transmission d'un espoir - Encouragement à l'alliance thérapeutique et à l'engagement dans un traitement - Planification du suivi à court terme - Proposition de solutions de rechange positives et acceptables aux problèmes actuels - Recommandation en vue d'un suivi à plus long terme Modèles théoriques : - Modèle de dépistage et d'évaluation	- Prévention de la rechute - Stabilisation - Maintien du traitement

1.2.5 Les considérations cliniques

Il est important d'insister sur cinq éléments qui peuvent compromettre le processus d'évaluation et, ultérieurement, le choix de l'intervention la plus appropriée. Le premier élément est que le clinicien doit découvrir, dans le cas d'une crise particulière, de quel type est la crise en examinant l'étiologie, la symptomatologie, l'intervention et l'issue. Il arrive souvent que d'autres dimensions cliniques se superposent à la crise. Le clinicien doit donc être en mesure de faire une évaluation diagnostique rigoureuse et nuancée afin de déterminer clairement l'importance et l'intensité des problèmes qui se présentent, d'élaborer un plan de traitement adéquat et d'augmenter la probabilité d'une issue positive. L'analogie suivante permet d'illustrer ce propos. En regardant une peinture, il est souvent plus aisé d'observer les changements, par exemple le passage d'un ton plus pâle à un coloris plus foncé, que de reconnaître sur la même toile un kaléidoscope de couleurs, puis de déterminer la tache de couleur qui, à un endroit précis, correspond à une nuance particulière. Bien que les récits des patients prennent souvent des couleurs changeantes, tragiques ou diffuses, le clinicien doit être en mesure d'observer le cumul des teintes, des coloris et des nuances pour en faire une évaluation juste et adéquate. S'il n'arrive pas à observer de façon fine ces changements, toutes les couleurs peuvent prendre le même aspect de grisaille. Or, là est justement le danger pour lui, car si tous les problèmes ont la même teinte, il sera porté à ne voir qu'un seul et même problème chez une personne en crise, et même d'une personne à l'autre, et conséquemment à utiliser toujours la même technique d'intervention.

Le deuxième élément est que le clinicien peut avoir tendance à vouloir agir vite, particulièrement dans un contexte où l'urgence pousse à l'action. Pourtant, la première tâche à effectuer, la plus importante, est l'évaluation de la personne en crise. Elle ne peut l'être qu'après une rapide investigation ciblée et une observation fine et intelligente des événements ayant provoqué la crise ainsi que de la symptomatologie. On n'insistera jamais assez sur le fait que l'évaluation est une étape nécessaire à l'intervention de crise et qu'elle est effectuée en même temps que d'autres tâches, soit : 1) créer une alliance thérapeutique avec le client ; 2) recueillir de l'information et nourrir la base de données au sujet du client ; 3) évaluer le potentiel de risque ; 4) planifier l'intervention et le suivi. Afin de réaliser ces tâches dans un laps de temps qui est souvent très court, l'intervenant doit comprendre l'origine des diverses crises, leurs profils symptomatologiques et les interventions appropriées à chacune d'entre elles. Cela n'est possible que si le cadre théorique sur lequel il se base est clair.

Le troisième élément est que les cliniciens doivent être formés adéquatement aux approches thérapeutiques appropriées aux différents types de crises. Quand se produisent des événements traumatiques, particulièrement ceux qui font un grand nombre de victimes, certains cliniciens, par souci de compassion, se rendent rapidement sur les lieux du drame. Tous n'ont cependant pas la formation adéquate pour intervenir en situation d'urgence. Ceux qui laissent leur compassion prendre le dessus sur leurs compétences réelles peuvent parfois nuire davantage qu'aider. Roberts (2002) évoque quelques exemples de cette situation. Entre autres, après l'attentat terroriste du 11 septembre 2001 à New York, des cliniciens qui s'étaient déplacés sur les lieux ont encouragé certaines victimes qui évoquaient leur déménagement éventuel du quartier de Manhattan à réaliser leur projet. Or, des intervenants spécialisés dans le domaine du trauma et de la crise auraient su que ces réactions sont habituelles et passagères et que les angoisses doivent être abordées en psychothérapie ; ils n'auraient donc pas spontanément encouragé ces victimes à faire un passage à l'acte qu'elles ont pu regretter plus tard. Il faut convenir que, dans le champ de la santé mentale, il existe des domaines de spécialisation et que tous les problèmes ne peuvent malheureusement être résolus grâce à la seule relation d'aide.

Le quatrième élément concerne l'importance de reconnaître la variabilité de l'effet que peut avoir un événement tragique. Tous ne réagissent pas de la même manière aux événements adverses. Certains peuvent les vivre en s'en tirant avec peu de séquelles physiques ou psychologiques, alors que d'autres peuvent en subir les effets dramatiques à moyen ou à long terme. En effet, certains facteurs individuels viennent atténuer ou amplifier certaines réactions. Ces facteurs peuvent être : 1) de nature biologique, par exemple l'histoire médicale et les vulnérabilités physiques ; 2) de nature psychologique, par exemple les antécédents et la présence de troubles mentaux, d'abus et de dépendance aux substances, les antécédents familiaux de santé mentale ; 3) de nature sociale, par exemple le cumul de pertes et d'adversités personnelles, la situation socioéconomique, le manque de soutien familial, social et communautaire ; 4) de nature à la fois psychologique et sociale, par exemple les stratégies d'adaptation et de résolution de problèmes ainsi que la présence de facteurs de protection. Cette évaluation des éléments qui peuvent faire varier les réactions en temps de crise permet aux cliniciens de mieux comprendre la complexité du tableau clinique et, ainsi, de proposer des interventions qui sont adéquates, qui tiennent compte du moment où se produit la crise dans la vie de la personne ainsi que des différentes réactions que peut présenter celle-ci.

Enfin, le cinquième et dernier élément est que le clinicien doit déterminer le traitement le plus approprié. Encore là, il doit faire plusieurs choix : il doit se demander quel traitement appliquer, à quel problème, à quel type de patient et à quel moment de sa vie. Ce sont des questions qui demandent une évaluation et un suivi rigoureux. Les principes de l'intervention seront abordés au chapitre suivant, mais ils ne doivent pas être tenus pour acquis. S'il veut connaître la façon dont évoluent les pratiques et savoir lesquelles sont les meilleures, le clinicien doit maintenir ses connaissances à jour, et ce, tout au long de sa carrière professionnelle. Il doit être constamment en mesure de savoir s'il lui faut recommander un traitement individuel, familial ou de groupe, simultanément ou en séquence. De plus en plus, on constate que certaines approches thérapeutiques qui sont efficaces auprès d'un certain sous-groupe ne le sont pas nécessairement auprès d'un autre sous-groupe. Il est important de connaître ces données provenant de la recherche à l'étape de l'élaboration des plans d'intervention.

Conclusion

Le cadre conceptuel de la crise postule que les événements et le stress en eux-mêmes ne suffisent pas à la constituer. Celle-ci résulte d'une interaction entre un événement et l'évaluation qu'en fait une personne. La crise émerge lorsque le stress, induit par l'événement, est perçu par celle-ci comme une menace, une difficulté insurmontable qui dépasse ses ressources d'adaptation. Dans ce chapitre, nous avons proposé une typologie de la crise, intégrant à la fois théorie et classification, afin de correspondre le plus possible avec la réalité clinique des milieux d'intervention. Plus précisément, nous avons suggéré une typologie basée sur trois principes : un événement est perçu différemment d'un individu à l'autre, l'effet de cet événement sur l'individu touché diffère selon son degré de vulnérabilité personnelle au moment où l'événement survient, et chacun des types d'événements exige des interventions particulières qui peuvent être mutuellement exclusives. Ces trois repères théoriques nous ont servi à justifier une classification selon trois types de crises : psychosociale, psychopathologique et psychotraumatique.

RÉSUMÉ

1. Le type d'intervention et sa durée dépendent du type de crise, des caractéristiques de la personne et de son entourage.
2. Les personnes ayant plus de ressources personnelles, cognitives et sociales, et dont la crise est attribuable à un événement psychosocial, peuvent retrouver l'équilibre, sinon trouver le chemin menant à l'équilibre, à la suite d'une intervention brève ou à court terme.

3 Pour ce qui est de l'intervention psychotraumatique, elle doit être rapide et précoce afin de minimiser les risques d'apparition ultérieure d'un trouble de stress post-traumatique ou d'en minimiser l'effet. Deux approches sont couramment utilisées : les interventions d'exposition et les interventions de psychothérapie brève.

4 Les personnes vivant une crise psychopathologique et ayant peut-être moins de ressources personnelles ont besoin d'un soutien à plus long terme, offert par des équipes spécialisées en santé mentale. Ainsi, l'intervention de crise est davantage ciblée et plus courte ; elle vise la stabilisation de l'individu et une demande de consultation rapide vers les services appropriés à ses besoins.

CHAPITRE 2

OBJECTIFS D'APPRENTISSAGE

Après la lecture de ce chapitre, vous devriez être en mesure :

- d'établir la particularité de l'intervention en situation de crise ;
- de connaître les étapes de la conduite de l'entretien clinique auprès d'une personne en situation de crise ;
- d'acquérir des compétences professionnelles en intervention de crise.

La conduite de l'entretien clinique

Monique Séguin et Line LeBlanc

INTRODUCTION

Affronter une situation de crise est un phénomène universel qui se vit pourtant chaque fois d'une façon unique et singulière. Au cours de la vie, il semble juste de penser que toutes les personnes seront confrontées, un jour ou l'autre, à des événements non désirés qui pourraient devenir source d'anxiété, d'angoisse et de peur susceptibles d'ébranler leur quotidien et leurs perspectives d'avenir. Au moment de la crise, le clinicien intervient auprès d'une personne qui est submergée par les émotions et qui, bien souvent, est en perte de contrôle alors que l'événement qui est à l'origine de la consultation est très récent. Or, l'intensité émotive, le sentiment de perte de contrôle, le potentiel de dangerosité et parfois la présence d'une psychopathologie chez la personne en crise peuvent affecter la capacité du clinicien à établir un lien de confiance avec elle et à susciter son engagement dans le traitement thérapeutique. Pour le clinicien, plusieurs problèmes se posent alors. Comment peut-il prendre le temps de s'attarder à l'expression des émotions et à la création d'un lien de confiance lorsqu'il y a urgence d'agir ? Comment peut-il se lier à une personne dont les comportements ou les intentions de passage à l'acte peuvent aller à l'encontre de ses valeurs ? Lui est-il possible d'accueillir une personne qui se présente fréquemment dans un service d'urgence avec autant de sensibilité la première fois que les fois subséquentes ?

2.1 La particularité de l'intervention en situation de crise

L'intervention en situation de crise se distingue des autres approches de psychothérapie par le cadre théorique qu'elle propose, lequel permet de comprendre la personne en crise et de l'aider à faire face rapidement aux événements adverses de la vie et aux crises émotionnelles (Baldwin, 1979). La personne en situation de crise vit une souffrance devenue intolérable et d'une force telle qu'elle considère parfois que le passage à l'acte est une solution pour mettre fin à cette souffrance. Bien qu'elle vive beaucoup d'ambivalence et de peur face aux événements actuels, la personne en crise est souvent épuisée, obnubilée, incapable de trouver des stratégies concrètes et positives de résolution de problèmes ; elle est donc poussée par un besoin impérieux de faire cesser sa souffrance. Cette intensité émotionnelle est insoutenable et fait en sorte que cette personne est disposée à recevoir une aide professionnelle. En effet, Halpern (1973) a constaté que les personnes en crise se sentaient davantage impuissantes, anxieuses, bouleversées et confuses que les autres, en plus d'éprouver des doutes démesurés à propos de leurs habiletés à faire face efficacement à certaines situations sociales. Il a également constaté qu'elles étaient moins sur la défensive et davantage réceptives à l'aide proposée. Cette ouverture à recevoir de l'aide représente pour le clinicien une occasion de créer un lien et ainsi de susciter l'engagement de ces personnes dans une **alliance thérapeutique**.

Bien qu'elles se distinguent des autres personnes nécessitant une aide professionnelle, les personnes en crise ne forment pas pour autant un groupe homogène. Cette expérience est ressentie, perçue et résolue de façon différente d'une personne à l'autre. La diversité des réactions et des réponses à la crise s'explique par la nature même de l'événement et par la juxtaposition des traits de personnalité, de l'histoire familiale et sociale, de la vulnérabilité individuelle, de la présence ou non de troubles de santé mentale, du cumul des problèmes, de la culture, etc. Il arrive aussi que la crise soit récurrente, surtout lorsque le parcours de la personne en crise est marqué par des épisodes d'adversité à répétition. Ainsi, plusieurs éléments comme la nature de l'événement stressant, son caractère inattendu ou non, l'intensité des réactions émotionnelles, la présence ou non de troubles de santé mentale au moment où survient la crise induisent une variation qui explique l'établissement de typologies de la crise (Baldwin, 1979 ; Burgess et Robert, 2000).

Les chercheurs s'entendent pour dire que les cliniciens doivent déterminer rapidement le type de crise pour être en mesure de choisir l'intervention appropriée. Toutefois, le nombre élevé de types de crises dans les typologies existantes ne facilite pas nécessairement la prise rapide d'une décision clinique. Voilà pourquoi il nous semble plus opportun d'employer la typologie suivante : les crises de nature psychosociale, psychopathologique et psychotraumatique (Séguin, Brunet et LeBlanc, 2005). Ces types de crises exigent des interventions particulières, mais ont tout de même quelques caractéristiques communes : une intervention immédiate, brève, directive et, conséquemment, une position active de la part du clinicien (Compton *et al.*, 2006 ; Roberts, 2002).

2.1.1 L'immédiateté de l'intervention

Le caractère immédiat de l'intervention en situation de crise est une dimension qui distingue cette pratique des autres approches thérapeutiques. En effet, l'intervention en situation de crise se produit généralement peu de temps après un événement stressant et, dans certains cas, au moment même où la crise éclate. En raison du niveau de désorganisation et de la nécessité de soulager la souffrance et la tension ressenties, certaines personnes en situation de crise peuvent adopter des comportements à risque, tels que l'agressivité, l'abus d'alcool et de drogue, la fuite, voire le suicide ou l'homicide. Ainsi, le clinicien intervient souvent « à chaud » auprès d'une personne dont l'état émotif est exacerbé. La nécessité d'intervenir immédiatement fait également en sorte que les modalités d'intervention et les lieux où l'intervention est réalisée peuvent être inhabituels. L'intervention de crise n'est pas nécessairement effectuée dans un bureau offrant un cadre thérapeutique clair et rassurant. Par exemple, l'entretien de crise peut être réalisé en face à face, au téléphone, voire par Internet et dans des lieux tels que les centres de crise, les cliniques de santé mentale, les centres de services sociaux, les unités de soins psychiatriques, à l'endroit même où une personne menace de se suicider ou de commettre un homicide ou encore sur les lieux d'un sinistre (Séguin, 2001). Ainsi, il arrive parfois que l'entretien clinique ait lieu en présence de témoins connus de la personne, d'unités d'intervention policière et de badauds. Des paraprofessionnels et des professionnels de différentes disciplines travaillent dans certains de ces milieux d'intervention et tous doivent collaborer pour assurer la continuité des services après la crise, en particulier dans le cas où la personne en crise est dirigée vers un spécialiste (Oliva et Compton, 2008).

2.1.2 La brièveté de l'intervention

Le modèle de l'intervention en situation de crise a souvent été comparé à la thérapie brève, parce que certains des principes d'intervention sont les mêmes, tels que la courte durée de la thérapie et sa concentration sur le problème qui est à l'origine de la consultation (Callahan, 1994). Toutefois, les objectifs d'intervention de ces deux approches diffèrent. La thérapie brève vise l'élimination des symptômes par la compréhension de la dynamique de certains conflits, alors que le modèle d'intervention de crise vise la diminution du niveau de tension et le retour au fonctionnement antérieur à la crise (Stuart et Mackey, 1977). L'enjeu clinique de l'intervention de crise est d'aider la personne à retrouver, dans un court laps de temps, un sentiment de contrôle qui lui donne l'espoir qu'elle est en mesure de résoudre la crise. L'intervention de crise vise aussi à ce qu'un patient s'engage dans un traitement et poursuive à plus long terme un processus thérapeutique, à court ou à moyen terme (Munetz et Griffin, 2006).

2.1.3 La directivité de l'intervention

Étant donné qu'une personne en crise peut souffrir au point d'en venir au passage à l'acte, les principes d'intervention en situation de crise sont différents de ceux qui guident les cliniciens lors d'une psychothérapie. En effet, le potentiel de dangerosité exige une certaine directivité de la part du clinicien. Celui-ci ne doit pas nécessairement rechercher la neutralité thérapeutique ; on parlera plutôt de bienveillance thérapeutique. Il doit créer rapidement un lien de confiance qui permette à la personne de sentir que sa souffrance est comprise, accueillie et acceptée, lien à partir duquel le clinicien peut instaurer un état propice à la relation d'aide (Séguin, 2001). Cependant, les cliniciens ne sont pas tous à l'aise face à cette souffrance et, au lieu d'y être sensibles, il arrive parfois qu'ils dirigent trop rapidement l'intervention vers l'explication rationnelle et les solutions permettant de régler le problème qui est à l'origine de la crise. Par conséquent, les suggestions de « solutions » qui arriveraient trop tôt dans l'intervention ou à un moment qui n'est pas propice, alors que la personne est encore submergée par les émotions, peuvent suffire à compromettre le processus thérapeutique (Galea *et al.*, 2003).

La plupart des cliniciens ont un jour ou l'autre à intervenir en situation de crise et leur capacité à le faire dépend alors en grande partie de la qualité de la formation qu'ils ont reçue dans ce domaine. Malheureusement, il semble que la formation professionnelle telle qu'elle est donnée actuellement ne prépare pas les cliniciens à répondre aux exigences de la pratique de l'intervention en situation de crise. En effet, les programmes de formation collégiale et universitaire dans le domaine des sciences humaines ont fait l'objet de critiques parce que les cours d'intervention en situation de crise n'y sont ni obligatoires, ni proposés systématiquement (Burgess et Baldwin, 1981 ; Hillman, 2002 ; Kulic, 2005 ; Myer, 2001). Il est pourtant très important d'offrir aux cliniciens une formation adéquate en intervention de crise à partir d'un modèle qui tient compte des particularités de ce type d'intervention.

2.1.4 La position active du clinicien

L'un des éléments qui distinguent le plus l'intervention de crise des autres types d'intervention en psychothérapie est sans doute la position active du clinicien. Compte tenu de l'immédiateté, de la brièveté et de la directivité de l'entretien en situation de crise, cette position est nécessairement différente de celle du clinicien lors de la psychothérapie classique. Celui-ci adopte une position active, puisqu'il engage et mobilise la création d'un lien de confiance avec la personne en crise. C'est essentiellement lui qui génère l'alliance thérapeutique en établissant un lien positif avec cette personne afin qu'elle s'engage à court terme dans un plan d'intervention.

Généralement, dans un processus de psychothérapie de type psychodynamique, le clinicien laisse le patient amener le matériel clinique et instaurer l'espace thérapeutique afin qu'il puisse projeter sur le clinicien le **transfert** de certains désirs ou conflits inconscients. Ainsi, cette approche encourage l'établissement d'une forme de résistance dans le lien thérapeutique. Au contraire, le clinicien réalisant une intervention de crise doit tout mettre en œuvre pour que la personne aidée ait une perception positive d'elle-même et doit lui transmettre la croyance selon laquelle il est avec elle et peut lui venir en aide. Ce transfert positif doit être créé rapidement, dès les premières minutes de l'entretien, par le clinicien, responsable de donner envie au patient de poursuivre son engagement dans le traitement parce qu'il croit que ce professionnel le comprend et peut l'aider à trouver des solutions valables à ses problèmes. Ainsi, le clinicien doit-il être soutenant, encadrant, à l'écoute, disponible ; bref, il doit déployer toutes les qualités d'empathie qui lui permettent d'établir un lien transférentiel positif. Cette position du clinicien est beaucoup plus active que la position de distance bienveillante ; elle mise en quelque sorte sur l'établissement d'un transfert positif du patient vers le clinicien. C'est aussi parce que le lien thérapeutique est positif que le patient développe un lien de confiance avec le clinicien ; grâce à ce processus, le clinicien est plus crédible pour le patient lorsqu'il lui transmet l'espoir d'un changement possible. De même, c'est bien parce que le lien thérapeutique est positif que le patient peut s'engager dans une proposition d'intervention.

Nous constatons que ce lien qui repose sur le thérapeute ne peut être soutenu à long terme. Pour faire une comparaison, on peut prendre l'exemple d'un patient aux soins intensifs qui a subi une blessure grave. Le personnel de l'unité des soins intensifs adopte alors un niveau d'intervention que l'on ne saurait trouver dans les unités de médecine générale. Il est donc normal qu'un patient progresse des soins intensifs vers les soins standards, ce qui lui permet de retrouver graduellement un certain niveau d'autonomie et d'indépendance. Ce niveau d'intensité des soins que l'on trouve lors de l'intervention de crise ne pourrait et ne devrait pas être soutenu durant une longue période, entre autres parce que cela ne permettrait pas au patient de retrouver sa pleine autonomie dans la gestion des situations stressantes futures (Strauss *et al.*, 2005).

L'un des principes de l'intervention de crise suppose de soutenir la personne qui se trouve près du passage à l'acte, de mobiliser ses ressources et son désir de changement et ensuite de la diriger vers des intervenants qui pourront, lorsque nécessaire, lui proposer un plan d'intervention. Pour cette raison, diriger un client vers d'autres intervenants est toujours délicat, car la personne en situation de crise pourrait avoir peur de ne pas retrouver le même niveau d'alliance avec un autre clinicien. Évidemment, un clinicien qui poursuit des objectifs à plus long terme doit avoir une position thérapeutique et des objectifs différents. Il est donc important que les intervenants de crise comprennent en quoi ce moment de transition peut être fragile et se préparent adéquatement à bien diriger leur client vers d'autres collègues.

Une autre distinction importante relativement au rôle actif de l'intervenant en situation de crise est la manière dont le recueil de données se fait en cours d'entretien. En même temps que le clinicien établit et maintient un lien de confiance positif avec la personne en crise, il collecte des données (Shea, 2005). Encore ici, le recueil de données s'effectue rapidement, le clinicien devant conduire l'entretien afin d'explorer certaines sphères qui l'amèneront à évaluer la sévérité des risques et du danger encourus par la personne en crise. Le recueil de données doit donc être dirigé par le clinicien afin d'obtenir l'information pertinente sur les dimensions de risque et d'urgence. Le clinicien a une position active lors du recueil de données, puisqu'il doit constamment évaluer la pertinence d'un changement de sphère lors de l'entretien d'investigation, sans suivre aveuglément le patient au gré de ses changements de sphères. Ainsi, la conduite de l'entretien lors d'une intervention de crise est nécessairement différente de la conduite de l'entretien lors d'une première rencontre de psychothérapie. Compte tenu de l'urgence d'agir, le clinicien doit être en mesure de conjuguer à la fois calme et capacité à établir une relation positive avec un individu en souffrance, mais il doit en même temps être vigilant quant aux données à recueillir en vue de faire une évaluation de la sévérité de la crise et des mesures à prendre. Ce type d'intervention nécessite des habiletés et une formation particulières (Oliva et Compton, 2008). Ainsi, il est important de la considérer comme une spécialisation et non comme une intervention que tout clinicien peut réaliser.

2.2 La conduite de l'entretien clinique : les étapes et les stratégies d'intervention

La souffrance insoutenable et la désorganisation cognitive et comportementale que vit la personne en situation de crise imposent une intervention immédiate, brève et directe qui doit être menée habilement afin de diminuer le niveau de tension de la personne en crise. Le défi à relever dans une intervention en situation de crise est d'accorder la préséance à la dimension affective, c'est-à-dire de créer d'abord un lien de confiance, puis de s'attarder, au moment opportun, à l'élaboration de stratégies cognitives et comportementales de résolution de problèmes. À notre avis, les modèles actuels d'intervention de crise, par exemple ceux proposés par Aguilera (1998), Roberts (2000a) et Hillman (2002), décrivent les étapes stratégiques à suivre dans l'intervention de crise, sans toutefois mettre en évidence la manière d'établir un lien de confiance avec la personne en crise et de susciter son engagement tout au long de la conduite de l'entretien.

L'intervention de crise exige de la part du clinicien de mener simultanément trois activités qui requièrent des habiletés différentes. Il doit créer un lien de confiance avec la personne en crise, recueillir les données nécessaires à une évaluation adéquate de la crise et maintenir l'engagement de la personne en crise dans la démarche thérapeutique. La capacité du clinicien à travailler sur ces trois plans à la fois et à passer facilement de l'un à l'autre favorise une issue positive à la démarche. Cette compétence tient tant de la sensibilité à l'autre que de la capacité à reconnaître, à comprendre et à suivre les étapes de la conduite de l'entretien (Mitchell, 2003).

Pour guider les cliniciens dans la mise en pratique de ce modèle d'entretien, nous proposons sept étapes d'intervention (Séguin, 2001). Ces étapes sont présentées de façon linéaire afin de les décrire adéquatement. Cependant, dans la pratique clinique, il est évident que le clinicien franchit simultanément plusieurs de ces étapes.

La figure 2.1 résume les étapes et les stratégies lors d'une intervention de crise. Le clinicien est généralement occupé par trois grandes activités, qu'il mène simultanément du début à la fin de l'entretien : 1) la création d'un lien de confiance qui doit être maintenu tout au long de l'entretien afin de soutenir l'engagement du

FIGURE 2.1 **LES ÉTAPES ET LES STRATÉGIES D'INTERVENTION**

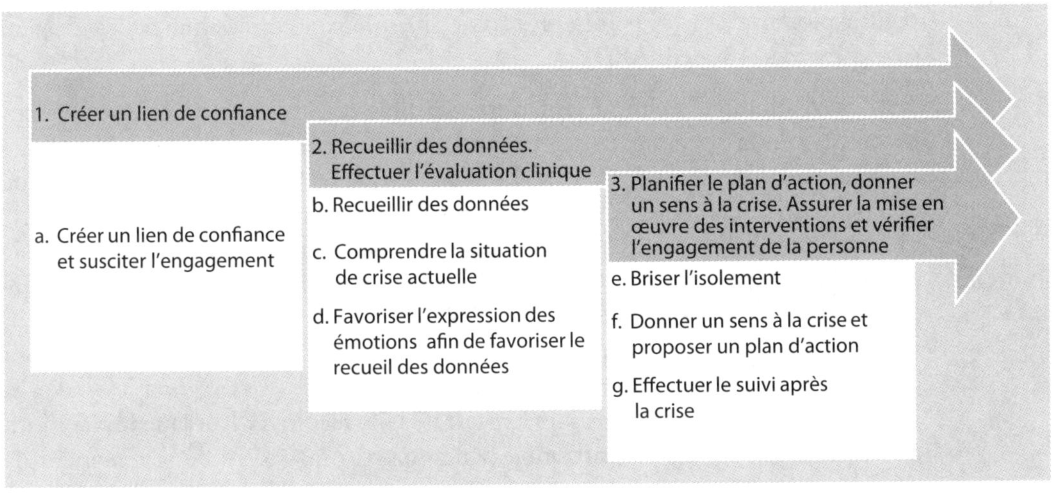

client dans la démarche d'intervention de crise; 2) le recueil de données, lequel permet d'effectuer une évaluation clinique; et enfin 3) le choix des meilleures interventions à proposer au client, basé sur l'évaluation que fait le clinicien, celui-ci mettant en action ses interventions et s'assurant de l'engagement continu de la personne dans le traitement.

2.2.1 Créer un lien de confiance et susciter l'engagement

Le lien de confiance n'existe pas au départ: il doit être créé, puis maintenu, car il n'est jamais acquis. Il n'est pas nécessairement facile pour le clinicien de créer un lien avec une personne qui souffre au point de vouloir mettre fin à ses jours ou avec une personne désespérée et silencieuse. Il n'est pas non plus facile de développer un lien de confiance avec une personne agressive. La personne en crise est découragée et elle est souvent convaincue que plus personne ne pourra la comprendre ou lui venir en aide. Elle laisse peu de place à l'établissement d'un lien, lequel est bien souvent souhaité par ailleurs. La souffrance aiguë et les comportements potentiellement dérangeants qui y sont associés peuvent déstabiliser le clinicien et l'amener à mettre l'accent sur les dimensions cognitives et comportementales afin de trouver une solution aux problèmes pour faire cesser la souffrance ou afin de ne pas prolonger indûment le temps consacré à l'expression des émotions par crainte d'emprisonner la personne dans un sentiment d'impuissance. Il est important de retenir que le clinicien doit se positionner comme un témoin de la souffrance de la personne afin que celle-ci se sente un peu mieux comprise, un peu moins seule. C'est précisément cette diminution du sentiment de solitude qui permet l'espoir. Le fait de se sentir compris par un clinicien réduit le sentiment d'impuissance et rend la souffrance plus soutenable. Lorsqu'une douleur insupportable devient supportable, l'intervenant peut explorer avec la personne des solutions mieux adaptées que celles du passage à l'acte (Mitchell, 2003).

Il est d'autant plus important d'être sensible à cette souffrance que l'événement qui met la personne dans un état de désorganisation et la mène au passage à l'acte peut sembler à première vue banal et facile à résoudre. La banalité de l'événement peut même reléguer au second plan les problèmes qui sont à l'origine de la crise. Par exemple, il peut s'agir d'un événement précipitant tel que la perte d'un objet ou une divergence d'opinions avec un ami qui, toutes proportions gardées, produit un état émotif plus intense que ce à quoi on pourrait s'attendre. Ainsi, le clinicien doit prendre garde de ne pas réagir comme le font beaucoup de personnes qui ont le réflexe de répondre: «Ce n'est pas si grave, ça va s'arranger facilement, tu n'as qu'à réagir de telle façon...» Lorsque l'état émotif de la personne est disproportionné par rapport à la nature de l'événement, la sollicitude du clinicien – que l'on remarque dans l'attention soutenue, soucieuse et chaleureuse et dans l'absence de jugement de valeur – prend tout son sens. Pour prendre le temps d'être à l'écoute de la souffrance vécue par la personne en situation de crise, le clinicien doit faire preuve d'empathie, laquelle consiste à partager la souffrance émotionnelle sans perdre de vue la perception et les habiletés d'adaptation (Rusk, 1971). De par son attitude d'empathie, le clinicien donne à la personne l'assurance qu'elle peut être aidée.

Les travaux de Shea (2005) ont fourni des explications sur la façon dont l'interaction entre la personne en crise et le clinicien peut se transformer en empathie. Ce type d'interaction comporte cependant des écueils, tant chez la personne en crise que chez le clinicien, ce qui peut compromettre la compréhension emphatique. Chez la personne en crise, les mécanismes de défense lui permettant d'éviter de souffrir peuvent aussi l'empêcher d'exprimer ses émotions. Par exemple, une personne confrontée à une perte n'exprimera pas nécessairement sa souffrance de la même manière lorsqu'elle sera à la phase du déni et lorsqu'elle sera à la phase de l'acceptation. Étant donné que l'intervention de crise est souvent réalisée peu de temps après l'événement, il faut prendre en considération les mécanismes que la personne met en place pour se protéger (Strauss *et al.*, 2005). Dans un tel contexte, les énoncés empathiques du clinicien doivent être modulés adéquatement afin que la compréhension ne soit pas perçue comme une intrusion ou un manque de sensibilité. Il s'agit pour lui de développer cette aptitude à comprendre la personne en crise. Le respect de l'intimité émotionnelle est à la base de la formulation empathique (Shea, 2005). Par exemple, il y a une différence entre une formulation affirmative d'empathie comme «vous vous sentez démolie par le départ de votre mari avec une autre femme» et une formulation moins intrusive telle que «c'est comme si votre mari avait détruit ce que vous aviez bâti ensemble».

Pour ce qui est du clinicien, son propre état émotionnel peut nuire à la reconnaissance des émotions vécues par la personne en crise. Il doit rester vigilant quant à son état émotionnel, puisque la souffrance de l'autre fait parfois ressurgir des expériences personnelles qui peuvent interférer avec le processus thérapeutique. Ce type de réaction, appelée «**contre-transfert**» (Mitchell, 2003), peut survenir lorsqu'il y a concordance ou divergence entre les émotions de la personne en crise et celles du clinicien à propos d'une expérience semblable (Hillman, 2002). Ce phénomène peut nuire à la création du lien de confiance, puisqu'il existe une différence réelle, quoique subtile, entre le fait de vouloir montrer que l'on a vécu la même chose et celui de faire preuve d'une compréhension empathique. Tous les cliniciens ont un jour ou l'autre fait face à une réaction agressive à la suite d'un «je vous comprends» bien senti. Une telle réaction peut aussi survenir lorsque la personne en crise revendique l'unicité de sa souffrance (Munetz et Griffin, 2006).

Pour le clinicien, appréhender la réalité unique et singulière de la personne en crise demande un effort de concentration et d'ouverture qui ne va pas de soi... Ce processus exige qu'il se serve de son intuition, que Shea (2005) définit comme étant l'aptitude à écouter en suspendant toute analyse et la capacité à se projeter avec sensibilité dans l'expérience d'autrui. Il n'est pas facile pour le clinicien de faire abstraction de ses propres pensées et de ne pas recourir, momentanément, à la force clinique qu'il attribue aux explications. Après tout, son rôle est de mettre à profit ses connaissances sur la crise pour en favoriser la résolution. Sans nier l'importance de la pensée analytique, il convient ici de souligner que l'évaluation rationnelle que fait le clinicien des sentiments, des pensées et des comportements peut être interprétée par la personne en crise comme un jugement de valeur et qu'elle est ainsi susceptible de détruire le lien de confiance. La capacité de créer un lien ne relève pas d'une technique, mais bien des qualités personnelles et de la sensibilité du clinicien. Cette sensibilité l'amène à prêter une attention particulière aux émotions sous-jacentes à la situation de crise. Ce faisant, il met des mots sur l'expérience de l'autre en faisant preuve d'écoute, d'encouragement, de soutien et en transmettant de l'espoir (Westefeld et Heckman-Stone, 2003). C'est précisément cette mise en mots graduelle et sensible qui permet à la personne en crise d'écarter de son esprit la possibilité de passer à l'acte et provoque chez elle la désescalade de la tension.

L'établissement d'un lien de confiance par la compréhension empathique est une condition *sine qua non* de l'engagement de la personne en crise envers l'alliance thérapeutique. Shea (2005, p. 9) définit l'engagement comme étant « le développement progressif d'un sentiment de sécurité et de respect, grâce auquel les patients se sentent de plus en plus libres de confier leur problème au clinicien, en même temps qu'ils prennent confiance dans son aptitude à les comprendre ».

Le sentiment de perte de contrôle, souvent ressenti par la personne en situation de crise, peut faire échouer les tentatives du clinicien de créer l'engagement dans l'alliance thérapeutique. En effet, il peut être difficile pour la personne de croire que d'autres peuvent l'aider, puisqu'elle a déjà tenté elle-même, à plusieurs reprises et souvent sans succès, de résoudre son problème. Les éléments suivants peuvent, selon Shea (2005), aider le clinicien à créer un engagement dans l'alliance thérapeutique : 1) la transmission efficace d'un sentiment d'empathie ; 2) l'aptitude à mettre en place un climat propice à la sécurité ; 3) la faculté de paraître authentique et naturel ; 4) la capacité d'afficher une compétence rassurante ; 5) l'évaluation de l'alliance.

La création d'une alliance implique une complicité empreinte de spontanéité qui n'est pas nécessairement facile à mettre en place en contexte de crise. Dans cette situation, le clinicien entre dans une zone nébuleuse où sa personnalité devient un facteur clé. Comme la situation de crise est souvent stressante pour lui, il doit être attentif au fait que ses propres façons d'être et d'agir en pareil contexte peuvent influencer son style relationnel. Il est bien connu que les caractéristiques du clinicien font partie des ingrédients de la réussite du processus thérapeutique. En effet, sa capacité à adopter une attitude réaliste tout en conservant son optimisme, à utiliser les techniques de façon flexible et appropriée et à ajuster ses interventions en fonction des réponses du patient peut contribuer à l'atteinte des résultats escomptés (Beutler, Machado et Neufeldt, 1994). La capacité du clinicien à intégrer habilement et avec authenticité sa propre façon d'être à ses compétences professionnelles est donc essentielle à l'établissement de l'alliance. La compétence, par exemple la qualité des questions posées, vient renforcer efficacement l'engagement. Même lorsque ses questions sont factuelles, le clinicien peut transmettre à la personne son intérêt et son attitude consciencieuse (Shea, 2005). L'union, chez le clinicien, de l'authenticité et de la compétence lui permet de traduire son aptitude à aider la personne et ainsi à lui transmettre de l'espoir. De plus, sa compétence sert de modèle à la personne en crise, qui peut vouloir reproduire chez elle le calme, l'espoir, l'assurance, l'absence d'intrusion et l'empathie dont elle est témoin (Rusk, 1971).

En situation de crise, la combinaison de l'intensité émotive et du sentiment de perte de contrôle amène la personne à croire que l'on ne peut ni la comprendre ni l'aider, ce qui se manifeste par une certaine ambivalence face à l'espoir de résoudre la crise. Le clinicien doit donc prêter une attention particulière à la consolidation du lien de confiance et vérifier constamment la solidité de l'engagement (LeBlanc et Séguin, 2001). Étant donné que le lien et l'engagement ne doivent jamais être tenus pour acquis, l'observation des indices de réussite et de l'alliance peut permettre au clinicien de s'ajuster en cours d'entretien. La certitude est un bien mauvais guide lors d'une intervention en situation de crise, particulièrement en ce qui concerne la solidité du lien et de l'engagement. Il est inopportun de prétendre que la force du lien et de l'alliance est présente dès le départ et constante tout au long des rencontres. La personne en crise peut à tout moment se prévaloir de son droit de mettre fin à la relation d'aide, que ce soit en raison de son insatisfaction ou de son besoin de ralentir le changement (Compton *et al.*, 2006). Ainsi, le clinicien doit réévaluer constamment la mesure dans laquelle le lien et l'engagement se consolident d'une séance d'intervention à l'autre. En d'autres termes, le souci de transmettre l'empathie et de susciter l'alliance doit être suivi d'une observation fine quant à son maintien dans le temps.

L'évaluation de la transmission de l'empathie par le clinicien lui permet aussi de constater que le lien de confiance passe par le sentiment d'être compris. Le clinicien doit procéder au repérage des indices comportementaux qui sont émis par la personne en crise et qui témoignent de l'adéquation de la distance interpersonnelle. Il s'agit pour lui de vérifier la mesure dans laquelle il a réussi à transmettre l'empathie tout en respectant les limites imposées par la personne en crise, autrement dit en ne commettant pas d'intrusion. Pour faire cette vérification, le clinicien doit observer la réponse de la personne à ses énoncés empathiques, et ce, tout au long de l'entretien clinique.

2.2.2 Recueillir des données

Plusieurs grandes sphères de contenu sont souvent utilisées à des fins d'évaluation lors d'un entretien. Par exemple, pour un entretien clinique habituel, Shea (2005) propose les 10 sphères suivantes : 1) l'histoire actuelle de la maladie ; 2) les explorations diagnostiques ; 3) les perspectives psychologiques ; 4) l'examen formel de l'état mental ; 5) l'histoire sociale ; 6) l'histoire familiale ; 7) la détermination du potentiel de suicide ou d'homicide ; 8) les antécédents psychiatriques ; 9) l'analyse du développement et de la psychogénétique et 10) les antécédents médicaux.

Lors de l'entretien de crise, il sera sans doute difficile d'explorer toutes ces sphères, compte tenu de l'état émotif général de la personne en crise et du besoin de se concentrer sur les sphères actuelles desquelles émerge le problème. Par conséquent, l'évaluation devra surtout porter sur : 1) le contexte actuel de la crise ; 2) l'événement ou les événements qui ont déclenché la crise ; 3) le risque actuel de passage à l'acte ; 4) la perception de la personne à l'égard de sa situation actuelle ; 5) son état émotif, cognitif et comportemental et ses antécédents psychiatriques et 6) les événements de vie passés (vie familiale, sociale et professionnelle) qui ont un lien avec la crise actuelle.

2.2.3 Comprendre la situation de crise actuelle

La personne qui est en situation de crise n'établit pas nécessairement de lien entre les événements qui sont survenus et son état actuel. Plusieurs événements en cascade ont pu se produire quelques semaines avant la crise et contribuer à la précipiter. Le facteur précipitant, soit le dernier événement à survenir, s'est habituellement produit quelques semaines avant la crise et peut se traduire par un ou plusieurs événements ayant engendré une réaction en chaîne. Cet événement déclencheur peut aussi bien faire partie de la sphère sociale que de la vie intrapsychique de l'individu. Toutefois, il peut être difficile pour l'intervenant de le déterminer, puisque la personne elle-même est parfois inconsciente de la nature des événements qui ont précipité la crise.

Il est important de mettre l'accent sur la crise actuelle, de comprendre ce qui amène la personne à vouloir passer à l'acte en s'intéressant à ce qui se passe au moment même, à l'événement déclencheur et non à tous les éléments de l'histoire de vie. L'intervenant doit aider la personne en crise à reconnaître la séquence des événements qui a conduit à la crise actuelle. Il amorce ainsi un début de restructuration cognitive. En repérant les éléments qui contribuent aux difficultés, l'intervenant détermine aussi les éléments positifs (s'il en existe), permettant ainsi une restructuration cognitive passant de « tout va mal » à « certaines choses vont mal ». Si la crise est de nature psychiatrique, il convient de contenir la personne en réduisant la tension et de l'orienter en vue d'une prise en charge médicale.

Pour comprendre la situation de crise, le clinicien doit choisir, comme première zone d'exploration, la perception qu'a la personne des événements en cascade qui sont à l'origine de la crise et les réactions qui y sont associées (Roberts, 2002). Il a alors l'occasion de consolider l'alliance en prenant en considération la nature subjective de l'expérience de crise. L'évaluation cognitive qu'effectue la personne de la situation de crise renseigne l'intervenant sur son interprétation de l'événement, sur les réactions qu'elle y associe ainsi que sur le sentiment qu'elle a de pouvoir y faire face ou non. Plus précisément, lorsqu'un événement est perçu comme une menace, une perte ou un défi, des réactions précises y sont associées, soit, respectivement, des réactions d'anxiété, de dépression et d'espoir. Quant à la perception qu'a la personne en crise des solutions de rechange et de la probabilité d'atteindre les résultats escomptés, elle renseigne l'intervenant sur son sentiment d'impuissance (Lazarus, 1985). Lorsque celui-ci l'interroge sur ses perceptions de l'événement stressant et sa capacité à y faire face, il est important qu'il évite de la confronter prématurément à ses idées irrationnelles et erreurs cognitives (Baldwin, 1979). On comprend aisément qu'une confrontation précoce pourrait avoir des conséquences négatives sur l'alliance, laquelle n'est jamais établie de façon définitive. Le clinicien doit toutefois noter les distorsions cognitives et y revenir au moment opportun.

La deuxième zone à explorer pour comprendre la situation de crise porte sur les stratégies utilisées par la personne pour tenter de retrouver l'équilibre. Quand vient le temps d'examiner les moyens déjà utilisés pour diminuer efficacement la tension et pour résoudre la crise, tout peut basculer pour la personne en crise. Malgré les efforts que fait le clinicien pour créer et maintenir l'alliance thérapeutique, la perspective du changement peut faire surgir des résistances qui affectent l'engagement de la personne en crise. Il convient alors de prendre le temps de connaître cette personne et de découvrir ce qu'elle veut changer et ce qu'elle a déjà mis en œuvre pour le faire. Il peut être utile pour le clinicien de savoir que lorsque l'objectif thérapeutique est de modifier les circonstances entourant l'événement stressant, l'utilisation des stratégies centrées sur les problèmes et l'action est adaptée. À l'inverse, lorsqu'il veut réduire la détresse associée à l'événement, il doit plutôt utiliser des stratégies émotionnelles ou des stratégies d'évitement (Folkman et Lazarus, 1985).

Ces mécanismes d'adaptation agissent comme un système d'autorégulation psychologique et sont utilisés pour faciliter le retour à l'homéostasie.

Faire l'exploration des facteurs ayant contribué au développement de la crise en mettant l'accent sur la façon dont l'expérience est perçue et vécue par la personne permet de recueillir les données nécessaires à la formulation des hypothèses. La qualité des données recueillies dépend en grande partie de la véracité des propos de la personne aidée. Pour s'assurer de l'exactitude de ses propos, il peut être profitable de lui demander de décrire avec précision une situation plutôt que de lui demander son opinion (Shea, 2005). Le clinicien est alors à la recherche d'indices pouvant révéler des écarts entre ce que la personne raconte et ce qui s'est réellement passé. Encore une fois, il doit choisir ses questions avec à-propos et départager les sujets qui méritent d'être approfondis de ceux qui relèvent davantage de l'opinion.

Lorsqu'il choisit les sujets de discussion, le clinicien doit se méfier de lui-même, puisqu'il pourrait, délibérément ou non, orienter la discussion vers des sujets qui lui procurent un sentiment de compétence ou, à l'inverse, éviter certains sujets qui sont difficiles pour lui. Par exemple, il pourrait éviter d'aborder le thème du suicide en raison de son propre malaise, alors que la situation de la personne commande que l'on s'y attarde. Il arrive donc que les règles de l'art de l'entretien clinique ne soient pas respectées en raison des caractéristiques personnelles du clinicien. En effet, le traitement de l'information par le clinicien implique plusieurs mécanismes tels que la sélection, l'organisation et l'interprétation des données. Ces mécanismes peuvent nuire à la collecte et au traitement des données de base, à un point tel que deux cliniciens en viendraient à des conclusions différentes (Mitchell, 2003). Dans le contexte de l'intervention de crise, cette interférence entre le vécu du clinicien et les données a plus de risque de se produire en raison du caractère immédiat, bref et directif de cette approche. Il n'est vraiment pas facile pour le clinicien de puiser dans ses ressources émotives pour comprendre la personne et de reprendre ensuite, avec rapidité et directivité, son rôle d'investigateur (Séguin, 2001). Les principes d'intervention associés à cette étape sont les suivants :

- adopter un style de communication direct sans être directif à tout prix ;
- être prêt à faire face à des patients non-collaborateurs (agressivité) et trouver des manières de les engager dans la relation.

2.2.4 Favoriser l'expression des émotions

Cette étape, bien qu'elle soit abordée en quatrième lieu, doit être effectuée en tout temps. Tout au cours de l'entrevue, le clinicien doit favoriser l'exploration des sentiments de la personne en crise au sujet de sa situation. Il doit aller au-delà des mots et lire entre les lignes, donc chercher à découvrir les sentiments que la personne n'arrive pas toujours elle-même à exprimer directement (Myers et Myers, 1984). Par exemple, dans certaines circonstances, comme dans le cas de sévices sexuels, les sentiments vécus peuvent être refoulés ou niés. La difficulté d'une personne à reconnaître les sentiments qu'elle vit s'observe dans les indices verbaux et non verbaux. À ce propos, Kennedy-Moore et Watson (1999) suggèrent de recourir à certains indicateurs qui peuvent alerter le clinicien au sujet de la difficulté qu'éprouve la personne à exprimer ses sentiments. Pour ce qui est des indicateurs verbaux, le discours de la personne peut être énoncé avec une certaine lenteur (timidité, incertitude ou expérimentation), ce qui traduit des sentiments ambigus à propos de la situation évoquée. Lorsque la personne s'exprime dans un langage personnel et touchant, le clinicien peut croire à la présence d'émotions, ce qui n'est pas le cas lorsqu'elle utilise un langage où elle se décrit comme une tierce personne. Le discours décousu est un indicateur facilement reconnaissable qui peut suggérer que la personne ne s'exprime que pour combler un vide ou diminuer son anxiété.

Pour ce qui est des indicateurs non verbaux, la difficulté de reconnaître les sentiments associés à une situation donnée peut être révélée par le mouvement des mains et des pieds de même que par l'expression faciale. Des symptômes neurovégétatifs peuvent aussi être observés par le clinicien : rougeur de la peau, moiteur des mains, tension dans les épaules, bouche sèche ou accélération du rythme cardiaque. Le manque de cohérence entre ces indices et la teneur du discours est un signe de difficulté d'expression auquel il convient que le clinicien s'attarde. Lorsque les sentiments et les comportements ne concordent pas, il peut aussi observer du sarcasme, de l'ambiguïté, un refoulement inconscient ou une incapacité à communiquer des émotions réelles. Il doit alors relever avec empathie le manque de cohérence entre les sentiments et le discours de la personne. Le dernier indicateur non verbal est la voix : certaines particularités de la voix, comme un changement du débit, un ton qui sonne faux, un caractère théâtral ou distant traduisent clairement des sentiments (Kennedy-Moore et Watson, 1999).

Lorsque l'expression des sentiments est difficile pour la personne, il est impératif que le clinicien adopte une attitude d'acceptation de l'autre et évite de porter des jugements de valeur. Cette capacité du clinicien à encourager la personne à exprimer les sentiments générés par la situation de crise et à explorer la signification émotive de l'événement qui est à l'origine de la crise peut contribuer à diminuer la désorganisation de la pensée. En effet, l'expression de la douleur oblige la personne à clarifier, à ordonner et à placer dans une séquence temporelle les événements qui lui sont arrivés. Ce processus lui permet aussi de mettre de l'ordre dans les émotions qu'elle associe aux événements douloureux qu'elle vit.

Cette expression des émotions réduit son sentiment de solitude et lui permet progressivement d'élargir ses champs cognitifs, ce qui la rend davantage disposée à approfondir sa compréhension de l'événement et des stratégies d'adaptation qu'elle a déjà utilisées pour tenter de résoudre la crise (Séguin, 2001).

L'intervenant devrait alors avoir une bonne idée de la situation et des facteurs déclencheurs de la crise. À cette étape, il devrait permettre à la personne d'exprimer ses sentiments au sujet de ce qu'elle vit. Il devrait adopter une attitude d'acceptation, de soutien et de non-jugement envers elle afin qu'elle puisse laisser libre cours à ses émotions. C'est en se positionnant en tant que témoin de la souffrance de l'autre que l'intervenant brise l'isolement dans lequel se situe la personne en crise. Ainsi, puisque celle-ci se sentira un peu mieux comprise, un peu moins seule, sa propre souffrance lui semblera peut-être plus soutenable. Seulement à ce moment-là pourra-t-elle envisager d'autres actions.

En cours d'entretien, les cliniciens peuvent s'appuyer sur les principes énoncés ci-dessous pour planifier l'intervention à effectuer en situation de crise (Burguess et Baldwin, 1981):

1. Aborder les émotions et les valider
   - Poser des questions ouvertes et éviter les « pourquoi »
   - Suivre le rythme de la personne
2. Aborder directement les intentions
   - « Est-ce que vous souffrez au point de vouloir vous suicider ? »
   - « Est-ce que vous avez pensé à la manière dont vous pourriez vous blesser ? »
   - « Avez-vous décidé du moment du passage à l'acte ? »
3. Intervenir relativement au dernier événement et ne pas être obnubilé par l'idée de trouver une solution

2.2.5 Planifier le plan d'intervention : briser l'isolement

Durant la période de crise, le soutien de l'entourage peut être particulièrement bénéfique pour la personne qui vit la crise. Le soutien des proches qui lui inspirent confiance peut l'aider à voir différemment la situation et à trouver d'autres solutions. De nombreux travaux ont porté sur le lien existant entre le soutien social et la résolution de la crise (Broadhead *et al.*, 2001 ; Gottlieb, 1979 ; Stroul, 1989). Une personne qui a la possibilité de parler de ses difficultés peut « souffler », faire diminuer la tension et ainsi percevoir plus clairement la situation. À l'inverse, l'absence de soutien social pendant une crise est associé à des réponses cognitives plus négatives telles que se blâmer et ne pas voir d'issue à la crise (Bifulco et Brown, 1996).

Par conséquent, le clinicien doit mobiliser le réseau social de la personne en situation de crise afin de pallier l'isolement dans lequel cette personne se confine souvent. Cette action est d'autant plus importante que l'intervention en situation de crise est limitée dans le temps. Dans tout processus de résolution de crise, il importe de bien déterminer les ressources existantes afin de pouvoir les mettre à contribution lorsque nécessaire. L'entourage immédiat peut constituer une source d'aide primordiale. Tout l'entourage, que ce soit les membres de la famille, les amis ou les collègues de travail, peut être source de soutien. Le clinicien peut aider la personne à déterminer lesquels, parmi les membres de son entourage, sont en mesure de la soutenir et de lui offrir une forme d'accompagnement. Cependant, il est possible que ces personnes soient trop épuisées ou manquent elles-mêmes de ressources pour aider la personne en crise. Il faut alors mobiliser le réseau secondaire.

Le clinicien peut se poser les questions suivantes pour évaluer le soutien existant:

- Quelles sont les répercussions de la crise sur l'entourage?
- Quelles sont les personnes qui peuvent offrir du soutien?
- Quel est le degré de satisfaction de la personne au sujet de l'aide que lui apporte son entourage?

Tout au long du processus, il importe de faire ressortir les aspects positifs et les forces de la personne en crise afin qu'elle puisse reprendre confiance en elle-même et entrevoir une issue positive. Si l'intervenant perçoit en elle des attitudes et aptitudes positives, il y a de fortes chances qu'il puisse influencer et aider cette personne et son environnement à avoir la même perception positive, ce qui favorisera par le fait même un rapprochement entre l'individu et son réseau social (Séguin, 2001).

2.2.6 Planifier le plan d'action et donner un sens à la crise

La formulation de la crise repose sur les données recueillies au sujet des facteurs cognitifs, comportementaux, affectifs et sociaux relatifs au développement de la crise. Ces éléments peuvent permettre au clinicien d'émettre des hypothèses sur la sévérité de la crise et sur les symptômes de la personne et ainsi de commencer à mieux déterminer le type de crise dont il est question. C'est à cette étape qu'il traduit sa compréhension des événements qui ont mené à la crise actuelle. Il émet des hypothèses sur les liens qui peuvent exister entre la nature des événements, l'intensité de la symptomatologie et l'issue possible de la crise. Il importe alors qu'il détermine les événements stressants, lesquels peuvent être intrapsychiques, externes ou encore relever de conditions d'adversité (par exemple, la violence familiale). Le choix de l'intervention appropriée dépend en grande partie de la capacité du clinicien à évaluer le type de crise en cause (psychosociale, psychopathologique ou psychotraumatique) et à planifier la trajectoire des services appropriés (*voir le chapitre 1*).

L'évaluation du type de crise peut mener à des décisions cliniques concernant la nécessité de diriger la personne vers un service spécialisé dont l'expertise est plus pointue (Oliva et Compton, 2008). Il ne s'agit pas simplement de transmettre le nom d'un spécialiste à contacter, mais d'assurer un suivi rigoureux et de faire les démarches nécessaires pour que la personne reçoive rapidement le service le plus adapté possible. Dans le cas où le clinicien doit orienter la personne vers d'autres services, il doit être attentif à lui transmettre de l'espoir afin que le transfert soit vécu positivement. La communication efficace entre les cliniciens de différents services est essentielle à la réussite de la consultation d'un spécialiste. La réussite de la continuité de l'intervention rappelle une course à relais où les membres de l'équipe doivent se synchroniser pour se passer le témoin au moment opportun, faire preuve de vigilance pour ne pas le laisser tomber et accepter de s'en défaire pour gagner la course.

Lorsque l'intervention de crise s'échelonne sur plusieurs séances, le clinicien mise nécessairement sur le lien de confiance qui a ouvert la voie à l'engagement et également sur le climat de sécurité qui a encouragé la personne en crise à poursuivre la démarche thérapeutique. Le clinicien doit alors tenter de passer de la transmission de l'espoir à la résolution de la crise. Ce passage soulève des questions éthiques importantes, puisque la transmission de l'espoir crée des attentes qui exigent de la part du clinicien qu'il mette tout en œuvre pour assurer l'efficacité de l'intervention (LeBlanc et Séguin 2001). Pour assurer la réussite de l'intervention, il doit maintenir une alliance thérapeutique tout au long de l'étape de la formulation de la crise, ce qui permettra de trouver des pistes de solutions.

L'étape de la formulation de la crise repose sur la capacité du clinicien à émettre des hypothèses en tenant compte de la dimension subjective de la situation de crise. En effet, la crise n'est pas seulement constituée de la situation en soi, mais aussi de la perception que l'on a de cette situation et de la réponse que l'on y donne (Parad, 1965). Par conséquent, le clinicien doit faire preuve de prudence dans la façon dont il choisit de lier la théorie de la crise à la situation singulière de la personne. Une application trop rigide de ses connaissances peut compromettre l'alliance, en raison de l'écart possible entre le modèle théorique de la crise et l'unicité de l'expérience vécue par la personne.

Il est essentiel de susciter l'engagement de la personne en crise dans le processus de résolution de son problème. Celle-ci doit jouer un rôle actif dans la recherche et la découverte de solutions adéquates. Cette recherche de solutions lui permet de reprendre confiance en elle-même, confiance qu'elle avait perdue. Si elle n'est pas partie prenante de la recherche de solutions, celles qui lui sont suggérées risquent de ne pas lui sembler valables.

Après une première étape portant sur l'évaluation du potentiel suicidaire et sur l'établissement d'un lien de confiance, une période d'action doit suivre: la personne est invitée à poser des gestes, explorer des solutions et rencontrer les personnes ressources appropriées, en fonction de la situation vécue. Selon certains auteurs, l'intervention doit dépasser l'écoute passive et déboucher sur des gestes concrets afin de maximiser l'effet thérapeutique.

La personne en crise peut douter de la possibilité de s'en sortir. Il est donc nécessaire de raviver cet espoir en lui transmettant la certitude qu'il existe une solution autre que le passage à l'acte et qu'elle a en elle les ressources pour surmonter ses difficultés.

Lors de l'élaboration du plan d'intervention, l'intervenant doit, dans certaines circonstances, devenir plus directif. Cette directivité n'est pas un obstacle à l'expression des émotions ou au maintien du lien de confiance. L'intervenant doit cependant trouver un équilibre entre le fait de faire preuve de respect et celui d'être directif. Le respect n'exclut pas la directivité dans le cas où la personne qui est en crise ne sait plus quoi faire, où aller ou par quoi commencer, surtout si elle est dans une situation où il y a urgence suicidaire élevée.

La personne en crise doit sentir que cette forme d'« autorité » montre à quel point on tient à elle et comprendre qu'il ne s'agit pas d'une confrontation ou d'une négation de son pouvoir, ce à quoi elle pourrait être réfractaire. Il s'agit plutôt d'être franc et honnête avec elle en lui exprimant ce que l'on conçoit être la meilleure intervention possible et de susciter son adhésion à ce projet commun.

Il est important, dans toute forme de contact avec une personne en crise, de respecter ses limites et les nôtres, de ne rien exiger qui soit en dehors de son pouvoir ou du nôtre. La directivité ne saurait être employée qu'à court terme. Il ne s'agit pas de s'approprier le pouvoir de prendre les décisions pour l'autre et de faire des choix de vie à sa place. Il s'agit plutôt de répondre le plus adéquatement possible à une situation d'urgence temporaire.

Au cours de l'entretien, les cliniciens peuvent s'appuyer sur les suggestions énoncées par Burgess et Baldwin (1981) pour planifier l'intervention de crise:

1. négocier des objectifs réalistes à atteindre (le problème à l'origine de la crise);
2. viser des résultats appropriés (niveau de fonctionnement antérieur à la crise);
3. combiner différentes stratégies (processus de résolution de problèmes, processus d'ajustement et acquisition de compétences);
4. planifier adéquatement la fin de la thérapie (dynamique de séparation);
5. planifier le suivi postcrise (recommandations).

Le plan d'action ne peut être efficace que dans la mesure où le clinicien prête une attention constante à sa réalisation et, par la suite, à son évaluation.

À ce propos, une enquête menée par Kirk, Stanley et Brown (1988) a révélé que le stress de la personne en crise diminue de façon appréciable lorsque le clinicien réussit à saisir exactement ses besoins. Ainsi, il est important de préserver l'esprit de collaboration en redonnant un certain pouvoir à la personne dans le choix des apprentissages et des solutions de rechange. Le clinicien ne peut se permettre de proposer des solutions toutes faites, car il risquerait alors de briser l'alliance thérapeutique qui mène à la mise en œuvre du plan d'action.

2.2.7 Effectuer le suivi après la crise

Le suivi après la crise est une étape souvent négligée. Le moment qui suit la crise est considéré comme une période à risque de récidive. Il importe donc de mettre en place des mécanismes qui amènent de réels changements ou des espoirs d'améliorations réelles. Certaines solutions repérées pendant la crise peuvent malgré tout s'avérer inefficaces ; on doit alors en trouver de nouvelles. Les liens de soutien créés lors de la crise permettent de garder le contact et de continuer à offrir un soutien durant la transition vers une prise en charge psychologique.

Ainsi, il est important de vérifier la mesure dans laquelle le plan d'action a été mis en œuvre tel que prévu et si les résultats escomptés ont été atteints. En effet, le suivi permet de prévenir d'autres crises et d'améliorer la façon dont le clinicien effectue son intervention auprès de la personne en crise ou d'autres personnes. Par conséquent, il est impératif qu'il vérifie la mesure dans laquelle la personne retrouve son fonctionnement antérieur à la crise et, surtout, si elle conserve ce fonctionnement au fil du temps. Il doit lui demander l'autorisation de l'appeler pour effectuer ce suivi et se rendre disponible au besoin. Westefeld et Heckman-Stone (2003) proposent de poser les questions suivantes pour effectuer le suivi postcrise :

1. L'écart qui existe entre la planification de l'intervention et l'application dans le contexte réel est-il grand ou minime ?
2. Est-ce que l'apprentissage continue d'être bénéfique ?
3. Est-ce que les nouvelles habiletés sont intégrées au quotidien ?

L'évaluation du progrès doit s'appuyer sur les objectifs précis qui, lors de la planification, ont été formulés de façon à être mesurables et observables. Ainsi, le clinicien doit être en mesure d'évaluer le progrès de la personne en prenant pour critère le but de l'intervention de crise, soit le retour à l'état d'équilibre, voire l'accession à un état supérieur. L'évaluation peut également avoir lieu à toutes les séances de l'intervention de crise pour permettre au clinicien de s'ajuster au fur et à mesure et de vérifier dans quelle mesure il est nécessaire de diriger la personne vers un spécialiste. Lorsque l'intervention de crise met en évidence la nécessité d'un travail thérapeutique à plus long terme concernant certains éléments de fonctionnement personnel, il faut prévoir une demande de consultation à un autre service et assurer un suivi à ce sujet. Le délai occasionné par une demande de consultation peut faire subir un stress supplémentaire à la personne et aggraver la situation de crise. La transition entre les deux services doit donc être effectuée sans faille. En somme, il est important de se rappeler que les étapes de l'intervention clinique se chevauchent et que leur application exige des compétences particulières.

2.3 Les caractéristiques d'une pratique adéquate et les enjeux éthiques

Les caractéristiques d'une pratique adéquate en situation de crise se rapportent principalement aux capacités d'écoute, d'évaluation, de centration et de collaboration. La capacité de l'intervenant à transmettre une compréhension empathique est la première caractéristique d'une pratique adéquate. Plus précisément, celui-ci doit d'abord et avant tout faire preuve de sensibilité et d'écoute (Roberts, 2000a). Le fait de se concentrer sur la dimension émotive est toutefois difficile, puisque l'intervenant fait souvent face à une personne qui souffre au point que ses propos deviennent confus et irrationnels. Devant une telle désorganisation de la pensée, il peut avoir tendance à recourir trop rapidement aux stratégies cognitives au détriment de la transmission de l'empathie.

L'intervenant en présence d'une personne dont l'intensité émotive est exacerbée doit également relever le défi de détecter l'information pertinente. C'est la qualité du recueil des données qui mènera à une évaluation juste et au choix d'intervention. Une prise de décision clinique éclairée est primordiale, puisqu'une estimation erronée de l'urgence et de la dangerosité peut avoir des conséquences graves, voire potentiellement létales (Meehan et Boateng, 1997). Ainsi, la deuxième caractéristique de la pratique adéquate consiste à être empathique tout en obtenant l'information nécessaire à une évaluation précise et rapide. Cette pratique adéquate débute nécessairement par la capacité de recueillir des données fiables et rigoureuses. La qualité de cette collecte permettra de réaliser une évaluation diagnostique et de déterminer les interventions appropriées, comme l'illustre la figure 2.2. Ce processus est la base d'une pratique adéquate et scientifique.

FIGURE 2.2 **LA QUALITÉ DU RECUEIL DES DONNÉES ET L'INCIDENCE SUR LES AUTRES ÉTAPES**

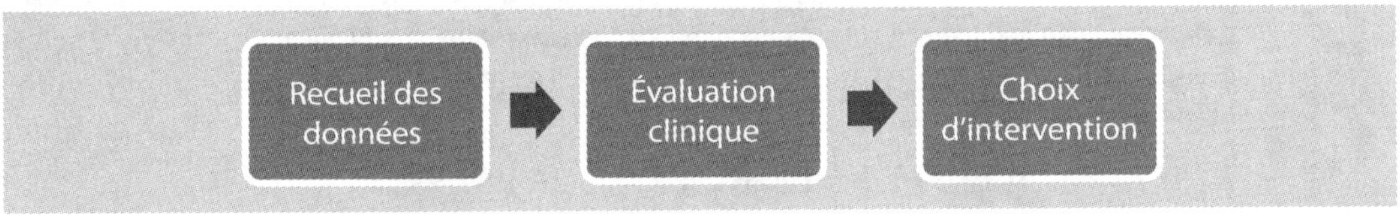

La pertinence et la justesse de l'évaluation clinique constituent non seulement un enjeu de taille, mais sont sans doute la responsabilité la plus importante des intervenants. De plus en plus, l'évaluation du risque est un « acte professionnel » reconnu par plusieurs ordres professionnels. Or, la compétence des intervenants, basée sur la responsabilité de la mise à jour des connaissances scientifiques, est au cœur de l'évaluation du risque. Bien que celle-ci demeure une « science inexacte » (Dolan et Doyle, 2000), les connaissances actuelles permettent aux intervenants de crise de fonder leur évaluation professionnelle sur des données scientifiques reconnues. Pour cette raison, ils doivent baser leur jugement clinique sur des connaissances vérifiées et non sur des impressions cliniques. Bien qu'il existe actuellement plusieurs grilles d'évaluation du risque de violence, auto et hétéro-agressive, aucune n'a démontré son efficacité pour la prédiction de la violence (Kulic, 2005). Ainsi, plusieurs auteurs (Corcoran et Fisher, 2000 ; Kulic, 2005 ; Steadman, 2000) suggèrent de combiner deux types de recueil de données : des données cliniques et des données basées sur la présence de facteurs de risque. Plusieurs instruments de mesure existent, qui peuvent servir d'aide-mémoire aux cliniciens quant aux facteurs de risque à évaluer. Le recueil visant à intégrer les données cliniques et les facteurs de risque devrait répondre à deux critères principaux, soit être systématique et approfondi. Ce n'est que sur la base d'un recueil de données complet que l'évaluation clinique peut être menée efficacement. Bien que le recueil de données systématique favorise la probabilité d'une évaluation juste, le clinicien doit reconnaître que la prédiction absolue est impossible. C'est la raison pour laquelle il doit être constamment vigilant, prêt à réévaluer son évaluation initiale et à exercer sa capacité de tolérance à l'inquiétude.

Dans un contexte d'intervention où la rapidité d'action est requise, il est essentiel d'explorer les éléments relatifs à la situation et de concentrer ses interventions sur les éléments essentiels à la compréhension de la crise. Cette troisième caractéristique de la pratique adéquate correspond à l'aptitude de l'intervenant à ne pas perdre de vue la finalité de l'intervention, soit le retour de la personne en crise à un état d'équilibre. Cet exercice peut être difficile, puisqu'il est différent de la pratique clinique habituelle, laquelle consiste à explorer en profondeur les mécanismes d'adaptation d'une personne afin de proposer des changements.

Cette approche brève implique également une collaboration étroite avec le réseau de soutien professionnel et personnel de la personne afin d'optimiser les chances du maintien des apprentissages dans le contexte de sa vie et de prévenir les crises ultérieures. Cette dernière caractéristique de la pratique adéquate est essentielle, au même titre que l'établissement par l'intervenant du lien et de l'engagement, afin que la personne se sente comprise et moins seule pour affronter efficacement les difficultés qui menacent son équilibre.

Les professionnels œuvrant en contexte de crise et de trauma sont plus susceptibles d'être confrontés à certains enjeux éthiques difficiles à résoudre, tels que le bris de confidentialité, l'obtention du consentement (Finkenbine *et al.*, 1998) et l'intervention au moment opportun (Everly, Flannery et Mitchell, 2000). Dans le cas du bris de confidentialité, les motifs qui l'autorisent sont directement associés aux situations de crise. Par exemple, la divulgation d'information est autorisée lorsqu'une personne présente un danger pour elle-même ou lorsqu'une victime potentielle est ciblée. Les situations de crise comme l'avortement et le dévoilement d'un abus chez les mineurs soulèvent également un questionnement éthique sur le bris de confidentialité selon l'âge (Myer, 2001). Les bris de confidentialité sont susceptibles de survenir très fréquemment en intervention de crise, en raison du contexte de travail en équipe multidisciplinaire et des services offerts en urgence. Il est souvent difficile de maintenir l'équilibre entre le besoin d'information des intervenants et le droit de la personne en crise au respect de sa vie privée. Toutefois, le respect de la confidentialité est important, puisqu'il permet de maintenir le lien et l'engagement qui sont essentiels à l'intervention en situation de crise.

Le consentement est le deuxième enjeu éthique. La discussion sur ce sujet est particulièrement ardue en raison des caractéristiques de l'intervention de crise. Le consentement implique que la prise de décision soit éclairée, qu'elle soit faite sur une base volontaire et selon les capacités de la personne (Finkenbine *et al.*, 1998). Dans une intervention de crise, il devient parfois presque impossible d'amorcer une discussion sur le consentement. Par exemple, la personne qui présente un degré élevé de désorganisation n'est pas toujours en mesure de prendre des décisions éclairées. Toutefois, le consentement peut faire l'objet de discussion à différents moments au cours du processus thérapeutique et il est utile de le voir comme un processus dynamique.

Le troisième enjeu éthique concerne le moment opportun de l'intervention, puisque la détresse vécue par la personne en crise est parfois si grande que l'absence d'intervention ou le report de celle-ci peut avoir des conséquences nuisibles pour la personne. Par exemple, une intervention tardive peut mener à l'aggravation des symptômes, voire au passage à l'acte suicidaire. Cette exigence éthique fait de l'accès rapide aux services et de la coordination de ceux-ci des aspects incontournables.

Les intervenants œuvrant auprès des personnes en crise sont souvent exposés à des situations qui exigent qu'ils prennent des décisions cliniques dans un court laps de temps, sans nécessairement pouvoir consulter leurs collègues. En plus de subir cette pression les obligeant à agir, ils doivent conserver leur objectivité dans un contexte où les comportements de la personne en crise peuvent les ébranler au point où il leur faut faire un effort pour adopter des attitudes conformes à l'éthique. Ainsi, l'aspiration à un niveau élevé de compétence se heurte souvent aux contraintes de l'intervention en situation de crise et impose une réflexion éthique qui devrait s'inscrire dans la pratique quotidienne.

Conclusion

La personne en situation de crise vit une expérience intense et déstabilisante qui nécessite d'abord et avant tout que le clinicien démontre une certaine sensibilité et possède des capacités relationnelles. Le sentiment que tout s'écroule peut amener la personne en crise à un découragement tel qu'elle peut perdre l'espoir de s'en sortir et parfois même envisager les pires scénarios. Il n'est pas nécessairement facile d'être témoin d'une telle souffrance et d'entrer dans l'univers émotionnel de la personne, de créer un lien avec elle pour l'accompagner dans une démarche thérapeutique. Il est encore plus difficile de répondre aux attentes que le clinicien a lui-même suscitées en accompagnant la personne dans la résolution de la crise.

Nous n'insisterons jamais assez sur l'importance de la formation initiale et continue en matière d'intervention en situation de crise. Dans ce chapitre, nous avons mis l'accent sur la particularité de ce type d'intervention, évoqué les écueils liés à l'établissement du processus thérapeutique en contexte de crise et souligné le potentiel de dangerosité imminent. Ce faisant, nous avons voulu mettre en évidence la nécessité de miser sur l'acquisition de compétences particulières en intervention de crise. Le caractère universel du phénomène de la crise prouve lui aussi qu'il est nécessaire d'investir dans la conception et la mise au point de modèles théoriques et pratiques adaptés aux particularités de ce type d'intervention.

RÉSUMÉ

1. Le clinicien devrait adopter une position active lors de l'entretien clinique.
2. Comparativement aux autres approches, il faut savoir reconnaître le caractère immédiat, bref et directif de l'intervention en situation de crise.
3. Tout au long de l'entretien, le clinicien doit démontrer sa sensibilité à la souffrance de la personne en crise.
4. Il est important d'éveiller chez la personne en crise le sentiment que le clinicien peut l'accompagner dans la résolution de la crise.
5. L'un des défis de l'intervention de crise est de créer un lien avec la personne et de susciter son engagement tout en recueillant les données nécessaires à l'évaluation de la sévérité et de la dangerosité ainsi qu'à la planification de l'intervention.

PARTIE

UN

DEUX

TROIS

QUATRE

Les interventions en situation de crise psychosociale

CHAPITRE 3

OBJECTIFS D'APPRENTISSAGE

Après la lecture de ce chapitre, vous devriez être en mesure :

- d'établir la différence entre problèmes et crises ;
- de connaître le modèle de résolution de problème interpersonnel ;
- d'utiliser la démarche normative générale de résolution de problème dans le cadre de la situation de crise psychosociale ;
- de comprendre le rôle et l'influence des émotions.

Les crises psychosociales

Joop J. Meijers, adaptation de Monique Séguin

INTRODUCTION

Dans son cheminement de vie, toute personne devrait accepter la possibilité qu'elle devra tôt ou tard, au cours de son existence, faire face à une ou plusieurs crises. Les décès, les maladies chroniques, le divorce et ainsi de suite figurent parmi les situations de crise possibles. Dans un monde où de nombreuses forces échappent au contrôle de l'individu, de telles situations s'avèrent inévitables. L'une des hypothèses sur laquelle repose le présent chapitre est que les problèmes ne se transforment pas tous en crises. Certains ne sont que des situations qui exigent simplement une solution. Dans ce cas, quand un problème devient-il réellement une crise ? La réponse dépend de la définition de « crise » à laquelle on adhère ainsi que de la manière dont une personne définit sa situation de crise.

Il semble exister une différence importante entre ces deux notions. Dans le cas de la crise, l'individu ne semble pas être en mesure de reporter sa réaction à un moment ultérieur. La situation est critique, en ce sens qu'elle exige une réponse immédiate, ce qui n'est pas le cas de la résolution de problème en général. En effet, la définition de « problème » ne s'accompagne pas du sentiment d'urgence associé à ce qui pourrait être considéré comme une situation de crise.

En revanche, la crise constitue toujours un problème à résoudre. Dans cette optique, le modèle de résolution de problème interpersonnel (RPI) constitue une part importante des outils existants pour gérer les crises.

3.1 Le modèle de résolution de problème interpersonnel

Dans le présent chapitre, la notion de « résolution de problème » découle du modèle cognitivo-comportemental original de RPI élaboré au début des années 1970 par D'Zurilla et Goldfried (1971), puis approfondi et étoffé par Spivack et Shure (1974), Nezu (2004) ainsi que plusieurs autres. Nous expliquons principalement en quoi la RPI constitue un modèle fructueux et digne d'intérêt pour la mise au point de stratégies visant à gérer diverses situations de crise.

La crise est considérée comme étant une situation dans laquelle une personne éprouve un besoin, réel ou perçu comme tel, de trouver assez rapidement une solution à un problème difficile, réel ou perçu comme tel. Le modèle de RPI dirige la personne qui vit une crise dans une série d'étapes cognitives et comportementales qui augmentent ses chances de trouver une solution. Souvent, celle-ci se présente sous la forme d'une nouvelle réponse comportementale qui modifie la situation. Ce n'est cependant pas toujours le cas. Parfois, la solution réside plutôt dans une réponse cognitivo-affective qui transforme les sentiments et l'attitude de la personne à l'égard de la situation de crise, ce qui rend cette dernière plus facile à accepter ou à vivre. Alors, grâce à cette solution, la situation perd ses caractéristiques de crise et devient plus tolérable.

On sait généralement que les répercussions affectives d'une situation de crise nuisent au fonctionnement cognitif. De fait, lorsqu'on se trouve en situation de crise, il s'avère très difficile de « régler le problème ». Par conséquent, l'enseignement de la RPI, dans le cadre de laquelle on suit une série d'étapes en vue de résoudre un problème, peut devenir une partie intégrante des habiletés personnelles d'un individu. Voici une métaphore pour mieux illustrer ce point. Dans plusieurs pays caractérisés par la mousson, les habitants apprennent à conduire sur la chaussée mouillée les jours de pluie en effectuant des dérapages contrôlés. La plupart des conducteurs s'exercent jusqu'à atteindre un niveau de compétence qui leur permet de réagir spontanément en mettant les freins sur-le-champ au moment opportun. Dans le même ordre d'idées, l'enseignement de la RPI peut aider une personne à réagir aux situations de crise où il lui faut prendre des décisions cruciales (parfois en une fraction de seconde) sans avoir le temps de recourir à ses fonctions cognitives.

La RPI constitue une habileté générale, ou une forme de métacognition, facile à adapter à différentes situations. On peut donc la considérer comme étant une habileté générale employée pour gérer des situations de crise dans différents contextes, pour diverses populations et dans des circonstances variées.

Les plus récents travaux sur la RPI sont issus d'un article rédigé il y a longtemps par D'Zurilla et Goldfried (1971). Ces auteurs ont alors décrit la RPI comme étant une habileté cognitivo-comportementale importante pouvant se révéler essentielle au maintien de la santé mentale d'une personne. Les comportementalistes affirmaient en général que cette habileté consistait en une chaîne de réponses cognitives et comportementales qui, une fois assimilées, augmentaient la probabilité qu'une personne puisse réagir à une situation problématique de manière à réduire ou à éliminer ses aspects aversifs tout en augmentant ses conséquences positives.

Ces auteurs proposaient un modèle de travail normatif constitué d'étapes qui, si elles étaient suivies dans l'ordre, pouvaient augmenter les chances de trouver et d'appliquer de nouvelles solutions aux problèmes existants. Ils précisaient un certain nombre d'étapes que devait franchir la personne pour passer de sa perception initiale d'un problème à la solution finale.

De tous les différents modèles de résolution de problème, celui créé par Goldfried et D'Zurilla, puis enrichi par D'Zurilla et Nezu, est sans doute le plus influent, tant sur le plan théorique qu'empirique. Ce modèle est normatif, c'est-à-dire qu'il décrit ce que l'on devrait faire pour mieux résoudre les problèmes et faire face aux situations de crise. C'est le modèle le plus complet et intégratif qui soit en ce qui concerne la gestion de crise psychosociale. Voilà pourquoi la section qui suit le décrit en détail et donne un exemple de son application.

3.2 La gestion de crise grâce à la résolution de problème : la démarche

La démarche normative générale de résolution de problème comporte les deux parties suivantes :

1. L'orientation de la résolution de problème : les éléments de motivation donnent le ton et favorisent les conditions d'une résolution de problème efficace. Cette orientation porte sur l'ensemble des convictions, des attitudes et des sentiments d'une personne à l'égard des problèmes de l'existence. Plus précisément, elle concerne ses idées générales à propos du caractère normal ou anormal de la présence de problèmes ou de crises dans la vie, ainsi que sa confiance dans sa capacité à y faire face ou sa conviction que les crises constituent des situations que l'on peut gérer efficacement.
2. La résolution de problème proprement dite : tous les gestes que peut poser une personne pour régler ses problèmes et surmonter les crises.

3.2.1 L'orientation de la résolution de problème

Nul n'entre jamais en situation de crise dans un état de *tabula rasa*. De nombreux facteurs déterminent la façon dont une personne réagit à une crise. Comme, par définition, une crise survient inopinément et exige une réaction sur-le-champ, il n'est pas nécessaire d'enseigner au préalable à reconnaître les sentiments comme signes d'un problème ou d'une crise. La plupart des individus sont parfaitement capables de déterminer quand ils se trouvent au milieu d'une crise. Sur ce point, la gestion de crise est différente de la résolution de problème traditionnelle, où la personne ne se rend pas toujours compte qu'elle a un problème. En situation de crise, l'orientation constitue un facteur important qui influence l'issue du processus d'adaptation.

Un élément important se trouve dans les attitudes et le schéma conceptuel d'une personne, lesquels influent sur sa perception des crises, de même que dans ses convictions personnelles à propos de son potentiel général à surmonter les difficultés de la vie. Deux concepts s'avèrent pertinents relativement aux attitudes préexistantes, soit la connaissance de ses propres capacités et l'anticipation des résultats (Bandura, 1997). Selon Bandura, la confiance globale qu'a une personne en sa capacité à résoudre des problèmes en général, capacité qui découle d'années d'expériences positives ou négatives, influence clairement sa motivation à consacrer du temps et de l'énergie à la poursuite des étapes nécessaires pour faire face à une crise ou résoudre un problème. Les travaux de Bandura montrent qu'il est possible de modifier sa connaissance de ses propres capacités et son anticipation des résultats. Toutefois, ce type de changement se fait souvent lentement. D'un point de vue clinique, cela signifie que les efforts de prévention en matière de connaissance de ses propres capacités et d'anticipation des résultats devraient constituer un élément important de tout programme de formation. Quand une personne se trouve en situation de crise, elle ne dispose pas toujours de suffisamment de temps pour travailler l'élément « motivation » du modèle de RPI. De plus, comme le révèlent certaines études, les programmes de RPI sont beaucoup moins efficaces en l'absence de l'élément « motivation » (Nezu, 2004).

Dans la tradition de la conscientisation, Hayes, Follette et Linehan (2004) parlent du rôle important des habiletés dites « d'acceptation », qui résident dans la capacité à accepter une situation donnée pour ce qu'elle est vraiment, tant que cette situation existe effectivement. Dans ce cas, la personne ne s'identifie pas entièrement à la situation, pas plus qu'elle ne la rejette ni n'essaie d'y échapper ; elle y fait plutôt face comme elle se présente dans la réalité. D'une certaine façon, ce principe ressemble beaucoup à celui d'exposition, bien connu, de la thérapie comportementale traditionnelle. La proposition d'habiletés d'acceptation constitue une part importante de l'étape d'orientation dans la RPI. Ce concept va dans le même sens que la notion des styles de résolution de problème mentionnée par Nezu (2004). Celui-ci établit une distinction entre trois styles de résolution de problème, soit le style impulsif, le style d'évitement et le style rationnel. Dans les deux premiers cas, la personne essaie de gérer les problèmes et les crises de manière impulsive, en faisant la première chose qui lui vient à l'esprit, ou attend passivement de voir ce qui va se produire par la suite. Ces mécanismes de gestion de crise sont considérés comme étant inadéquats. Le style dit « rationnel », qui repose sur le modèle de la RPI, est considéré comme étant une meilleure solution.

Par ailleurs, voici deux autres éléments d'orientation qui doivent être mentionnés ici :

1. la volonté de considérer les crises comme des défis plutôt que comme des menaces ;
2. la réalisation que du temps et des efforts sont nécessaires pour gérer une crise, ainsi que la volonté d'accepter ce fait.

Est-il possible d'inculquer ces attitudes dans le cadre d'un « programme » ? Ou ces attitudes sont-elles si ancrées dans l'éducation culturelle qu'il s'avère impossible de les enseigner comme on peut le faire dans le cas des habiletés de RPI ?

Bien que les études portant sur la RPI démontrent la possibilité d'enseigner ce type d'habiletés à une personne, rien ne prouve (encore) que l'on puisse lui inculquer les attitudes mentionnées précédemment en un temps raisonnable. Comment cela se traduit-il sur le plan de l'intervention ? Peut-être devrait-on évaluer la mesure dans laquelle ces attitudes existent déjà chez un individu pour pouvoir estimer les chances de réussite d'un programme de RPI dans le contexte d'une intervention en situation de crise. Comme l'indique Nezu (2004), bien qu'une personne puisse apprendre la RPI sans posséder ces attitudes, cette méthode se révèle moins efficace en leur absence.

3.2.2 La résolution de problème proprement dite

L'élément essentiel d'un programme de RPI consiste en huit étapes clairement définies qui, lorsqu'on les apprend puis qu'on les suit dans l'ordre, augmentent les probabilités de résoudre un problème ou de gérer une crise de façon constructive. D'abord conçues et élaborées par D'Zurilla et Goldfried (1971), ces étapes ont évolué au fil du temps. Celles qui sont décrites ci-dessous constituent une version plus récente du modèle d'origine et s'appliquent à la gestion de crise. Le modèle proposé repose sur la version enrichie par D'Zurilla et Nezu (1999).

1. Reconnaître et accepter une situation de crise au moment où elle survient.
2. Définir la crise en l'expliquant dans ses propres mots.
3. Comprendre la situation de crise.
4. Se fixer des objectifs atteignables (sur le plan comportemental ou affectif).

5. Trouver plusieurs solutions pour gérer la situation de crise (sur le plan comportemental ou affectif).
6. Évaluer les solutions trouvées et choisir la plus prometteuse.
7. Mettre la solution choisie en œuvre.
8. Évaluer l'efficacité de l'ensemble de la démarche et, au besoin, prendre des mesures correctives à l'une ou l'autre des étapes précédentes.

Voici quelques éléments essentiels concernant chacune de ces étapes.

Étape 1 : Reconnaître et accepter une situation de crise au moment où elle survient Comparativement à un problème normal du quotidien, on peut tenir pour acquis qu'en situation de crise, l'expérience phénoménologique vécue constitue toujours une crise. Si, dans une situation problématique normale, il n'apparaît pas toujours clairement à la personne qu'elle a effectivement un problème, en situation de crise, le sentiment d'urgence et l'intensité de l'expérience sont tels que la plupart des individus éprouvent immédiatement et inévitablement du stress, tension à laquelle ils ne peuvent échapper. On pourrait presque affirmer que dans pareil cas, ce n'est pas la personne qui « possède » un problème, mais bien le problème qui « possède » la personne. Par conséquent, à cette étape, la principale difficulté ne réside pas dans la reconnaissance de la situation en tant que crise, mais bien dans son acceptation. Selon Hayes, Strosahl et Wilson (1999), l'acceptation est le contraire de l'évitement et laisse supposer que la personne est prête à reconnaître la présence d'une crise ainsi qu'à l'accepter. À son niveau le plus élevé, ce terme acceptation signifie « abandon de modes de changement dysfonctionnels et démarche active consistant à vivre les émotions comme des émotions, à traiter les pensées comme des pensées et à se rappeler les souvenirs comme des souvenirs ». Germer, Siegel et Fulton (2005) définissent l'acceptation comme « un moyen d'accepter ses expériences sans jugement ni préférence, mais avec curiosité et gentillesse ».

À cette étape, l'intervention en situation de crise vise à aider la personne à accepter la crise de la manière mentionnée, c'est-à-dire non en s'y résignant, mais en se servant de cette acceptation comme d'un tremplin et d'une condition nécessaire à toute adaptation future. La notion de relation **dialectique** entre l'acceptation et le mode de changement élaborée par Linehan (1993) se révèle particulièrement pertinente à cette étape.

Étape 2 : Définir la crise en l'expliquant dans ses propres mots La transition entre l'espace préverbal d'associations libres (sentiments vagues et informes ainsi que pensées, images et souvenirs flous et inarticulés) et l'étape de la verbalisation est cruciale. L'énoncé original de D'Zurilla et Goldfried selon lequel un problème bien défini est un problème à demi résolu a un certain mérite. Bien qu'une crise résulte généralement d'une situation objective (par exemple, un décès ou une maladie), les répercussions de cette situation sont toujours influencées par la perception de la personne qui la vit ainsi que par la définition qu'elle s'en fait par la suite. Pour employer une expression moderne, la **construction narrative ou cognitive** de la situation de crise détermine toute mesure de résolution de crise subséquente. Le modèle de RPI propose des lignes directrices utiles pour optimiser cette étape de la démarche :

- Réunir le plus de faits possibles à propos de la crise.
- Définir la crise dans ses propres mots.
- Formuler sa définition de façon concrète et précise.
- Définir la situation « ici et maintenant » ainsi que le résultat souhaité en termes concrets.
- Choisir des objectifs réalistes.

Lazarus et Folkman (1984) établissent une distinction entre deux ensembles d'objectifs, soit l'adaptation centrée sur le problème et l'adaptation centrée sur l'émotion. Dans le cas de l'adaptation centrée sur le problème, on s'efforce de modifier la situation externe de manière à régler la crise ou à l'atténuer. Dans le cas de l'adaptation centrée sur l'émotion, on s'efforce plutôt de rendre la situation assez supportable pour influencer la réponse affective à la crise de manière à parvenir à vivre avec la situation même si elle ne peut être modifiée. Cette dernière solution se révèle pertinente lorsqu'une personne n'exerce aucun contrôle sur la situation, tandis que la première solution s'avère utile quand la personne exerce un certain contrôle sur les facteurs qui déterminent l'issue de la situation de crise. En se fondant sur les travaux de Lazarus, D'Zurilla et Nezu (1999) ont écrit : « L'ensemble d'objectifs optimal pour toute situation problématique particulière devrait avoir pour but : 1) de modifier les aspects négatifs de la situation qui peuvent être modifiés ; et 2) de réduire, minimiser ou tolérer la détresse causée par les conditions négatives qui ne peuvent être modifiées. » (traduction libre)

Dans tous les modèles de RPI, il y a une question qui, souvent, n'est pas mentionnée explicitement : en soi, l'acte qui consiste à verbaliser des pensées vagues et non structurées peut parfois se révéler être une condition nécessaire, voire suffisante, pour permettre à la personne de passer à l'étape suivante de la démarche de résolution de problème. Cette transformation de pensées flottantes en récit, histoire ou tout autre produit verbal (journal intime, lettre, compte rendu ou devoir scolaire) est cruciale.

Étape 3 : Comprendre la situation de crise Bien qu'on lui accorde une place distincte dans la chaîne des étapes de la démarche, la compréhension constitue en fait le prolongement de l'un des principes inclus dans la deuxième étape.

La compréhension correspond à la **gestalt** de la crise, un accent particulier étant mis sur les trois éléments suivants :

- la situation telle qu'elle est ici et maintenant, dans le moment présent, et considérée comme étant aversive et indésirable ;
- la situation telle qu'elle devrait être, de préférence, c'est-à-dire la situation qu'on s'efforce d'atteindre ;
- les embûches et les obstacles qui rendent très difficile le parcours de la situation actuelle vers celle qui est souhaitée (ces obstacles pouvant être inhérents aux aptitudes, aux capacités, aux limites, etc., de la personne ou relever de contraintes extérieures qui échappent à son contrôle).

L'étape suivante est étroitement liée à celle qui vient d'être décrite.

Étape 4 : Se fixer des objectifs atteignables (sur le plan comportemental ou affectif) Les objectifs établis dépendent de la mesure dans laquelle la crise repose sur des facteurs sur lesquels la personne exerce un certain contrôle ou non, ainsi que, selon le degré de contrôle exercé, sur l'importance à accorder à l'adaptation centrée sur le problème ou à celle centrée sur l'émotion. À titre d'exemple, une personne qui vit une crise en raison du décès de son conjoint fait face à une situation causée par des facteurs hors de son contrôle. Selon toute vraisemblance, l'objectif atteignable pour l'issue de la crise serait alors lié à la résolution de problème centrée sur l'émotion. L'individu pourrait dans ce cas définir ainsi l'issue possible de la crise : « Parvenir à accepter le caractère définitif du décès de mon conjoint et à vivre ma vie au maximum tout en étant conscient de cette réalité. » Alors, l'objectif à atteindre (« la situation souhaitée ») résiderait d'abord et avant tout dans la réduction des émotions négatives en vue d'arriver à « vivre au maximum » dans la nouvelle situation.

Voici un exemple d'établissement d'objectif atteignable dans un cas où un jeune adulte compétent et en santé vivrait soudainement une crise après avoir perdu son emploi. Selon toutes probabilités, il se fixerait pour objectif atteignable de « trouver un nouvel emploi ». Même s'il n'exerçait pas un contrôle absolu sur la situation, il en exercerait un certain, car il pourrait postuler plusieurs emplois offerts dans le journal, notamment.

Selon le modèle RPI, les deux stratégies suivantes sont considérées comme étant importantes à cette étape :

- énoncer ses objectifs en termes concrets et précis ;
- éviter de se fixer des objectifs irréalistes ou peu susceptibles d'être atteints.

Évidemment, appliquer ces stratégies, en particulier la seconde, est plus facile à dire qu'à faire. Les facteurs à prendre en compte dans le cadre de la seconde stratégie sont les niveaux d'aspiration préexistants, la confrontation à la réalité en général, l'image de soi et la connaissance des faits relatifs aux conditions existantes.

Étape 5: Trouver plusieurs solutions pour gérer la situation de crise (sur le plan comportemental ou affectif) Une fois son objectif établi de façon concrète et précise, comment se sortir de la situation de crise? Selon l'hypothèse de base du modèle de RPI, plus une personne arrive à trouver de solutions possibles pour atteindre ses objectifs, plus elle a de chance de déterminer le moyen le plus prometteur de parvenir à ses fins. Voici les quatre règles proposées:

1. Plus le nombre de solutions possibles est grand, mieux c'est («la quantité engendre la qualité»).
2. Au cours de la génération des solutions possibles, il faut se garder de juger ou d'examiner les idées trouvées, car une réflexion prématurée à ce sujet risque de nuire au processus créatif de «remue-méninges».
3. En plus de trouver le plus de solutions possibles, il faut réfléchir à la plus grande variété de moyens possibles.
4. On peut allier différentes possibilités et en faire la synthèse.

La plupart des théoriciens de la RPI considèrent cette étape comme étant la plus importante de toutes. Si un individu n'avait le temps d'apprendre qu'une étape du modèle, ce devrait être celle-là. Selon une hypothèse sous-jacente, les gens sont si ancrés et rigoureusement confinés dans leurs modes de pensée qu'ils reviennent toujours à leurs habitudes bien enracinées et galvaudées, en particulier quand ils vivent une tension et un stress affectifs intenses. Parfois, une réflexion différente, non conventionnelle, s'impose. L'enseignement de la recherche de plusieurs solutions possibles constitue sans doute l'une des méthodes les plus prometteuses à cet effet. Ainsi, d'un point de vue préventif, il serait souhaitable d'inclure cette étape dans un programme d'enseignement normal en milieu scolaire ou dans les programmes destinés aux parents au sein de la collectivité.

Étape 6: Évaluer les solutions trouvées et choisir la plus prometteuse On appelle également cette partie du modèle «prise de décision». Contrairement à la prise de décision rationnelle dans des conditions problématiques normales, il s'agit ici du sujet difficile de la prise de décision en situation de stress, lorsque les éléments cognitifs sont contraints et limités par des facteurs affectifs. Les chercheurs sont divisés en ce qui concerne les effets du stress sur la prise de décision. Plusieurs auteurs font référence à la loi bien connue de Yerkes-Dodson, selon laquelle une courbe en U inversé représente la relation entre la charge affective et l'efficacité des performances. Ainsi, lorsque la charge affective est trop faible ou trop forte, les performances diminuent. Elles n'atteignent leur niveau optimal que lorsque la charge affective est modérée (Yerkes et Dodson, 1908). Cependant, tous ne sont pas d'accord sur ce point. Par exemple, certaines études démontrent que, parfois, les performances s'améliorent grâce aux effets du stress (Easterbrook, 1959). Pour sa part, Janis, comme le soulignent D'Zurilla et Nezu (1999), mentionne les conséquences négatives du stress sur la résolution de problème et la prise de décision. Selon lui, le stress entraîne la diminution de l'étendue des possibilités perçues, la négligence des conséquences à long terme, l'inefficacité de la recherche d'information, une évaluation erronée des résultats attendus et le recours à des règles décisionnelles excessivement simplifiées.

Janis et Mann (1977) ont défini deux processus décisionnels déficients résultant d'un stress affectif élevé :

- l'évitement défensif;
- l'hypervigilance.

Dans le cas de l'évitement défensif, la personne a tendance à atermoyer ou à laisser la prise de décision à d'autres. Cette méthode ressemble à la résolution de problème « passive » mentionnée précédemment. Dans le cas de l'hypervigilance, la personne saute impulsivement d'une solution à l'autre et, sans vraiment réfléchir, saisit la première qui lui vient à l'esprit sans préalablement en peser le pour et le contre ni les conséquences à long terme. Comme ces deux façons de faire menacent d'éclipser les autres règles utiles relatives à la prise de décision dans des situations problématiques normales, la plus importante règle de la RPI en situation de crise consiste à prendre conscience du fait que le stress existant en arrière-plan va exercer une forte influence sur le processus décisionnel. Par conséquent, il est conseillé à l'individu qui vit une crise de suivre les règles de prise de décision du modèle de D'Zurilla et de Nezu (1999) sous la supervision ou avec l'aide d'une personne de confiance (qu'il s'agisse d'un parent, d'un enseignant, d'un conseiller ou d'un thérapeute) qui pourra lui faire remarquer les pièges dans lesquels il pourrait tomber au cours de sa prise de décision. Si, pendant qu'il reçoit de la rétroaction de la part d'une personne de confiance, l'individu en situation de crise suit toutes les règles normales de la prise de décision, il améliore encore ses chances de réussite.

Étape 7 : Mettre la solution choisie en œuvre Après avoir arrêté son choix sur une solution susceptible de réussir, il faut la mettre en œuvre. Une hypothèse implicite suppose que la réponse ou les mesures nécessaires se trouvent dans le répertoire existant de l'individu. Idéalement, à l'étape précédente, celui-ci a choisi une solution qu'il croyait possible. Sinon, il devra d'abord apprendre la nouvelle réponse ou acquérir l'habileté nécessaire pour mettre la solution en œuvre. Par exemple, une personne pourrait avoir décidé que la meilleure façon de gérer une situation consiste à attendre que la crise passe ou cesse tout en demeurant aussi détendue que possible. Or, si cette personne ne possède aucune habileté de relaxation, une telle solution ne sera pas possible. La personne devra d'abord acquérir des habiletés de relaxation. Par ailleurs, si un individu décide que la meilleure façon de gérer une crise causée par un divorce consiste à se chercher un autre conjoint, mais qu'il manque de confiance en lui ou que d'autres habiletés interpersonnelles lui font défaut, cette solution se révélera inadéquate. Cependant, si cet individu dispose des habiletés affectives ou comportementales nécessaires dans son répertoire, il pourra mettre cette solution en œuvre.

À cette étape du modèle, les quatre éléments suivants sont importants:

- Adopter la bonne séquence de réponses ou de mesures.
- Contrôler ses propres performances au cours de la mise en œuvre.
- S'autoévaluer (évaluer ses propres performances).
- Effectuer son propre renforcement (se donner une rétroaction positive en cas de réussite).

Ces quatre éléments font partie intégrante du modèle de maîtrise de soi de Kanfer (1970), qui décrit et explique comment une personne peut réussir à maîtriser un comportement qu'elle a elle-même choisi.

Un autre point auquel on n'a jamais accordé suffisamment d'importance est souligné par D'Zurilla et Goldfried (1971) ainsi que considéré comme primordial par Spivack et son groupe (Spivack et Shure, 1974). Il s'agit du fait d'être conscient qu'il faut souvent attendre qu'un certain temps se soit écoulé avant de pouvoir mettre une solution en œuvre ou s'attendre à arriver au résultat désiré. Dans la plus grande part de la recherche portant sur la RPI, on dit qu'une fois la solution mise en œuvre, le problème se trouve plus ou moins immédiatement résolu. En réalité, et particulièrement en situation de crise, cela est rarement le cas. Dans le modèle de RPI, l'élément « conscience du temps » devrait être ajouté à cette étape à titre d'incontournable.

Étape 8: Évaluer l'efficacité de l'ensemble de la démarche et, au besoin, prendre des mesures correctives à l'une ou l'autre des étapes précédentes

Selon le modèle de résolution de problème habituel, une fois la solution choisie mise en œuvre, il faut comparer le résultat obtenu à l'objectif établi auparavant pour voir s'il a été atteint. Si ce n'est pas le cas, il faut revenir aux étapes précédentes du modèle afin de découvrir les endroits où des corrections s'imposent pour atteindre l'objectif.

En situation de crise, cette nécessité s'avère parfois moins prononcée. Souvent, la diminution des sentiments de tension, de stress et de charge affective indique clairement que la crise est passée. Comme le passage du temps joue un rôle déterminant, il n'est pas toujours possible d'évaluer le processus d'adaptation immédiatement après qu'une mesure donnée ait été prise. Lorsqu'on cherche particulièrement à réduire la charge affective et à apprendre à accepter une situation plutôt qu'à la changer, il faut plus de temps avant de pouvoir tirer une conclusion sur l'efficacité de la démarche adoptée.

Contrairement à ce qui se produit dans le cas de problèmes interpersonnels normaux du quotidien, en situation de crise, on évalue non seulement la dernière réaction de la chaîne, mais aussi la démarche en entier. Plus souvent que dans le cas de la RPI ordinaire, en cas de crise, la personne peut conclure qu'il est impossible de résoudre la situation problématique en la modifiant, mais qu'il lui faut plutôt apprendre à l'accepter et à vivre avec elle. Parfois, il faut beaucoup de temps et plusieurs tentatives infructueuses d'adaptation « centrée sur le problème ». Cela renvoie à l'idée de désespoir créatif de Hayes, dérivée du bouddhisme zen, selon laquelle une véritable solution ne devient possible que lorsque l'individu commence à comprendre et à accepter le fait que tous ses efforts d'adaptation centrée sur le problème étaient futiles parce que, jusque-là, le problème résidait justement dans la solution adoptée. Quand la personne est prête à abandonner son mode de changement non approprié, elle peut commencer à véritablement gérer la crise qu'elle vit (Hayes *et al.*, 1999).

3.3 Le rôle et l'influence des émotions

L'une des hypothèses de travail du modèle cognitivo-comportemental dont fait partie la RPI réside dans la relation réciproque entre les émotions et les processus cognitifs. Les émotions préexistantes peuvent entraîner certains processus cognitifs (convictions et attributions), lesquels peuvent à leur tour provoquer de nouvelles émotions. Le modèle de RPI apprend à une personne à se servir de ses émotions comme indices de la présence d'un problème à résoudre. Par contre, dans certaines situations de crise, les émotions de l'individu sont si intenses qu'elles le dépassent et entravent ses processus cognitifs. Cependant, même dans une situation à lourde charge émotive, un souvenir fugace associé à une connaissance préexistante du modèle de RPI peut suffire à aider la personne à traverser une crise.

On se rappellera les fameuses expériences menées par le neurologue Delgado (1967), lesquelles ont démontré que les singes dont le système limbique (lié à la colère) était éveillé par des stimulations électriques n'exerçaient absolument aucun contrôle sur leurs réactions de colère. Dans cette expérience, les singes continuaient à gérer leurs actions selon une rapide interprétation de la situation (en attaquant les singes qui se trouvaient à un niveau moins élevé qu'eux dans la hiérarchie sociale de la colonie, mais en laissant ceux des niveaux plus élevés ou plus forts tranquilles). Cette étude suggère que même lorsque la charge affective est extrêmement forte, l'organisme parvient encore à réagir de façon cognitive.

La dimension affective des situations de crise entraîne une difficulté particulière en ce qui a trait à l'enseignement de la RPI. De fait, il s'avère très difficile, voire parfois presque impossible, de créer des mises en situation fictives comparables à des situations de crise réelles sur le plan affectif. Toutefois, si l'expérience de Delgado peut servir d'exemple, il y a des raisons de croire que même dans des situations où une personne semble avoir perdu tout contrôle, elle continue néanmoins de traiter l'information de façon cognitive. Par exemple: «J'ai mes théories. Ne m'embrouillez pas avec vos faits.»

Comme on l'a vu jusqu'à présent, la RPI constitue un élégant modèle, en apparence logico-rationnel, pour enseigner à une personne à gérer le stress en situation de crise. Partant d'une théorie robuste et d'années d'expérience clinique, on peut attester l'utilité du modèle de RPI. Cependant, une question cruciale demeure: existe-t-il effectivement assez d'études solides pour prouver que le modèle de RPI est bel et bien efficace en tant qu'outil d'intervention en situation de crise?

Pour obtenir une excellente réponse à cette question, le lecteur peut se reporter à deux récents articles ayant bien résumé les études portant sur le recours à la RPI pour gérer le stress et les crises. En 2007, Malouff, Thorsteinsson et Schutte ont publié une méta-analyse fondée sur 31 études parues de 1978 à 2004. En tout, près de 3 000 personnes avaient participé à ces études sur l'efficacité de la thérapie de résolution de problème dans la réduction des problèmes de santé mentale et physique.

Nezu (2004) a pour sa part résumé l'efficacité générale de la thérapie de résolution de problème, en soulignant notamment les effets de la RPI sur la réduction du stress. Dans son article, il passe en revue un grand nombre d'études qui soutiennent l'hypothèse selon laquelle une résolution de problème efficace atténue les effets négatifs du stress chez divers sujets aux prises avec différents problèmes dans leur existence. Toutefois, cette recension des écrits présente des limites: la plupart des études prises en compte sont corrélationnelles. Or, la forte corrélation entre les habiletés de résolution de problème et les niveaux de stress peu élevés n'aide pas en soi à déterminer le sens de cette relation.

Toutefois, Nezu et Malouff parlent tous deux de nombreuses expérimentations qui offrent des preuves de l'efficacité de l'enseignement et de la thérapie de RPI dans la gestion du stress lié à divers problèmes. Les conclusions concernant l'efficacité de la RPI pour faire face aux maladies potentiellement fatales (comme le cancer), aux maladies chroniques et à la suicidabilité s'avèrent particulièrement importantes. Les deux auteurs se penchent sur plusieurs études réalisées selon une méthodologie rigoureuse, qui toutes démontrent l'efficacité de la RPI dans la réduction du stress ainsi que l'amélioration de la résolution de problème et de la qualité de vie dans de telles situations de crise.

Il faut cependant ajouter que les comparaisons sur lesquelles reposent ces analyses ont été effectuées dans des conditions de contrôle de listes d'attente et d'essais comparatifs contre placebo. Ainsi, dans les études examinées, peu d'éléments démontrent la supériorité de la RPI par rapport à d'autres méthodes d'intervention en situation de crise et de réduction du stress. Il ne fait pas de doute que la RPI constitue un modèle rationnel et systématique efficace pour intervenir en situation de crise. Cependant, si ce modèle n'est pas meilleur que les autres, pourquoi devrait-on l'adopter en situation de crise ?

Voici une réponse possible. Si on le compare à d'autres interventions existantes (par exemple, aux programmes de réduction du stress de Meichenbaum [2001]), le modèle RPI procure une intervention métacognitive « par excellence ». Plus que tout autre programme existant, il enseigne à la personne comment réfléchir, analyser les problèmes, trouver différentes solutions et, plus important que tout, évaluer les situations de crise. En sa qualité d'habileté métacognitive, il peut en outre être appliqué à une grande variété de problèmes et de situations de crise. Il s'agit d'un modèle très « polyvalent », c'est-à-dire qu'une fois qu'on l'a assimilé, on peut aisément y recourir dans différentes situations subséquentes. Qui plus est, le modèle de RPI est très souple et peut être adapté à divers contextes.

En effet, chacun peut l'appliquer en tout ou en partie, selon ses besoins et la situation. On peut élaborer une intervention complète à partir du modèle de RPI ou en intégrer certains éléments à d'autres formes de thérapie ou d'intervention. La RPI peut servir auprès d'un seul individu ou d'un groupe. Comme son modèle repose sur des habiletés métacognitives qui n'exigent aucun QI moyen, on peut également l'utiliser auprès de populations présentant un retard mental moyen ou d'autres difficultés variées (Nezu, 2004, p. 20). On peut aussi présenter la RPI aux enfants, aux adultes, aux enseignants, aux parents et aux intervenants. Les enseignants peuvent facilement en enseigner le modèle, puis contribuer à sa généralisation en l'utilisant dans le milieu naturel que constitue la classe.

Conclusion

La RPI, fondée sur le modèle d'abord créé par D'Zurilla et Golfried, puis enrichi par Nezu et ses collaborateurs, offre un cadre prometteur et utile pour l'intervention en situation de crise.

Après plus de 30 ans de développement de la théorie et de recherche en intervention, on peut dire que la RPI constitue un modèle d'intervention des plus efficaces et qu'elle est applicable à diverses populations aux prises avec différents problèmes.

L'intervention en situation de crise familiale

Robert Pauzé et Luc Touchette

INTRODUCTION

L'un des principaux défis des intervenants confrontés à une crise familiale est d'être à la fois touchés affectivement par ce qui se passe dans la famille tout en évitant d'être débordés par les événements et d'être dominés par ce que Cirillo (1988) appelle « la logique de l'urgence », laquelle donne lieu à un recours excessif aux mesures d'arrêt d'agir, d'hospitalisation ou de placement en milieu substitut. Pour éviter d'être submergés par la crise familiale, nous avons tous avantage, en tant qu'intervenants, à nous appuyer sur des bases solides pour éviter d'être dépassés par la situation, de façon à pouvoir maintenir le recul nécessaire pour effectuer l'analyse de la situation et à nous concentrer sur la résolution de la crise. Autrement dit, nous devons avoir la capacité de procéder à une lecture rapide et opérationnelle de la crise pour être en mesure de sortir de la confusion, de calmer la tempête et de donner un sens à la crise. L'objectif de ce quatrième chapitre vise donc à proposer un modèle théorique de la crise familiale, structuré autour de l'épistémologie systémique, qui, nous l'espérons, contribuera à faciliter la lecture que vous pourrez faire des crises familiales. Une situation clinique permettra d'illustrer ces différents concepts.

4.1 La contribution de l'approche systémique

En réaction au mouvement psychanalytique, lequel constituait la principale référence en psychiatrie au début des années 1950, l'approche systémique s'est développée autour d'un nouveau paradigme, à savoir que les comportements des individus ont un sens et une fonction que l'on peut saisir si l'on prend en considération le contexte relationnel dans lequel ils se manifestent (Watzlawick, 1991). Ainsi, au lieu de se demander pourquoi cette personne se comporte de façon aussi bizarre et irrationnelle, l'approche systémique nous invite plutôt à nous demander dans quel contexte relationnel ce comportement pourrait être considéré comme adéquat (Bateson et Ruesch, 1988). Selon cette approche, on peut saisir la cohérence d'un comportement symptomatique chez un individu si l'on est en mesure de bien cerner le contexte relationnel dans lequel il se manifeste. À cet effet, Keeney (1979) suggère d'aborder les symptômes comportementaux, notamment la crise familiale, comme des communications métaphoriques à propos de l'écologie des systèmes relationnels du patient ou de la famille.

Le développement de l'approche systémique dans le champ psychosocial a été fortement associé à celui de la thérapie familiale. D'ailleurs, dans l'esprit de plusieurs, ces deux termes sont interchangeables. Cette confusion entre approche systémique et thérapie familiale est principalement attribuable au fait que la famille a été le principal système humain à faire l'objet d'observations par les tenants de cette approche. De plus, la thérapie familiale a été la première modalité d'intervention d'inspiration systémique à voir le jour dans le champ de la psychiatrie et celle qui a connu le plus grand essor. Cet intérêt des systémiciens pour la famille s'explique en bonne partie par le fait que :

1. la famille est le système relationnel le plus fortement associé au développement des individus ;
2. elle est généralement très touchée par les problèmes présentés par l'un de ses membres et participe même parfois au développement (facteur prédisposant), à l'apparition (facteur précipitant) ou au maintien (facteur de maintien) de la pathologie ;
3. elle est clairement identifiable et facilement accessible pour l'observation.

Plusieurs écoles de thérapie familiale ont donc vu le jour depuis le début des années 1950, chacune proposant un certain angle d'analyse pour saisir la cohérence et la fonction relationnelle des comportements symptomatiques présentés par les individus. Les principales hypothèses proposées par les auteurs pour expliquer la présence de comportements symptomatiques chez l'un des membres de la famille concernent entre autres les processus de communication au sein de celle-ci (Bateson et Ruesch, 1988), l'organisation et la structure familiale (Minuchin, 1998), la place de chacun dans la hiérarchie familiale et l'enchaînement des séquences interactionnelles entre les membres de la famille (Haley, 1979), les phénomènes intergénérationnels (Andolfi *et al.*, 1985), les processus de différenciation de soi (Bowen, 1984), les dimensions d'éthique relationnelle et de loyauté entre les membres de la famille (Boszormenyi-Nagy, 1973) et la manière dont ceux-ci construisent la réalité (Watzlawick, 1988). Bien que toutes ces écoles, prises séparément, soient quelque peu réductrices, la mise en commun de ces différentes perspectives offre aux intervenants une grande richesse de points de vue pour leur permettre de donner un sens aux comportements ciblés et leur ouvre différentes voies pour intervenir auprès des familles. Cook-Darzens (2002) insiste ainsi sur l'importance de ne pas s'attacher à une école ou à un courant de pensée isolé si l'on veut être en mesure de moduler ses interventions en fonction des caractéristiques des familles.

Il ne fait aucun doute que le développement de la thérapie familiale dans le domaine de la psychiatrie a grandement contribué à la «dépsychiatrisation» de la maladie mentale. Cependant, «comme cela arrive souvent avec toutes les grandes nouveautés, l'effet de mode initial a été très fort, avec pour conséquence la tendance à en faire une application universelle» (Selvini, 1987, p. 148) favorisant ainsi, et de façon insidieuse, des attitudes familialistes chez certains thérapeutes d'orientation systémique. Autrement dit, plusieurs thérapeutes familiaux ont eu tendance à interpréter les comportements symptomatiques des individus sous l'angle de la dynamique familiale, comme si la famille était le seul système relationnel d'importance auquel participe l'individu.

Heureusement, au début des années 1990, des auteurs comme Selvini-Palazzoli et ses collaborateurs (1990) et Onnis (1989; 1990), s'inspirant des écrits de Morin (1977) sur la théorie de la complexité, ont introduit l'idée de la complexité dans le champ de la thérapie familiale, c'est-à-dire «la reconnaissance d'une multiplicité de niveaux du réel qui sont en même temps autonomes et en relation» (Onnis, 1991, p. 254). Depuis, de plus en plus d'auteurs de ce domaine proposent de tenir compte de la combinaison des composantes biologiques, psychologiques, interpersonnelles, familiales et sociales en jeu dans les problématiques cliniques, contribuant ainsi à «favoriser une vision finalement plus intégrée de l'individu [...], inséparablement liée aux totalités plus larges de la réalité à laquelle il participe» (Onnis, 1989, p. 116). En outre, Onnis (1988) souligne l'importance d'inclure l'intervenant dans la lecture que l'on fait des situations cliniques, car le système soignant participe parfois à la stabilisation et à la chronicité des comportements symptomatiques. Cette conception de la pathologie a ainsi permis de nuancer le rôle de la famille dans les problématiques existantes et de sortir des ornières de la thérapie familiale uniciste. Cette manière d'appréhender la réalité recoupe en quelque sorte les principaux modèles théoriques multifactoriels reconnus et validés, notamment le modèle biopsychosocial (Engel, 1980) et le modèle écologique

(Bronfenbrenner, 1979). C'est donc à partir de cette perspective de la complexité que nous proposons d'aborder l'analyse des situations de crise familiale et l'intervention proprement dite.

4.2 Les paramètres théoriques des crises familiales

Cette deuxième section est consacrée à la présentation des principaux paramètres théoriques relatifs à la crise familiale. Dans l'ordre, nous proposons une définition de la crise familiale, décrivons les processus d'émergence et de dénouement d'une crise et suggérons une classification des crises familiales.

4.2.1 Comment définir la crise familiale

Les auteurs du champ de la thérapie familiale ont tendance à utiliser l'expression « crise familiale » pour décrire deux types de situations, à savoir :

1. les transitions auxquelles sont confrontées toutes les familles au cours de leur évolution, par exemple la naissance d'un enfant, l'entrée des enfants à l'école ou dans l'adolescence, etc.; et
2. les impasses relationnelles et le dysfonctionnement qui émergent au sein des familles lors de ces transitions ou lorsque les familles sont confrontées à des événements traumatiques.

C'est à ce deuxième cas de figure que nous ferons référence lorsque nous parlerons de la crise familiale.

Différentes définitions de la crise familiale ont été recensées dans les écrits cliniques et scientifiques (Touchette, 2005). Parmi celles-ci, il y a celle proposée par Pittman (1987), qui définit la crise « comme l'état des choses à un moment de changement imminent » (p. 67). Selon lui, l'état de crise se caractérise par l'éclatement des manières de faire habituelles. Le confortable répertoire des rôles et des règles dans la famille n'est plus opérant (Pittman, 1988). Pour McCubbin, Thompson et McCubbin (1996), la crise familiale est marquée par la dysharmonie, le déséquilibre dans le système et une demande de changement des patrons de fonctionnement de la famille afin de restaurer la stabilité, l'ordre, l'équilibre et la cohésion en son sein. Carey-Bélanger et Côté (1982), quant à eux, définissent la crise comme une rupture brusque dans le mode habituel de fonctionnement de la famille à la suite d'un événement précis ; la famille connaît alors une altération partielle ou totale de sa capacité de fonctionner. De son côté, Patterson (2002) définit la crise comme une période de déséquilibre significatif, de désorganisation et de perturbation dans la famille et qui résulte de l'excès persistant des demandes familiales par rapport aux ressources de la famille. Enfin, pour Thom (1976), la crise doit toujours être rapportée à une défaillance des mécanismes de régulation, tant chez l'individu qu'au sein de la famille. La mise en commun des différentes définitions de la crise familiale que nous avons recensées nous amène à proposer la définition suivante :

> La crise s'inscrit dans l'histoire développementale de la famille et de ses membres. Elle contribue à mettre en évidence leurs vulnérabilités respectives et interdépendantes. Elle survient en réaction aux difficultés à résoudre certaines tâches développementales individuelles ou familiales ou à faire face à un événement stressant soudain et parfois imprévu ou à un cumul d'événements stressants réels, perçus ou anticipés. Elle est un indice d'un échec de régulation, un point de rupture dans les habitudes de fonctionnement de la famille, un état de déséquilibre et d'instabilité plus ou moins marqué. La réaction de la famille peut se traduire par une rigidification de son fonctionnement ou par une désorganisation. Elle peut donner lieu à des passages à l'acte, à des attitudes de rejet ou de démission à l'égard de l'un de ses membres et être à l'origine d'une demande de placement ou de retrait de la famille. La crise persiste lorsque la réponse de la famille, la solution qu'elle tente de mettre en place, contribue au maintien ou à l'amplification du problème qu'elle cherche à résoudre. La crise peut être de nature et d'intensité variables et déclencher des réactions émotionnelles plus ou moins intenses (détresse psychologique, comportements agressifs et violence). Le débordement qui s'ensuit peut se transformer en situation d'urgence.

4.2.2 Le processus d'émergence d'une crise familiale

La lecture de ces différentes définitions permet de mieux comprendre le processus d'émergence d'une crise familiale. D'abord, il est connu que la crise résulte d'une perturbation, d'un stress auquel la famille est confrontée. Il peut s'agir de tâches développementales à résoudre ou d'événements stressants. Ce stress peut être réel ou perçu, prévisible ou non, ponctuel ou chronique ou provenir de l'intérieur ou de l'extérieur de la famille. Pour qu'un stress provoque une crise, il faut qu'il soit perçu comme intolérable et que la famille se sente incapable d'y faire face avec ses stratégies d'adaptation habituelles. Elle se trouve alors en état de déséquilibre, d'instabilité. La famille réagit alors soit en rigidifiant son fonctionnement habituel (en faisant plus de la même chose), soit en devenant désorganisée et chaotique. Ce déséquilibre plus ou moins temporaire engendre des sentiments d'impuissance, de détresse psychologique, d'anxiété et de défaitisme, de la confusion cognitive, de la dépression, une désorganisation et parfois même certains symptômes physiques chez les membres de la famille.

Dans certaines situations, le malaise devient à ce point important que la famille a le sentiment qu'une intervention extérieure immédiate est nécessaire. On parle alors d'une situation d'urgence. Dans une telle situation, les sentiments des individus sont généralement exacerbés et la détresse psychologique, élevée.

Aussi, ce type de situation se caractérise souvent par des réactions de colère, des gestes de violence verbale ou physique, un désir de rupture et parfois une demande de placement ou d'hospitalisation (Pittman, 1987; 1988). Selon certains auteurs, les sentiments d'urgence qui se superposent à la crise sont généralement de courte durée, allant rarement à plus de quatre à six semaines (Callahan, 1994; Caplan, 1964; Janosik, 1984; Slaikeu, 1984). Par la suite, la famille a tendance à retrouver un certain équilibre, ce qui peut laisser croire que les problèmes qui sont à l'origine de la crise sont résolus. Or, dans plusieurs situations cliniques, la famille continue malgré tout à présenter des difficultés de fonctionnement importantes, ayant tout au plus trouvé une manière de composer avec la situation qui lui permet tant bien que mal de fonctionner. Selon nos données de recherche, la majorité des familles qui présentaient des problèmes de fonctionnement au moment de l'intervention continue à présenter de tels problèmes une année plus tard, soit 64,3 % selon les parents répondants et 65,2 % selon les jeunes (Touchette, 2005).

Cette distinction entre crise et urgence est cruciale pour l'intervention, puisque chacune requiert des interventions visant des objectifs différents. D'une part, l'urgence qui résulte de la crise nécessite une intervention rapide qui vise la réduction de la détresse psychologique, le soulagement du malaise, de la tension, de l'inconfort, de la violence ou de la désorganisation. Cette intervention d'urgence constitue parfois une étape préalable à l'intervention de crise proprement dite. Cette intervention doit quant à elle être axée sur la résolution du problème qui est à l'origine de la crise familiale et sur le renforcement des capacités adaptatives de la famille. Autrement dit, l'urgence appelle le soulagement et la crise, le changement (Pittman, 1987; Minuchin, 1998).

Cette distinction entre urgence et crise a amené certains auteurs à proposer une intervention en deux temps, à savoir: 1) une intervention rapide, généralement effectuée dans les heures suivant la demande d'aide (Callahan, 1998), visant à apporter un soulagement et à réduire la détresse psychologique des membres de la famille associée au sentiment d'urgence et 2) une intervention visant la résolution de la crise. La rapidité de la réponse dans les situations d'urgence vise entre autres à assurer la sécurité des membres de la famille, à profiter de la motivation de cette dernière au moment de la demande d'aide et à éviter qu'elle ne mette en place des stratégies d'adaptation contre-productives (Kenneth, 2002; Slaikeu, 1984). À la suite de l'intervention d'urgence, on doit offrir à la famille une intervention pouvant s'étaler sur quelques semaines pour l'accompagner dans la résolution de crise. Lorsqu'elle vit une situation de crise complexe, en raison de vulnérabilités individuelles et de conditions contextuelles aggravantes, il est parfois nécessaire de poursuivre l'intervention durant une plus longue période, en ayant pour objectifs de résoudre les problèmes à l'origine de la crise, de réduire les facteurs de risque auxquels la famille est confrontée et de renforcer ses capacités adaptatives (Callahan, 1998 ; Kanel, 2003 ; Roberts, 2000a ; Slaikeu, 1984).

4.2.3 Les dénouements possibles de la crise familiale

Est-ce que toutes les crises donnent lieu à des dénouements défavorables pour le développement de la famille ? Selon les auteurs consultés, la crise peut connaître deux dénouements possibles (Cuendet, 1988 ; Hoff, 1995 ; Patterson, 2002 ; Slaikeu, 1984). Dans le meilleur des cas, la famille résout la crise avec succès. Elle procède à des ajustements adaptés au contexte et enrichit du même coup son répertoire de stratégies adaptatives. Dans ce premier scénario, la crise favorise le développement de la famille.

À l'inverse, la famille peut adopter des stratégies non adaptées à la situation. Bien que la réponse mise de l'avant par la famille puisse donner lieu à une certaine réduction de la tension, elle contribue néanmoins à en accroître la vulnérabilité face à des perturbations ultérieures (Cuendet, 1988 ; Kanel, 2003 ; Pittman, 1987). Dans les faits, on observe qu'un cumul de crises non résolues par la famille altère son fonctionnement et augmente sa vulnérabilité face à d'autres perturbations (Pauzé, 2001). Dans ce deuxième scénario, on comprend que la crise augmente la vulnérabilité de la famille. Il est alors important de créer une alliance qui l'engagera dans un travail psychothérapeutique. Pour s'assurer de mettre en place les conditions propices à l'alliance, l'intervenant peut se poser les questions suivantes : A-t-il pris le temps nécessaire pour formuler avec l'ensemble des membres de la famille une hypothèse sur le sens de la crise à laquelle ils sont confrontés ? A-t-il mis à contribution la famille dans la détermination des objectifs d'intervention et des moyens pour les atteindre ou les a-t-il planifiés de façon univoque ? Est-ce que l'ensemble de la famille adhérait à l'intervention ou est-ce que certains de ses membres se sentaient peu ou pas touchés par le problème ? Est-ce que l'intervenant a pris le temps d'établir avec chaque membre de la famille une relation personnalisée chaleureuse et respectueuse ? Ce questionnement est essentiel, puisqu'il semble que la difficulté à établir une alliance thérapeutique au cours des trois premières rencontres est plus fortement associée à l'abandon du traitement que le niveau de sévérité des difficultés du client (Botella *et al.*, 2008).

4.2.4 Les différents types de crises familiales

Quels sont les différents types de crises familiales traités en clinique ? Différentes classifications des crises familiales sont proposées dans les écrits cliniques et scientifiques. Celle que nous proposons ici résulte de la mise en commun des classifications recensées. Globalement, les auteurs établissent trois types de crises familiales, soit la crise situationnelle, la crise transitionnelle (circonstancielle ou récurrente) et la crise structurale (Touchette, 2005), comme le montre le tableau 4.1.

TABLEAU 4.1 LES DIFFÉRENTS TYPES DE CRISES FAMILIALES

<table>
<tr><th rowspan="2">Types de crises familiales</th><th rowspan="2">Crise situationnelle</th><th colspan="2">Crise transitionnelle</th><th rowspan="2">Crise structurale</th></tr>
<tr><th>Circonstancielle</th><th>Récurrente</th></tr>
<tr><td rowspan="2">Stress à l'origine de la crise</td><td rowspan="2">Événement soudain et imprévisible :
• décès ;
• accident ;
• perte d'emploi ;
• suicide ;
• maladie ;
• catastrophe ;
• etc.</td><td colspan="2">Difficulté de la famille à surmonter certaines tâches développementales inhérentes au passage d'un cycle de vie à un autre en procédant aux ajustements exigés par ces transitions, par exemple :
• formation du couple ;
• naissance d'un enfant ;
• entrée des enfants à l'école ;
• etc.</td><td rowspan="2">Dysfonctionnement chronique de la famille occasionné par un cumul de facteurs de risque persistants comme :
• pauvreté ;
• négligence ;
• conflits conjugaux chroniques ;
• problèmes de santé mentale ;
• etc.</td></tr>
<tr><td>Les familles ont généralement réussi à résoudre les tâches liées aux stades développementaux antérieurs. La crise pour laquelle elles consultent concerne plus particulièrement la résolution de certaines tâches développementales actuelles.</td><td>Il s'agit de situations dans lesquelles les familles n'ont pas été en mesure de résoudre plusieurs tâches développementales au fil de leur évolution, ce qui les rend plus vulnérables lorsqu'elles affrontent de nouvelles tâches développementales.</td></tr>
<tr><td>Interventions proposées</td><td>Apporter du soutien aux membres de la famille afin de les aider à faire face à cet événement ou perturbation imprévu et à trouver des pistes de solutions pour se sortir de l'impasse.</td><td>Trouver la tâche ou les tâches développementales auxquelles la famille est confrontée et résoudre le problème.</td><td>Trouver les tâches développementales non résolues au cours des années. Aider la famille à résoudre les tâches antérieures avant d'intervenir sur la résolution des tâches actuelles.</td><td>Réduire le niveau de tension familiale, intervenir à l'égard des principaux facteurs de maintien de la crise et référer à des services de longue durée.</td></tr>
</table>

La **crise situationnelle** est définie par Pittman (1987) comme un coup de tonnerre dans un ciel bleu. Elle émerge au moment où la famille est confrontée à un événement ou à des événements non familiers, soudains et importants qu'elle ne peut ni prévoir, ni contrôler. Différents stress peuvent être à l'origine de ce type de crise, notamment le décès de l'un de ses membres, un accident, une perte d'emploi, un suicide, une maladie sérieuse, une catastrophe naturelle, etc.

La **crise transitionnelle** est quant à elle liée au passage, pour un individu ou une famille, d'un cycle de vie à un autre. Ces transitions sont universelles, et donc prévisibles, et nécessitent des ajustements importants tant sur le plan personnel que sur celui des rôles, des règles et des relations dans la famille. Les types de stress qui sont à l'origine de cette crise sont liés aux transitions familiales (formation du couple, naissance du premier enfant, entrée dans l'adolescence, départ des enfants et retraite des parents) et individuelles (entrée à l'école, passage au secondaire et départ de la famille). La crise transitionnelle résulte de l'incapacité de l'individu ou de la famille à exécuter les tâches développementales inhérentes au passage d'un cycle de vie à l'autre en procédant aux ajustements exigés par ces transitions. Il est connu que les échecs des familles à exécuter les tâches développementales se cumulent dans le temps et contribuent à altérer les capacités adaptatives de la famille et sa capacité à faire ultérieurement face à d'autres tâches développementales. Les familles qui n'exécutent pas leurs tâches développementales au fil de leur évolution sont généralement plus vulnérables au moment d'exécuter les tâches développementales ultérieures (Bradley et Pauzé, 2008; 2009). On connaît deux niveaux de sévérité dans ce type de crise, soit la crise *transitionnelle circonstancielle* et la crise *transitionnelle récurrente*. Dans le premier cas, les familles ont généralement réussi à exécuter les tâches liées aux stades développementaux antérieurs. La crise pour laquelle elles consultent concerne plus précisément l'exécution de certaines tâches développementales actuelles. Dans la crise transitionnelle récurrente, il s'agit de situations dans lesquelles les familles n'ont pas été en mesure de résoudre plusieurs tâches développementales au fil de leur évolution, ce qui les rend plus vulnérables au moment d'en exécuter de nouvelles. Dans ces situations, il faut généralement travailler à aider la famille à résoudre les tâches développementales antérieures avant d'intervenir sur les tâches actuelles.

Généralement, on considère que les crises situationnelles et transitionnelles ont comme point commun d'être provoquées par des stress relativement faciles à déterminer; ce n'est pas toujours le cas dans la **crise structurale**. Celle-ci se caractérise par sa durée prolongée, sa chronicité et sa récurrence. Elle résulte d'un dysfonctionnement chronique de la famille occasionné par le cumul de facteurs de risque, notamment la pauvreté, la négligence des parents, leur incapacité chronique à assumer leur rôle, l'exposition à des conflits conjugaux chroniques qui altèrent le fonctionnement de la famille, la présence de problèmes de santé mentale persistants ou de consommation de psychotropes par les parents ou d'autres membres de la famille et qui altèrent de façon importante et chronique le fonctionnement général de la famille. La demande de service que fait ce type de famille fait souvent suite à un événement relativement banal qui correspond à la goutte qui fait déborder le vase. Cet événement, mal géré par la famille, met en évidence la grande vulnérabilité de celle-ci aux perturbations (Pauzé *et al.*, 2005 ; Pittman, 1987 ; Rapoport, 1967).

4.2.5 L'intérêt de cette classification pour l'intervention

La détermination du type de crise auquel l'intervenant est susceptible d'être confronté peut être d'une grande utilité pour orienter rapidement l'intervention. Par exemple, dans une situation de crise situationnelle, la priorité de l'intervenant doit être de soutenir psychologiquement les membres de la famille en détresse et de les aider à trouver une ou des réponses appropriées à ce stress imprévu. Par la suite, l'intervention doit viser à soutenir la famille dans sa réorganisation lorsque cela s'impose (comme c'est le cas lorsqu'un parent meurt accidentellement).

Dans une situation de crise transitionnelle, l'intervenant doit aider la famille à déterminer les tâches développementales auxquelles cette dernière est confrontée et celles qu'elle n'a pas résolues dans le passé, ainsi que les ajustements à effectuer pour réactiver son processus évolutif. Il doit alors la soutenir dans ce processus de transformation et de maturation. Par exemple, il peut chercher à comprendre la raison pour laquelle les parents ont tant de difficultés à accepter que leur adolescent prenne ses distances par rapport à la famille et s'investisse dans son groupe d'amis et déterminer avec eux les ajustements qui conviennent aux nouvelles demandes de leur adolescent.

Enfin, l'intervention dans une situation de crise structurale doit viser à réduire le niveau de tension familiale, à intervenir au regard des principaux facteurs de maintien de la crise et à diriger la famille vers des services de plus longue durée. Le pronostic d'une intervention brève et intensive dans ce type de crise est généralement faible, compte tenu du nombre important de facteurs de risque auxquels la famille est confrontée et du nombre très limité de facteurs de protection sur lesquels l'intervenant peut s'appuyer pour faire évoluer rapidement son intervention.

4.2.6 Le modèle explicatif de l'adaptation aux stress

L'une des questions essentielles qui se posent maintenant est de savoir pourquoi certaines familles réussissent à s'adapter aux événements perturbateurs ou aux transitions développementales auxquels elles sont confrontées alors que d'autres deviennent dysfonctionnelles. Du point de vue de la théorie de la complexité et des modèles biopsychosocial et écologique, il n'y a pas de relation univoque entre le fait d'être confronté à certains stress et l'apparition d'une crise au sein d'une famille. Des facteurs autres que la nature même du stress influencent la réaction de la famille. Par exemple, on sait que les familles qui sont caractérisées : 1) par une organisation souple et unie s'appuyant sur des ressources sociales et économiques bien structurées ; 2) par un système de croyances caractérisé par une vision positive de la vie, une capacité à donner un sens à l'adversité et une certaine spiritualité ; et 3) par une communication claire et affectivement ouverte favorisant la collaboration dans la résolution des problèmes sont plus aptes à faire face à l'adversité (Walsh, 1993 ; 1998). D'autres familles, cependant, confrontées à un cumul de stress, sont plus à risque de vivre une crise quand survient un événement perturbateur (Hobfoll, 1998 ; 2001).

Sur la base de ces constats, l'intervention en contexte de crise ne doit pas se limiter uniquement à déterminer le ou les stress qui sont à l'origine de la crise et à agir en fonction de ceux-ci. Elle doit également viser à réduire l'effet des autres facteurs de risque qui altèrent le fonctionnement de la famille et à renforcer ses capacités adaptatives, autrement dit sa résilience face à l'adversité. Dans la section qui suit, nous présentons quelques facteurs qui peuvent jouer un rôle déterminant dans l'adaptation des individus et des familles aux événements perturbateurs et aux changements, facteurs cruciaux qui doivent faire l'objet d'une évaluation systématique lors d'une intervention de crise.

4.2.7 Le cumul des stress auxquels la famille est confrontée

Comme le soulignent Bateson (1980), Hobfoll (1998 ; 2001) et McCubbin et ses collaborateurs (1996), une famille simultanément confrontée à de multiples demandes épuise sa souplesse d'adaptation, ce qui limite d'autant sa capacité à faire face aux nouvelles demandes. Dans le même ordre d'idées, Rutter (1981) signale que la présence simultanée de plusieurs types de stress réduit de façon importante les capacités adaptatives des individus qui doivent faire face à de nouvelles demandes de l'environnement. Selon cette perspective, ce ne sont pas tant les capacités adaptatives de la famille ou de l'individu qui sont mises en cause, mais plutôt leur épuisement consécutif au cumul des demandes. Sur le plan de l'intervention, la prise en compte des multiples stress auxquels une famille était déjà confrontée avant l'apparition d'une situation de crise peut parfois aider à comprendre ce qui a pu miner, au-delà du stress qui est à l'origine de la crise, sa capacité adaptative.

4.2.8 Le cumul des tâches développementales non résolues par la famille

Comme nous l'avons mentionné précédemment, bon nombre de crises familiales résultent de l'incapacité de la famille à résoudre certaines tâches développementales normales. Pour avoir un bon aperçu des différentes étapes développementales d'une famille, nous invitons le lecteur à lire Bradley et Pauzé (2008; 2009) et Carter et McGoldrick (1988). Or, dans plusieurs situations cliniques, cette difficulté s'explique par le fait que la famille a plus ou moins bien résolu les tâches développementales antérieures, ce qui a pu contribuer à altérer son fonctionnement actuel et à accentuer sa vulnérabilité face à de nouvelles tâches. Par exemple, au moment de l'arrivée du premier enfant, certains parents n'arrivent pas à s'entendre sur la manière de faire et sur les valeurs qu'ils souhaitent préconiser pour son éducation. Ce faisant, ils se cantonnent dans leurs positions respectives en intervenant de façon souvent indépendante et parfois même contradictoire à l'égard de l'enfant. Au moment de l'entrée de leur enfant dans l'adolescence, les désaccords entre les parents risquent de s'accentuer encore davantage, puisque ce dernier les obligera à prendre position par rapport à de multiples nouvelles demandes. Dans ce type de famille, il suffit parfois d'un événement relativement banal, comme le fait que le jeune revienne à la maison plus tard que l'heure prévue, pour qu'une crise violente éclate, donnant lieu à des gestes de violence surprenants et disproportionnés. Dans ce genre de situation, la crise ne signale pas seulement la difficulté de la famille à faire face au passage à l'adolescence, mais elle ramène également à l'avant-scène les tâches développementales non résolues par le couple parental. Cet exemple illustre l'importance, dans les situations de crise familiale, de bien documenter l'histoire de la famille afin de déterminer les difficultés développementales auxquelles elle a été confrontée et de tenter de résoudre ces impasses pour renforcer son fonctionnement actuel.

4.2.9 La vulnérabilité des membres de la famille face à certains stress

Les similitudes entre le stress qui est à l'origine de la crise et les traumatismes antérieurs vécus par un ou des membres de la famille peuvent déclencher une anxiété paralysante ou une réaction exagérée et accroître l'effet du stress actuel sur le fonctionnement de la famille (Caplan, 1964; Okun, 2002; Hendricks et Byers, 2002; McCubbin *et al.*, 1996; Roberts, 2000b). Par exemple, le parent qui a été fréquemment l'objet de mépris au cours de son enfance risque de réagir de façon très violente devant son adolescent qui l'humilie à la suite de l'une de ses interventions. Ces gestes, apparemment gratuits, de violence d'un parent à l'égard d'un enfant doivent toujours être abordés en tentant d'évaluer le degré de similitude entre l'événement déclencheur et les événements similaires vécus par le parent dans sa propre histoire. Les informations ainsi colligées aident parfois à mieux comprendre la charge affective importante que reçoit l'un des membres de la famille devant des événements qui peuvent paraître relativement banals au premier coup d'œil. En outre, cette documentation permet de déterminer les stratégies adaptatives contre-productives qu'a élaborées l'individu pour résoudre ce type de situation.

4.2.10 La disposition cognitive des individus face aux événements stressants

Slaikeu (1984) utilise l'expression « clé cognitive » pour désigner le rôle joué par l'interprétation que fait l'individu de l'événement déclencheur de la crise. Selon cet auteur, la détresse vécue par la personne est d'autant plus importante que l'événement ou la situation représente pour elle une perte ou une menace à son bien-être et qu'elle juge ses ressources insuffisantes pour trouver les ajustements nécessaires à la résolution de la situation. Kanel (2003) souligne, quant à elle, que l'individu peut répondre plus adéquatement en période de crise s'il est capable de comprendre le monde de façon réaliste. La capacité intellectuelle, telle que la capacité de la personne à tenir compte de plusieurs facteurs et à les mettre en relation, peut favoriser la résolution de la crise et permettre une interprétation plus souple de la situation, ce qui peut mener à de nouvelles pistes de solution. De plus, en contexte de crise, l'interprétation des événements et des ressources peut être entravée par la distorsion cognitive (Slaikeu, 1984). À cet effet, l'un des éléments clés dans les premiers instants de l'intervention de crise est d'aider la famille à percevoir la situation de façon différente pour qu'elle puisse l'aborder plus facilement.

4.2.11 L'accès à un réseau social de soutien

Plusieurs études ont permis d'établir une association positive entre le soutien social auquel la famille a accès et la résistance aux stress environnementaux (Caplan, 1964 ; Cohen, Clark et Sherrod, 1986 ; Kanel, 2003 ; McCubbin *et al.*, 1996). En contrepartie, Hendricks et Byers (2002) soulignent que l'absence de relation et d'intégration sociale prédispose à la crise. En fait, le réseau social de soutien protège l'individu des influences potentiellement pathogènes d'un événement stressant. Ainsi, quand il perçoit que d'autres personnes peuvent lui fournir le soutien dont il a besoin, il parvient mieux à envisager la maîtrise d'une situation stressante. Le soutien social permet d'atténuer l'effet d'un stress en fournissant une solution au problème et en en diminuant l'importance de la perception (Cohen *et al.*, 1986). Enfin, en ce qui concerne plus précisément les familles en crise, Gutstein et ses collaborateurs (1988) observent que celles qui sont isolées, qui ont accès à un faible réseau social de soutien et qui sont confrontées aux demandes liées à la transition développementale vécue par les adolescents sont plus à risque de vivre une crise transitionnelle. En conséquence, la réactivation du réseau social de soutien de la famille peut constituer une intervention essentielle pour sortir cette dernière de l'isolement, pour l'aider à trouver des solutions aux difficultés éprouvées et pour éviter que l'intervenant ne se substitue à son réseau de soutien, contribuant de ce fait à renforcer la dépendance de la famille face au réseau de services.

En conclusion de cette première partie, nous présentons une carte conceptuelle de la crise (*voir la figure 4.1*) dans le but d'illustrer la façon dont les différents concepts théoriques présentés jusqu'à maintenant sont interreliés. Sommairement, ce schéma indique :

- que la crise familiale est une réaction à une perturbation ou à une transition ;
- que la réaction de la famille face à un événement peut être amplifiée par la présence de certains facteurs de risque dans l'univers familial (cumul de stress, cumul de tâches développementales non résolues, etc.) ;
- que la famille n'arrive pas à trouver de réponses appropriées à la situation ;
- que cette difficulté à résoudre la crise génère chez les membres de la famille des sentiments de détresse, d'impuissance, de perte de contrôle et de désorganisation.

La famille est alors confrontée à une crise. Parfois, le malaise est tellement important qu'elle a le sentiment qu'une intervention extérieure immédiate devient nécessaire. On parle alors d'une situation d'urgence.

FIGURE 4.1 UNE CARTE CONCEPTUELLE DE LA CRISE

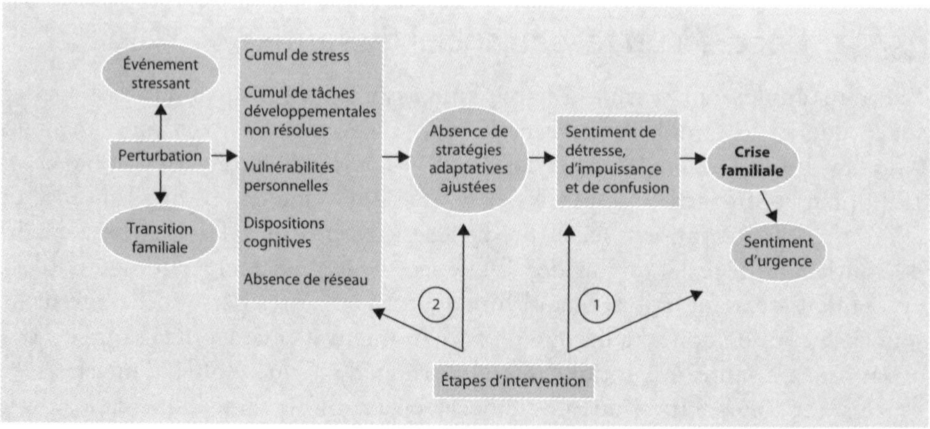

4.3 Les étapes d'intervention qui découlent de ce modèle

Comme principe général, il est important de souligner que l'intervention de crise doit être menée de façon active et directive, sans pour autant que l'intervenant ne prenne la responsabilité du problème présenté par la famille (Roberts, 2000b). Les principales étapes d'intervention à privilégier sont les suivantes.

Étape 1 : Calmer l'urgence et déterminer le type de crise La première étape d'intervention doit viser à calmer l'urgence. Cette intervention débute généralement dans les 24 heures suivant la demande d'aide (Callahan, 1998) et elle est intensive (Caplan, 1964 ; Janosik, 1984 ; Slaikeu, 1984). La rapidité de la réponse vise entre autres à assurer la sécurité de la personne en crise et celle de son entourage, à profiter de la motivation de la personne ou de la famille au moment de la demande d'aide et à éviter que la personne ou la famille n'ait recours à des stratégies d'adaptation contre-productives (Kenneth, 2002 ; Slaikeu, 1984). L'intensité de l'intervention, quant à elle, s'appuie sur l'idée que les sentiments d'urgence qui accompagnent la crise sont souvent de courte durée (de quatre à six semaines) et qu'il s'agit d'une période durant laquelle l'individu ou la famille est plus ouvert à l'intervention. On doit donc autant que possible profiter de cette occasion pour bien amorcer le travail. À cet égard, Roberts (2000b) observe que les familles qui sont satisfaites de cette première étape d'intervention acceptent plus facilement de s'engager dans un processus thérapeutique à plus long terme, lorsque cela est indiqué.

Selon Pauzé (2001), la tâche de l'intervenant, au cours de cette première phase d'intervention, consiste d'abord à évaluer dans quelle mesure la situation peut être dangereuse à court terme pour les différents membres de la famille ou pour lui-même et à mettre en place un plan d'action rapide lorsque la sécurité des individus est compromise. Dans certaines situations de crise, l'intervention policière peut être indiquée. En outre, l'intervenant doit ajuster le degré de directivité avec lequel il intervient au niveau d'engagement des membres de la famille, et ce, afin de contrôler au minimum la démarche de changement (James et Gilliland, 2001). Il doit autant que possible s'assurer de l'engagement de tous. Cette étape franchie, l'intervenant doit chercher à réduire le sentiment de détresse au sein de la famille et le risque de passage à l'acte violent ou l'exclusion du patient désigné en investiguant la situation de crise, en apportant du soutien à chacun des membres de la famille, en leur permettant de mettre à jour leurs sentiments, en proposant un recadrage de la situation de crise (modifier la perception de l'événement) et en planifiant avec les personnes touchées une réponse immédiate qui soit la plus ajustée possible à la situation. Au cours de cette première étape, l'intervenant tente de déterminer le type de crise auquel la famille est confrontée, ce qui lui permet d'orienter ses premières interventions.

Étape 2 : Intervenir par rapport à la crise et évaluer les ressources de la famille Une fois cette étape franchie, l'intervenant procède à l'évaluation systématique des événements perturbateurs qui sont à l'origine de la crise ainsi que des ressources adaptatives de la famille. Il documente alors l'histoire de vie de la famille et détermine les différents facteurs de risque qui ont pu altérer ses capacités adaptatives (*voir la figure 4.1 à la page 88*). L'utilisation d'instruments de mesure standardisés peut alors lui être très utile, puisque ces outils peuvent aider à cerner la perception qu'ont les membres de la famille de leur situation actuelle. Cependant, il faut éviter de faire remplir des questionnaires trop rapidement dans le processus d'intervention, car les résultats obtenus peuvent être biaisés par le niveau de détresse et de désorganisation vécues par la famille. À cet effet, nos résultats de recherche indiquent qu'il y a une relation positive entre le niveau de détresse psychologique rapporté par les parents et la sévérité des problèmes qu'ils rapportent sur le plan du fonctionnement familial, de la détérioration de la relation parent-jeune et des problèmes intériorisés et extériorisés des jeunes (Pauzé *et al.*, 2005).

En procédant de la sorte, l'intervenant valide son hypothèse sur le type de crise auquel la famille est confrontée et établit des cibles d'intervention pour le travail à venir. Après deux ou trois semaines de travail, il communique les résultats de son évaluation à l'ensemble des membres de la famille et discute avec eux d'un plan d'intervention à plus long terme. Il vise ainsi à réduire l'effet des facteurs de risque qui ont pu altérer les capacités adaptatives de la famille et à renforcer ses capacités à faire face à l'adversité. Il négocie également avec les membres de la famille les différentes étapes de l'intervention et discute des stratégies qu'il prévoit utiliser. Au cours de cette deuxième étape, la plupart des rencontres se font avec l'ensemble de la famille.

Étape 3 : Favoriser le renforcement des capacités adaptatives de la famille À cette étape, l'intervenant met son plan d'intervention en œuvre. Différentes modalités d'intervention sont alors utilisées pour atteindre les objectifs : entretiens avec la famille, rencontres avec les parents seuls, rencontres avec la fratrie seule, rencontres de réseau, rencontres avec les membres de la famille élargie si nécessaire et rencontres individuelles. Pour maintenir l'engagement de la famille et la cohérence de son intervention, l'intervenant doit prévoir, toutes les six à huit semaines, des rencontres bilan avec l'ensemble de la famille afin de faire le point sur l'effet de son intervention et d'ajuster les cibles d'intervention établies au départ.

Étape 4 : Mettre un terme à l'intervention À la fin du processus d'intervention, l'intervenant emploie à nouveau les instruments de mesure utilisés au début de son intervention ce qui lui permet, ainsi qu'à la famille, d'évaluer le chemin parcouru. De plus, il doit pouvoir diriger la famille ou l'un de ses membres vers d'autres services lorsque des difficultés persistent (*voir l'exemple de situation clinique*).

Présentation d'une situation clinique

Dans cette situation, plusieurs détails ont été modifiés afin de protéger l'identité de la famille. Julien, jeune d'homme d'une vingtaine d'années, est conduit à l'urgence par les policiers parce qu'il s'attaquait aux automobiles stationnées dans une rue passante. Selon les dires des policiers, le jeune homme était nu et courait sur la rue en frappant sur les voitures qui circulaient. Lors de son arrivée à l'urgence, il est extrêmement agressif et ses propos sont incohérents. On l'attache sur une civière, où il crie sa rage. Ses parents et sa sœur arrivent à l'hôpital durant l'heure qui suit. Ils sont complètement paniqués et dépassés par cette situation. Le médecin de l'urgence dirige les parents et la sœur vers l'intervenant psychosocial de garde pour les aider à faire face à cette situation et tenter de comprendre la crise actuelle de Julien.

Étape 1 : Calmer l'urgence et déterminer le type de crise D'entrée de jeu, je constate que l'autre enfant de la famille, une adolescente de 15 ans, présente une anorexie sévère. Je leur demande de me parler de Julien et de sa situation actuelle. Les parents me racontent que Julien, aîné d'une famille de deux enfants, étudie à l'université en mathématiques et réussit très bien. Il a quitté la famille, qui habite la campagne, il y a deux ans afin de s'établir à Sherbrooke et d'y poursuivre ses études. Marie, sa sœur cadette, est âgée de 15 ans et présente une anorexie mentale sévère depuis deux ans, soit depuis que Julien a quitté la famille. Selon les dires de la mère, Julien est un beau garçon, intelligent, sensible, attachant, serviable et réussit tout ce qu'il entreprend. Les parents avouent compter énormément sur lui pour résoudre les nombreux problèmes auxquels ils sont confrontés dans leur entreprise familiale et pour aider sa sœur à régler son problème d'anorexie. Celle-ci dit qu'elle se sent seule depuis le départ de son frère. Il était son seul et unique ami et confident. S'ajoute à cela le fait qu'un frère du père est venu s'installer à la maison il y a environ trois mois à cause de problèmes de santé. L'arrivée de cet oncle déplaît profondément à Marie, qui dit se sentir depuis mise de côté par sa mère. Selon les parents, les conduites anorexiques de Marie se sont amplifiées depuis quelques semaines. Elle fait de plus en plus de crises de boulimie. Pour éviter que cela ne se reproduise, elle oblige ses parents à mettre un cadenas sur la porte du garde-manger et à l'attacher sur une chaise plusieurs heures par jour, ce à quoi les parents consentent, ne sachant plus comment agir avec elle. J'apprends également au cours de cette entrevue que Julien a commencé à fréquenter une jeune fille depuis quelques semaines. C'est d'ailleurs la première fois qu'il a une petite amie. Selon la mère, Marie serait secrètement jalouse de cette fille, ce que la principale intéressée nie catégoriquement.

Vers la fin de cette première rencontre, j'essaie de voir avec eux comment comprendre le comportement surprenant et soudain de Julien. Je leur demande s'il est possible que ce soit un indice du fait qu'il se sent peut-être dépassé par la situation familiale et qu'il souhaite que quelqu'un d'autre prenne la relève : « Se pourrait-il que votre fils soit au bout du rouleau ? » Avant de clore cette première rencontre, je leur propose de les rencontrer avec Julien dans trois jours, le temps que la situation personnelle de leur fils se stabilise quelque peu. L'impression qui émerge de cette première rencontre est que la famille n'est pas prête à vivre le départ définitif de Julien. En outre, je perçois l'anorexie de Marie comme un indice de l'impossibilité pour elle d'entrer dans l'adolescence et d'assumer son autonomie par rapport à sa famille. Ces difficultés de Julien et de Marie à exécuter les tâches développementales auxquelles ils sont confrontés m'amènent à faire l'hypothèse d'une crise transitionnelle circonstancielle sur les plans à la fois individuel et familial.

Trois jours plus tard, la famille se présente comme prévu. Julien est également présent. Il semble amorti par la médication. Les parents sont soulagés de voir que Julien semble aller mieux. Marie, quant à elle, est plutôt silencieuse et se fait petite. Curieusement, je me fais la réflexion suivante: «Quand Julien est présent, Marie se fait petite mais, paradoxalement, son anorexie prend une place majeure dans la famille.» Je fais à Julien un bilan de notre dernière rencontre. Je reprends l'information afin qu'il puisse donner son avis sur la situation familiale actuelle. Je lui demande ensuite de nous parler des événements qu'il a vécus au cours des dernières semaines, notamment ceux qui ont pu contribuer à son épuisement (je maintiens l'idée de l'épuisement). Tel que signalé précédemment, il est souvent très utile de documenter les différents stress auxquels les membres de la famille ont été confrontés au cours des derniers mois et des dernières semaines. Je cherche ici à documenter mon hypothèse de perte des ressources adaptatives chez Julien.

Julien parle des soucis qu'il a à l'égard de sa sœur et du fait qu'il se sent responsable de ce qui lui arrive. Il parle également de sa petite amie. Il nous apprend alors qu'ils ne se voient plus depuis quelques jours et que cette séparation a été pénible pour lui. Elle lui reprochait de ne pas être assez disponible pour elle et de trop s'occuper de sa famille. Marie se montre surprise, comme si elle se demandait: «Que va-t-il m'arriver maintenant?» Je conduis cette entrevue en ayant l'intention de faire la démonstration que Julien est dépassé par les exigences familiales et qu'il cherche à se libérer de son rôle de soutien au sein de la famille. En fait, je me fais la réflexion suivante: «Julien est devenu plus malade que sa sœur.» En termes systémiques, on pourrait poser l'hypothèse d'une escalade symétrique pour la position basse entre Julien et sa sœur. Ce type de jeu relationnel s'observe souvent dans les situations où l'un des enfants de la famille tente de quitter le rôle parental qui lui a été confié. Je comprends que Marie se demande ce qui va lui arriver. La famille devra se trouver un autre soutien. Le danger, c'est que je sois l'élu. En effet, il est dangereux que l'intervenant prenne la place du patient désigné et devienne à son tour le garant de l'équilibre familial et le prochain patient désigné. Je me tourne alors vers les parents et leur dis: «Je crois que vous avez du boulot devant vous et que vous devrez trouver des solutions pour que vos enfants aillent mieux. Êtes-vous d'accord pour qu'en famille on regarde comment les choses pourraient se transformer?»

Étape 2: Intervenir par rapport à la crise et évaluer les ressources de la famille Les six rencontres suivantes (à raison de deux par semaine) ont été consacrées à faire l'histoire de la famille, à établir le génogramme familial, à faire la chronologie de l'anorexie de Marie et à remplir certains questionnaires visant à évaluer la perception qu'a chacun du fonctionnement familial, de la qualité de la communication dans la famille et de la qualité de l'expression des émotions. De plus, chacun a dû remplir un questionnaire sur sa satisfaction du fonctionnement familial et les parents ont dû remplir un questionnaire visant à évaluer le degré de leur détresse psychologique. Lors de ces rencontres, j'ai entre autres appris que madame a été vite déçue du comportement de son mari tout de suite après le mariage: elle le trouvait peu débrouillard, lui reprochait de ne pas faire preuve d'initiative et de la laisser prendre les décisions concernant l'entreprise familiale. Elle admet qu'elle a trouvé chez son fils le soutien qu'elle aurait souhaité recevoir de son mari. Marie réagit en disant qu'elle a l'impression que sa mère ne lui a jamais prêté d'attention: «Tu n'en avais que pour Julien.» Les propos de madame mettent en évidence les tâches développementales non exécutées par le couple au moment de l'arrivée des enfants. Il semble que cette difficulté des parents ait ensuite favorisé la mise en place d'un fonctionnement familial marqué par la parentification de Julien. Ces nouvelles informations m'amènent à réviser mon hypothèse d'une crise transitionnelle circonstancielle et à envisager la situation de Julien et de sa famille sous l'angle d'une crise transitionnelle récurrente.

Cette situation clinique met en évidence plusieurs points qui ont été traités plus haut: des comportements symptomatiques chez Julien et Marie, qui sont métaphoriquement cohérents par rapport au contexte familial, le cumul des événements stressants vécus par Julien, des tâches développementales difficiles à résoudre pour la famille et pour les enfants, un fonctionnement familial qui ne permet pas à Julien de prendre son envol et d'avoir ses propres projets, des difficultés dans la vie du couple qui ont fait en sorte que madame a jeté son dévolu sur son fils, un père et une fille qui se sentent exclus et une fille qui lutte pour faire sentir sa présence et sa colère... surtout face à sa mère. Je conclus cette deuxième étape en leur proposant une intervention à plus long terme dans le but de résoudre les difficultés familiales mises en évidence par les comportements symptomatiques de Julien et de Marie, à savoir: 1) favoriser le processus de différenciation au sein de cette famille, 2) soutenir les tentatives d'autonomisation des enfants et 3) préparer leur départ de la famille.

Étape 3: Favoriser le renforcement des capacités adaptatives de la famille Ma première préoccupation a été de trouver un médecin et une psychothérapeute pour Marie. De toute évidence, elle a besoin d'aide pour faire face à son problème d'anorexie. Julien, quant à lui, poursuivra le travail thérapeutique qu'il vient d'entreprendre avec un psychiatre de l'hôpital.

Nous avons donc entamé un travail familial hebdomadaire qui s'est étalé sur une période d'environ six mois. Au cours de cette phase de l'intervention, Marie a décidé de poursuivre sa scolarité en étant pensionnaire. Julien a repris ses études et a commencé à fréquenter une nouvelle fille. L'oncle a quitté la famille pour aller vivre dans un centre pour personnes âgées. Les parents ont envisagé la possibilité de vendre l'entreprise familiale et de s'installer à Sherbrooke. Des solutions ont donc été trouvées pour permettre à chacun d'exécuter ses tâches développementales respectives. Marie a été prise en charge par un service spécialisé en dysfonctions alimentaires. Julien a poursuivi sa psychothérapie avec le psychiatre de l'hôpital. J'ai pu mettre un terme à l'intervention de crise, bien que certains problèmes persistaient. Cet exemple clinique illustre bien qu'une fois que la famille a retrouvé un certain équilibre (après six semaines environ dans le cas de cette famille), les problèmes qui sont à l'origine de la crise ne sont pas résolus pour autant. Dans les faits, il a fallu que l'intervention se prolonge durant environ six mois auprès de cette famille avant que la situation de crise puisse connaître un dénouement relativement favorable.

Conclusion

Les familles confrontées à une crise transitionnelle circonstancielle peuvent connaître une évolution positive grâce à une intervention brève et intensive. Le retour à l'équilibre, après quatre ou six semaines, ne signifie toutefois pas que les problèmes sont résolus. La famille a souvent tout simplement retrouvé un confort relatif, ce qui l'amène parfois à se désengager de l'intervention. Plusieurs familles choisissent ainsi d'interrompre le suivi après la première étape de l'intervention, laquelle consiste à calmer l'urgence. Ayant retrouvé un certain équilibre, elles ne voient plus la pertinence de poursuivre les rencontres : « Les choses vont beaucoup mieux, vous savez... On vous retéléphonera en cas de besoin. » Cette attitude soulève la question de la qualité de l'alliance thérapeutique que l'intervenant a établie avec chaque membre de la famille.

Les familles confrontées à une crise transitionnelle récurrente ou à une crise structurale devraient pouvoir bénéficier d'une intervention beaucoup plus longue, puisque plusieurs problèmes doivent être résolus pour qu'elle soit moins démunie devant d'autres perturbations et tâches développementales. La résolution de la crise correspond au processus de croissance de la famille, caractérisé par l'élaboration de stratégies d'adaptation à la situation et par la réduction des vulnérabilités qui altèrent les capacités adaptatives. L'intervention de crise ne doit donc pas porter uniquement sur les problèmes précis qui sont à l'origine de la crise, mais également sur le renforcement des compétences adaptatives de la famille et sur la réduction des facteurs de risque auxquels elle est confrontée. Ainsi, l'alliance thérapeutique vise à établir la collaboration à plus long terme.

RÉSUMÉ

1. La durée d'une intervention de crise ne doit pas être la même dans toutes les situations de crise familiale. Elle doit plutôt être modulée en fonction du type de crise vécue par la famille et des ressources adaptatives dont elle dispose au moment de la crise.
2. L'alliance thérapeutique est un point d'ancrage, quel que soit le type de crise.
3. Une crise n'a pas une destinée prédéterminée : l'intervenant peut avoir un rôle à jouer quant à l'issue de la crise lorsqu'il se penche sur la souffrance et la juge (Onnis, 1988).

PARTIE

UN

DEUX

TROIS

QUATRE

Les interventions en situation de crise psychotraumatique

CHAPITRE 5

OBJECTIFS D'APPRENTISSAGE

Après la lecture de ce chapitre, vous devriez être en mesure :

- de comprendre la différence entre exposition traumatique et traumatisme psychique ;
- de distinguer les réactions péritraumatiques, le trouble de stress aigu et les réactions post-traumatiques ;
- de connaître les instruments de mesure pouvant servir à évaluer les réactions et troubles liés à un événement traumatique.

Les réactions péri- et post-traumatiques : évaluation et pouvoir prédictif

Éric Bui, Agnès Ladois, Philippe Birmes,
Rémy Klein et Laurent Schmitt

INTRODUCTION

L'exposition à un événement traumatique peut entraîner des réactions immédiates et des troubles précoces, lesquels sont susceptibles de se chroniciser. Certains symptômes immédiats, dits péritraumatiques, comme la détresse émotionnelle ou la dissociation, laissent augurer de l'apparition d'une pathologie chronique dont la plus commune est le trouble de stress post-traumatique (TSPT). La recherche de facteurs de risque de ce trouble est importante, car elle permet à l'intervenant de faire un pronostic et de planifier son intervention. Le présent chapitre fait état de nos connaissances sur ce sujet.

5.1 Le trauma, le traumatisme et l'exposition traumatique

Du point de vue médical, le trauma dérive du terme grec τραύμα, signifiant *blessure*. Selon la définition médicale, il s'agit de « toute blessure ou lésion produite sur une portion limitée de l'organisme par une action violente, extérieure à cet organisme », alors que le traumatisme est « l'ensemble des phénomènes secondaires, physiques ou psychiques, provoqués dans l'organisme à la suite d'un trauma » (Bureau de la traduction et Direction de la terminologie et des services linguistiques du Canada, 1990). Le traumatisme psychique englobe quant à lui l'ensemble des phénomènes se produisant au sein du psychisme lors d'une exposition à un événement soudain et violent qui menace l'intégrité physique et psychique (Romano, 2007).

Pour qu'un événement soit qualifié de traumatique, il doit posséder trois caractéristiques : il est brutal et inattendu, il menace l'intégrité physique de l'individu et il ne fait pas partie de la gamme des événements habituels de la vie. Ces trois caractéristiques permettent de distinguer l'événement traumatique des événements de la vie dont le caractère est douloureux : deuil, maladie grave ou rupture sentimentale (Terr, 1991). On distingue deux types de traumatismes : le type I correspond à un événement unique, isolé et limité dans le temps (accident, catastrophe, etc.), tandis que le type II correspond à des situations qui se répètent (abus, maltraitance, etc.).

Plus récemment, la quatrième édition révisée du *Diagnostic and Statistical Manual for Mental Disorders* (DSM-IV-TR) (APA, 2000) considère comme étant un événement traumatique un « facteur de stress extrême impliquant le vécu direct et personnel d'un événement pouvant entraîner la mort [du sujet], constituer une menace de mort ou une blessure sévère, représenter une menace pour sa propre intégrité physique ; ou consécutif au fait d'être témoin d'un événement pouvant occasionner la mort, une blessure ou une menace pour l'intégrité physique d'une autre personne ; ou consécutif au fait d'apprendre une mort violente ou inattendue, une agression grave ou une menace de mort ou de blessure subie par un membre de la famille ou de quelqu'un de proche » (critère A1 du TSPT selon le DSM-IV-TR). La confrontation à cet événement doit de plus être associée à une réaction immédiate de peur intense, d'impuissance ou d'horreur (critère A2 du TSPT).

Le caractère imprévisible et menaçant des situations traumatiques bouleverse le fonctionnement psychique. Les agressions sexuelles, les agressions physiques violentes, les prises d'otage, le terrorisme, la torture physique ou morale représentent des situations traumatogènes majeures (Yehuda, 2002). D'autres situations traumatogènes, telles que les catastrophes naturelles (Breslau *et al.*, 1991) ou industrielles (Bui *et al.*, 2010c), l'annonce d'un diagnostic de maladie sévère ou incurable (Gonçalves, Jayson et Tarrier, 2011), les accidents domestiques ou de la route (Bui *et al.*, 2010a) peuvent également entraîner des conséquences graves.

La prévalence à vie de l'exposition traumatique est estimée entre 39 % et 74 % en Amérique du Nord (Kessler *et al.*, 1995 ; Norris, 1992 ; Resnick *et al.*, 1993), les chiffres étant comparables dans d'autres pays, allant de 61 % à 81 % (de Vries et Olff, 2009 ; Kazantzis *et al.*, 2010). Cependant, des chiffres inférieurs allant de 21 % à 30 % ont aussi été établis en Europe de l'Ouest (Hepp *et al.*, 2006 ; Perkonigg *et al.*, 2000 ; Vaiva *et al.*, 2008). Ces différences peuvent s'expliquer par des paramètres tels que l'âge, le genre ou le type d'événement (Breslau, 2001), mais peuvent aussi provenir de biais dans les mesures telles l'utilisation d'instruments de mesure différents ou les divergences dans la définition de l'événement traumatique (Solomon et Davidson, 1997). Malgré la disparité des chiffres, ceux-ci soulignent le problème de santé publique majeur que sont les traumas (Brunet, Akerib et Birmes, 2007).

Les réactions psychophysiologiques particulières faisant suite à une exposition traumatique sont définies en fonction de leur durée : 1) les réactions immédiates et postimmédiates, soit celles qui apparaissent en quelques heures, sont appelées *réactions péritraumatiques* ; 2) les réactions précoces, soit celles qui apparaissent en quelques jours, sont appelées *trouble de stress aigu* (TSA) ; et 3) les réactions tardives, soit celles qui apparaissent en un mois et plus, sont appelées trouble de stress post-traumatique (TSPT). Parallèlement à ces réactions, d'autres manifestations psychopathologiques peuvent aussi exister.

En présence d'une exposition traumatique, il faut cependant distinguer réponses normatives et réponses pathologiques. Alors que face à un trauma, les réactions immédiates et précoces peuvent être fréquentes, la rémission – ou résilience – est normalement de mise. Les troubles tels le TSPT sont des cas spéciaux de non-rémission. L'une des raisons de la disparité entre la prévalence d'une exposition traumatique (fait objectif) et celle d'un TSPT (réponse subjective) est qu'il existe une variation interindividuelle considérable dans la perception de ce qui est traumatisant ou non. Toutefois, le maintien du vécu subjectif négatif de l'exposition traumatique (critère A2) dans la future révision du DSM est l'objet de débats récents (Friedman *et al.*, 2010 ; Karam *et al.*, 2010).

5.2 Les réactions péritraumatiques

De manière consensuelle, l'intensité des réactions péritraumatiques constitue un facteur de risque majeur pour certains symptômes psychiatriques post-traumatiques plus durables (Ballenger *et al.*, 2004). Les réactions immédiates et postimmédiates se déclinent en une nosographie psychotraumatique particulière – détresse péritraumatique et dissociation péritraumatique – mais aussi en symptômes non spécifiques – anxiété, réactions dépressives, états psychotiques, etc. (Brunet et Birmes, 2002).

Les réactions péritraumatiques spécifiques (dissociation et détresse péritraumatiques) sont des indicateurs du développement d'un TSPT ultérieur. Si la dissociation péritraumatique est étudiée depuis environ une vingtaine d'années, la détresse péritraumatique a été moins évaluée. Dans le cas des réactions non spécifiques, des crises hystériformes peuvent être observées : troubles de l'équilibre, troubles sensoriels et états crépusculaires. Quant aux états psychotiques, de véritables accès maniaques sont possibles ; dans ce cas, l'intervenant doit vérifier la présence d'antécédents de troubles affectifs. Bien que les états délirants soient plus rares, les classifications internationales reconnaissent la psychose réactionnelle brève avec facteurs de stress marqués. Des réactions dépressives peuvent apparaître d'emblée, mais elles surviennent habituellement dans les jours suivant le traumatisme (Birmes et Schmitt, 2001).

5.2.1 La détresse péritraumatique

La **détresse péritraumatique** comprend les réactions de peur, d'impuissance ou d'horreur qui apparaissent pendant ou immédiatement après l'exposition traumatique. Elle correspond au critère A2 du DSM-IV-TR (APA, 2000). Brunet ses collaborateurs (2001) ont proposé un instrument pour en mesurer l'intensité. L'inventaire de détresse péritraumatique (*Peritraumatic Distress Inventory :* PDI) est un questionnaire composé de 13 items, cotés sur une échelle de type Likert en 5 points. Cet inventaire ne se cantonne pas à la définition restrictive du DSM-IV (APA, 2000) en termes d'émotivité péritraumatique, mais répertorie aussi bien les réactions émotionnelles négatives comme la honte, la colère ou l'impuissance que la perception de menace vitale et les manifestations physiques, telles que réaction de panique, sudation, tremblement et perte du contrôle sphinctérien, apparues au moment du traumatisme. Deux facteurs ont ainsi été isolés lors d'analyses factorielles exploratoires d'un échantillon de 702 policiers : émotions négatives (« j'étais frustré ou en colère », « j'avais honte de mes réactions émotionnelles », etc.) et sentiment de menace vitale (« je pensais que j'allais mourir », « j'avais peur pour ma sécurité », etc.). Cet inventaire bénéficie maintenant d'une traduction et d'une validation en français (Jehel *et al.*, 2005) et chez les enfants (Bui *et al.*, 2011).

La détresse péritraumatique peut être considérée comme étant un prédicteur d'un TSPT, et ce, à deux titres. D'une part, puisqu'elle fait partie des critères à respecter pour établir un diagnostic de TSPT, son intensité serait « mécaniquement » corrélée à la présence d'un TSPT. D'autre part, sa conceptualisation a une certaine pertinence dans les différents modèles explicatifs du TSPT, aussi bien psychologiques que neurobiologiques (Brewin et Holmes, 2003). Comme attendu, plusieurs études prospectives considèrent que les résultats du PDI mesurés rapidement après une exposition traumatique prédisent robustement les symptômes de TSPT cinq semaines après (Allenou *et al.*, 2009 ; Bui *et al.*, 2010a ; Bui *et al.*, 2010b). En d'autres termes, les sujets présentant un fort niveau de détresse péritraumatique, mesurée au moyen du PDI au moment du trauma, sont plus à risque de présenter des symptômes de TSPT plusieurs semaines plus tard. D'une manière plus conceptuelle, il serait cependant erroné de considérer la détresse péritraumatique comme un prédicteur de l'« apparition » d'un TSPT, puisque, comme nous l'avons vu, celui-ci peut être considéré comme étant une prolongation d'un TSA qui, lui-même, succède aux réactions péritraumatiques. De même, comme nous l'avons exposé précédemment, la réponse normale au trauma est la disparition des perturbations. En d'autres termes, nous pouvons dire que l'intensité de la détresse péritraumatique prédit l'absence de normalisation de la réponse psychologique au trauma.

5.2.2 La dissociation péritraumatique

La **dissociation péritraumatique** englobe l'ensemble des manifestations reflétant la perte de repère contextuel durant ou immédiatement après un événement traumatique, telles la déréalisation, la désorientation, la confusion, etc. (Marmar *et al.*, 1994). Un instrument de mesure de cette dissociation péritraumatique a été élaboré par Marmar ses collaborateurs (1994). Composé de 10 items (mesurant la dépersonnalisation, la déréalisation, la distorsion dans la perception du temps, etc.) cotés sur une échelle de type Likert en 5 points, le questionnaire d'expériences dissociatives péritraumatiques (*Peritraumatic Dissociative Experiences Questionnaire* : PDEQ) a été validé en français auprès de deux populations de sujets exposés à un événement potentiellement traumatique (Birmes *et al.*, 2005a) ainsi qu'auprès d'enfants (Bui *et al.*, 2011). Le PDEQ évalue les différentes catégories d'expériences dissociatives pouvant être observées au moment du traumatisme ou immédiatement après : perte du fil de ce qui se passe (comme un « blanc », un « trou »), comportements moteurs automatiques (comme « en pilotage automatique »), sentiment d'écoulement du temps perturbé (comme « au ralenti »), déréalisation et dépersonnalisation avec vécu d'inquiétante étrangeté (état oniroïde), impression de distorsion de son image corporelle ou sentiment d'être déconnecté de son corps, amnésie psychogène, confusion, désorientation. Ces réactions sont assez fréquentes, soit dans 25 % à 75 % des cas, selon les études consultées (Birmes *et al.*, 2003).

Contrairement à la détresse péritraumatique, la dissociation péritraumatique ne correspond pas à l'un des critères diagnostiques DSM-IV du TSPT. Elle ne peut donc pas « mécaniquement » prédire la persistance de symptômes de TSPT. Les réactions dissociatives chez un individu exposé à un stress intense ont longtemps été conceptualisées comme étant adaptatives et ayant pour objectif de soustraire l'individu à des affects trop intenses (van der Hart *et al.*, 2008). Cependant, des études empiriques plus récentes ont montré que la dissociation péritraumatique, au lieu de protéger le sujet contre l'apparition de troubles psychopathologiques, était en fait un facteur de risque de psychopathologie (Ozer *et al.*, 2003). Ces travaux viennent soutenir une théorie plus ancienne (Janet, 1909) selon laquelle les réactions dissociatives secondaires à une exposition traumatique refléteraient un échec des mécanismes d'adaptation et d'intégration psychique de l'individu. Il s'agirait d'une faillite globale des mécanismes adaptatifs, le sujet n'intégrant pas l'information selon laquelle la menace vitale n'a plus cours (van der Hart *et al.*, 2004). Par ailleurs, la dissociation péritraumatique entraînant une altération de l'état mental et un détachement durant l'exposition traumatique, les souvenirs encodés dans ce contexte « dissocié » ne peuvent être traités émotionnellement et continuent à se présenter à la conscience sous forme d'intrusions (Simeon *et al.*, 2003).

5.2.3 L'effroi

L'**effroi**, terme employé initialement par Sigmund Freud, est un état habituellement bref – d'une fraction de seconde à quelques secondes – privé d'affects et de pensées au cours duquel fait effraction dans le psychisme du sujet l'image traumatique, c'est-à-dire une image de sa propre mort jusque-là inimaginable (Lebigot, 2002). Selon la mythologie grecque, la Méduse pétrifiait d'effroi quiconque croisait son regard. Cette métaphore a souvent été utilisée par les psychanalystes pour évoquer l'effroi du traumatisme psychique. Parce qu'en tant qu'humains nous vivons sans réellement penser à notre propre mort, nous n'avons pas de représentation de celle-ci et l'image traumatique se comporte ainsi dans l'appareil psychique comme un « corps étranger interne », selon l'expression de Freud (1920).

Les théories psychodynamiques ont fait de cette confrontation au Réel de la mort le socle sur lequel se construit la symptomatologie psychotraumatique au moyen, notamment, d'un syndrome de répétition (Lebigot, 2002). De façon empirique, certaines études récentes suggèrent que cet effroi peut être un précurseur du TSPT (Vaiva *et al.*, 2003a).

5.3 Le trouble de stress aigu

La seule entité clinique postimmédiate précoce reconnue à ce jour par le DSM-IV-TR (APA, 2000) est le trouble de stress aigu (TSA), ou son équivalent dans la dixième édition de la Classification internationale des maladies (OMS, 1993), la réaction aiguë au stress. Le TSA présente un critère strict de durée : il ne peut survenir que dans les quatre semaines suivant un traumatisme, mais sa durée doit être supérieure à deux jours. Il correspond à l'association d'au moins trois symptômes dissociatifs (émoussement, sensibilisation réduite, dépersonnalisation, déréalisation ou amnésie), d'un syndrome de reviviscence (*flashbacks*, cauchemars, etc.), d'un syndrome d'évitement des stimuli ou des activités en lien avec le traumatisme, d'un syndrome d'hypervigilance (sursauts, insomnie et réactions d'alarme exagérés) et d'une altération notable du fonctionnement social et professionnel. Ainsi, si la durée de ces symptômes dépasse quatre semaines, il faut envisager un diagnostic de TSPT. Selon différents échantillons, la fréquence du TSA serait de 7 % à 59 % chez les sujets exposés (Bryant, 2011). Plusieurs travaux prospectifs indiquent que les symptômes de TSA constituent un indice de vulnérabilité à un TSPT ultérieur (Birmes *et al.*, 2003 ; Bui *et al.*, 2010c). Cependant, une récente revue systématique de la recherche suggère que bien que sa spécificité soit bonne, la sensibilité du diagnostic de TSA pour détecter les sujets qui développeront un TSPT est mauvaise (Bryant, 2011). Cela est en partie dû au fait qu'une partie des personnes qui développeront un TSPT ne présentent pas forcément de symptômes dissociatifs dans les premiers jours. Comme le soulignent certains auteurs, le TSA correspondrait davantage à une simple forme précoce de TSPT plutôt que d'être une entité distincte et prédictive (Brunet et Birmes, 2002). Le TSA peut être évalué au moyen du *Stanford Acute Stress Reaction Questionnaire* (SASRQ ; Cardena *et al.*, 2000), échelle auto-administrée non encore validée en français. Le TSA ayant été initialement élaboré en tant qu'outil de dépistage du TSPT, il n'englobe pas les symptômes précoces non spécifiques telles les réactions anxieuses et dépressives.

5.4 Les autres réactions post-traumatiques

La plupart des pathologies post-traumatiques relèvent de la symptomatologie anxieuse (TSPT, attaque de panique ou phobie). Cependant, d'autres troubles peuvent être observés à des degrés divers : dépression post-traumatique, troubles des conduites (addictives, suicidaires, etc.), somatisations, etc. La dépression post-traumatique constitue, en fréquence, la deuxième réponse psychopathologique post-traumatique derrière le TSPT.

5.4.1 Le trouble de stress post-traumatique (TSPT)

Le TSPT est une affection durable survenant après l'exposition à un « événement exceptionnellement violent » (critère A1), associée à une réaction immédiate de peur intense, d'impuissance ou d'horreur (critère A2) et reposant sur un trépied clinique de symptômes persistants : la reviviscence traumatique, les symptômes d'évitement avec émoussement de la réactivité générale et l'hyperéveil (APA, 2000). Par définition, il s'agit d'un trouble évoluant sur une durée supérieure à un mois et entraînant une altération notable du fonctionnement social et professionnel. En pratique, il peut se scinder en deux grandes catégories, selon son histoire naturelle. Dans les formes les plus minimes et les plus fréquentes, on observe rapidement l'apparition de symptômes de TSPT qui ne durent que de quelques semaines à quelques mois. Dans d'autres cas, l'évolution naturelle est celle d'un TSPT constitué qui s'installe sur une période allant de un à deux ans. Si les troubles subsistent au-delà d'un an, il s'agit d'une pathologie sévère, fixée (Bui *et al.*, 2010c), ayant un retentissement important sur le fonctionnement psychique et la vie relationnelle et parfois source de handicaps variés.

Il est à noter que la définition que donne la CIM-10 de l'état de stress post-traumatique reprend le facteur causal externe (« événement stressant ») ainsi que le trépied symptomatique (réviviscence, évitement et hypervigilance) sans toutefois indiquer de critère strict de durée (« réponse prolongée »), mais précise que d'autres symptômes non spécifiques (« anxiété », « dépression » et « idéation suicidaire ») peuvent y être associés.

Les taux de prévalence concernant la vie entière trouvés en Amérique du Nord, estimés entre 6,8 % et 9,2 % (Breslau *et al.*, 1991 ; Kessler *et al.*, 2005a ; Kessler *et al.*, 1995), contrastent avec les chiffres européens, plus faibles, par exemple 1,9 % dans six pays (Alonso *et al.*, 2004b). De même, la prévalence sur les 12 mois établie en Amérique du Nord, soit de 3,5 % à 4,9 % (Kessler *et al.*, 2005b ; Kilpatrick *et al.*, 2003 ; Norris, 1992 ; Resnick *et al.*, 1993), est globalement supérieure aux chiffres dans d'autres parties du monde, comme en Europe, où elle est souvent inférieure à 2 % (Alonso *et al.*, 2004b ; Darves-Bornoz *et al.*, 2008 ; Hepp *et al.*, 2006 ; Perkonigg *et al.*, 2000 ; Vaiva *et al.*, 2008 ; van Zelst *et al.*, 2003).

Le retentissement du TSPT dépasse largement la vie de la personne. Le TSPT est à l'origine d'une souffrance tant individuelle que sociale et sociétale. Outre la souffrance qu'il occasionne directement en raison de ses symptômes spécifiques, le TSPT est un facteur de risque qui peut contribuer au développement d'autres troubles psychiatriques, tels des épisodes dépressifs majeurs ou des abus de substance, mais aussi le suicide (Kessler, 2000). Les données récentes au sujet de la population française vont dans le sens de ces résultats (Vaiva *et al.*, 2008). Par ailleurs, le TSPT augmente le risque d'échec scolaire, de divorce, de grossesse précoce et de chômage (Kessler, 2000). Pour ce qui est de son effet sur le nombre de jours de travail perdus (en moyenne neuf jours par mois), le TSPT se situe parmi les conditions les plus sévères, devant des maladies somatiques comme les cardiopathies, par exemple (Alonso *et al.*, 2004a ; Boscarino, 2004).

Outre les réactions péritraumatiques et le TSA, certains facteurs de risque peuvent favoriser le développement du TSPT (Brewin, Andrews et

Valentine, 2000 ; Ozer *et al.*, 2003). Ainsi, le genre féminin, les antécédents psychopathologiques personnels ou familiaux, les antécédents de traumatismes antérieurs ainsi que le manque de soutien social favorisent le développement du TSPT (Brewin, Andrews et Valentine, 2000 ; Ozer *et al.*, 2003). Les symptômes de TSPT touchent toutes les sphères de l'individu : intellectuelle, affective, comportementale, instinctuelle et végétative (Birmes, Schmitt et Arbus, 2005).

La sphère intellectuelle

Les anomalies les plus fréquentes concernent les reviviscences, les intrusions et les répétitions. Les reviviscences et les répétitions sont caractérisées par des souvenirs répétitifs et envahissants de l'événement dans lesquels la plupart des composantes de l'« accident » traumatique sont revécues. Pendant une reviviscence, un état anxieux et des phénomènes végétatifs accompagnent le retour du souvenir (APA, 2000). Le sentiment que « l'événement va se reproduire » n'est pas rare. Moins fréquemment, la personne éveillée vit des états dissociatifs qui durent de quelques secondes à quelques dizaines de minutes, durant lesquels toutes les composantes de l'événement sont revécues, accompagnées de l'intensité d'illusions ou d'hallucinations de répétition avec actes automatiques (*flashback*) (Blank, 1994). L'intervenant doit explorer les reviviscences et les répétitions avec le sujet en lui posant quelques questions sur la fréquence des moments pendant lesquels il revit la scène traumatique de même que sur les pensées et les souvenirs qui y sont liés. On définit l'intrusion comme une pensée ou un vécu intrusif interrompant le cours habituel des pensées ou des activités et rappelant au sujet l'événement traumatique. Les reviviscences et intrusions s'accompagnent d'une détresse et d'une souffrance psychologique accompagnée d'anxiété, de colère ou, à l'inverse, d'une diminution de la réactivité au monde extérieur. Concernant le retentissement cognitif, bien que les données soient divergentes en fonction des populations et du type de traumatisme, les patients souffrant de TSPT peuvent présenter des difficultés cognitives, notamment sur le plan de la mémoire, de l'apprentissage ou des fonctions exécutives (Qureshi *et al.*, 2011).

La sphère affective

La perturbation de l'affect détermine les caractéristiques émotionnelles liées aux représentations surgissant du traumatisme. Cette perturbation est proche de l'anesthésie affective. Cet émoussement débute habituellement peu de temps après l'événement traumatique. La personne subit une nette diminution de sa capacité à ressentir les émotions, particulièrement celles qui sont associées au plaisir de l'existence, aux dimensions relationnelles, à l'intimité, à la tendresse et à la sexualité (Blank, 1994).

De nombreux individus traumatisés signalent un sentiment de modification de leur humeur, une forme d'indifférence, un désintérêt assez général et des manifestations affectives notablement émoussées (APA, 2000). Un autre phénomène rapporté est le sentiment d'un « avenir amputé », de ne plus être capable de mener la même vie, de se marier et de mener à bien ses activités professionnelles. Dans plusieurs circonstances, les antidépresseurs n'exercent qu'une action partielle et limitée sur l'évolution de cette indifférence affective. Il faut souligner qu'il est possible d'observer une intrication d'un épisode dépressif majeur avec ces quatre dimensions : émoussement, détachement, abrasion émotionnelle et amputation de l'avenir (Kessler *et al.*, 1995). Aussi bien sur le plan critériologique que clinique, les diagnostics peuvent se recouper et les comorbidités être fréquentes.

La sphère comportementale

La plupart du temps s'installe un comportement d'évitement et de retrait caractérisé par la diminution des sorties et une moindre participation aux activités sociales ou extérieures. Le sujet évite les activités, les situations ou les personnes susceptibles de lui rappeler un souvenir difficile (APA, 2000). Des stratégies d'évitement véritables peuvent lourdement handicaper la vie quotidienne. L'évitement ne doit pas être confondu avec la phobie sociale : dans le cadre d'une pathologie post-traumatique, l'exposition à un événement « hors du commun » existe, à l'inverse des antécédents d'anxiété de séparation ou de phobie simple. Une autre modalité comportementale est liée à l'état d'hyperéveil avec hypervigilance (état de qui-vive permanent) et aux réactions exagérées de sursaut (APA, 2000). Cet état d'alerte disproportionné, causé par la crainte d'un danger extérieur ou en réponse à un bruit ou un geste anodin, amène les sujets à se placer à proximité des sorties dans les lieux publics, face à une entrée (Blank, 1994). Ils ne tournent pas le dos et évitent d'avoir des passants ou des personnes derrière eux. Par ailleurs, les femmes, comparées aux hommes, font plus fréquemment l'expérience de symptômes d'évitement, de réactions de sursaut exagérées et de restriction des affects (Breslau *et al.*, 1998 ; Orsillo, Raja et Hammond, 2002).

La sphère instinctuelle

Les grands instincts, comme la sexualité, l'appétit et le sommeil, peuvent être notablement perturbés au décours d'un traumatisme. Plus précisément, la diminution de la sexualité connaît plusieurs explications, comme l'anxiété, l'inhibition générale, les phénomènes de pensée intrusifs et pathogènes, alors que l'amaigrissement est souvent lié à la composante dépressive et que les troubles du sommeil semblent être la complication la plus fréquente (APA, 2000). Ces troubles surviennent habituellement dans la première moitié du cycle du sommeil. L'éveil nocturne peut se produire dans un contexte d'anxiété. L'insomnie peut être liée à un endormissement évocateur du traumatisme ou à une peur de se laisser aller dans le sommeil, source de cauchemars (Blank, 1994). Les cauchemars répétitifs font partie du syndrome de reviviscence ; ils traduisent le caractère difficile à élaborer du traumatisme dans la répétition du même rêve. La plupart du temps, le traumatisme est revécu sous une forme à peine voilée. Il convient alors de demander systématiquement au patient s'il fait des rêves répétitifs et d'indiquer la nature de leur contenu.

La sphère végétative

Les réactions physiologiques sont majorées et prennent la forme d'une augmentation de la fréquence cardiaque, de la pression artérielle et de symptômes reproduisant certaines situations vécues : engourdissements, douleurs dans les membres, froideurs, sueurs, etc. (APA, 2000). Ces réactions sont déclenchées par des situations qui ressemblent à l'événement traumatique ou le symbolisent (Blank, 1994). L'intervenant doit explorer ces réactions végétatives avec le sujet en lui demandant si, dans certaines situations, une modification des battements cardiaques ou de la tension interne se manifeste.

L'évaluation psychométrique

Pour l'évaluation du TSPT, deux échelles autoadministrées sont maintenant offertes dans une version française validée : la *Posttraumatic Stress Disorder Checklist* (PCL ; Ventureyra *et al.*, 2002), qui a l'avantage de proposer un score seuil, et la version révisée de l'*Impact of Event Scale* (IES-R ; Brunet *et al.*, 2003). Mais il faut bien insister sur le fait qu'un diagnostic de TSPT ne peut être véritablement établi qu'au cours d'un entretien structuré administré par un clinicien parfaitement au fait de la symptomatologie. Ainsi, l'instrument de référence demeure la *Clinician Administered PTSD Scale* (CAPS ; Weathers, Keane et Davidson, 2001), mais cette échelle ne bénéficie pas à ce jour d'une validation en français.

5.4.2 La dépression post-traumatique

Un épisode dépressif majeur peut être observé à la suite d'un événement traumatique. La comorbidité dépression/TSPT n'est pas une simple coïncidence. Les dépressions et les syndromes de répétition traumatique sont des séquelles objectives des suites des traumatismes ; leurs pronostics sont similaires et leur interaction accroît la détresse du sujet (Birmes *et al.*, 2000). Les niveaux élevés de dépression, avec tentatives de suicide et conduites alcooliques ou autres dépendances, attestent des effets délétères du traumatisme à plus ou moins long terme (Vaiva *et al.*, 2008). Les antécédents d'épisode dépressif majeur sont un facteur de risque avéré pour l'apparition d'une dépression post-traumatique (North, 2003). La clinique de ces états dépressifs ne comporte pas de différences critériologiques par rapport aux autres épisodes dépressifs, mais certaines formes cliniques sont plus importantes :

- la forme asthénique, avec une prédominance de l'inhibition, des troubles intellectuels, des sentiments d'incapacité et de l'isolement par rapport à un entourage parfois perçu comme hostile ;

- la forme caractérielle, déterminée par la précarité de l'insertion sociale, des épisodes de passage à l'acte et le recours aux toxiques;
- la forme «à expression somatique fonctionnelle», accompagnée de symptômes labiles, d'anxiété et d'un sentiment de malaise corporel diffus (Lebigot et Jeudy, 1995).

L'une des caractéristiques majeures de la dépression post-traumatique est la sensibilité aux événements: succès ou déceptions, dates anniversaires, guerre ou catastrophe qui font l'actualité, etc. (Lebigot et Jeudy, 1995). Il existe souvent un sentiment de culpabilité qui ne peut se rattacher à aucune cause objective. Les sujets en reconnaissent facilement le caractère peu fondé, mais disent ne pas pouvoir s'en débarrasser. L'apparition d'une dépression post-traumatique dans le premier trimestre suivant l'exposition serait un élément favorable à la chronicisation d'un TSPT (Freedman *et al.*, 1999).

5.4.3 Les autres troubles non spécifiques

La CIM-10 considère le trouble correspondant à une modification de la personnalité après un facteur de stress «d'une intensité telle qu'il n'est pas nécessaire de se référer à une vulnérabilité personnelle pour expliquer son effet profond sur la personnalité». Il peut s'agir de captivité prolongée avec risque d'être tué à tout moment, de désastres, d'expériences de camp de concentration, du sentiment d'être victime du terrorisme ou de torture. Cette modification doit persister au moins deux ans et se caractérise par une «attitude hostile ou méfiante envers le monde, un retrait social, des sentiments de vide ou de désespoir, par l'impression permanente d'être "sous tension" comme si on était constamment menacé et par un détachement» (Organisation mondiale de la Santé, 1993).

Par ailleurs, de nombreuses études ont examiné les différents troubles psychiatriques pouvant apparaître à la suite d'un traumatisme. Une étude menée auprès de 6 000 survivants d'un tremblement de terre a pu établir, 2 ans après l'événement, des fréquences allant de 25 % à 30 % pour ce qui est des symptômes non spécifiques tels insomnie, céphalées et vertiges, palpitations, oppression thoracique et tremblement ou nervosité (Chen *et al.*, 2007). D'autres études prospectives établissent, après exposition traumatique, des prévalences élevées de troubles anxieux hors TSPT et de troubles liés à l'utilisation d'alcool ou de substances psychoactives (O'Donnell, Creamer et Pattison, 2004; Roy-Byrne *et al.*, 2004). Enfin, de manière plus anecdotique, certaines études ont démontré un lien entre violences sexuelles et troubles du comportement alimentaire (Capitaine, Rodgers et Chabrol, 2011; Dubosc *et al.*, sous presse) ou entre traumatismes multiples et psychoses (Shevlin *et al.*, 2008).

Conclusion

La plupart des victimes, après avoir été exposées à un événement traumatique « hors du commun », présentent des symptômes aigus de TSPT (principalement des reviviscences et un état d'hyperéveil). Chez la majorité d'entre elles, ces symptômes s'estompent spontanément dans les premiers mois suivant l'exposition. Il en va cependant autrement dans deux cas de figure particuliers. Premièrement, il est maintenant clairement établi que la présence de réactions péritraumatiques spécifiques, de détresse émotionnelle et de dissociation cognitive est un indice clinique précoce d'un TSPT ultérieur, ce qui permet le dépistage des victimes les plus à risque. La prévention passe donc par des évaluations cliniques immédiates et postimmédiates systématiques. Deuxièmement, au-delà des souvenirs intrusifs, des cauchemars à répétition, des états d'alarme excessifs et des symptômes bruyants et visibles, le TSPT constitué entraîne un envahissement de tous les compartiments de la vie, avec réactivité neurovégétative épuisante, repli et stratégies d'évitement responsables d'un isolement social grandissant, ainsi que des troubles du comportement générateurs de conflits. Le praticien doit être parfaitement au fait de l'ensemble de cette symptomatologie pour pouvoir effectuer un diagnostic clinique et proposer à la victime toutes les ressources possibles, entre autres, aider son entourage à avoir une meilleure compréhension des troubles, accompagner la victime sur les plans social et juridique et lui fournir des soins psychologiques associés à un traitement médicamenteux psychotrope.

RÉSUMÉ

1. À la suite d'un événement traumatique, la plupart des victimes présentent des symptômes du trouble de stress post-traumatique (TSPT).
2. Certains des symptômes liés au TSPT constitué sont tangibles et facilement repérables : souvenirs intrusifs, cauchemars à répétition et états d'alarme excessifs.
3. Pour la majorité des victimes, ces symptômes s'estompent spontanément au cours du premier mois suivant l'exposition à l'événement traumatique, mais chez d'autres, on constate la présence de réactions péritraumatiques de détresse et de dissociation, ce qui laisse entrevoir un pronostic plus grave. Un praticien parfaitement au fait de l'ensemble de cette symptomatologie doit alors mener systématiquement un ensemble d'évaluations cliniques immédiates et postimmédiates.

CHAPITRE 6

OBJECTIFS D'APPRENTISSAGE

Après la lecture de ce chapitre, vous devriez être en mesure :

- de connaître les soins immédiats et postimmédiats à prodiguer aux victimes de trauma ;
- de promouvoir l'attitude d'accompagnement dans la crise psychotraumatique ;
- de connaître les interventions psychothérapiques secondaires, les pharmacothérapies postimmédiates ainsi que la prévention tertiaire et les traitements du trouble constitué.

L'intervention en situation de crise auprès des traumatisés psychiques

Guillaume Vaiva, François Ducrocq,
Louis Jehel et Nathalie Prieto

INTRODUCTION

La confrontation à un événement traumatique entraîne des réponses psychologiques et biologiques assurant la survie et se développant sans contrôle délibéré de la part du sujet. Elles sont souvent adaptatives, mais prennent parfois la forme d'un stress dépassé et peuvent préluder au développement d'une évolution pathologique. En effet, des liens clairs se dessinent entre le type et l'intensité des réactions immédiates et le développement de pathologies à long terme. Au vu du nombre de sujets confrontés à un événement traumatique, de patients souffrant de troubles post-traumatiques divers et du retentissement social de ces pathologies, le repérage des facteurs de risque et la mise en place de stratégies de soin dédiées représentent un véritable enjeu de santé publique. Complexes, ces stratégies vont de l'intervention préhospitalière la plus généraliste aux approches médicamenteuses les plus pointues.

Par interventions auprès des traumatisés psychiques, nous entendons les soins proposés aux victimes à la suite d'un événement pouvant induire un trouble de stress post-traumatique. Cet événement traumatique, brutal et inattendu, implique très souvent une menace vitale et est marqué par une détresse ou une dissociation péritraumatique intense.

Dans le mois suivant l'événement, parallèlement aux interventions psychothérapiques, des interventions pharmacologiques peuvent être proposées. L'objectif de ces interventions est de prévenir la survenue de séquelles psychotraumatiques ou d'en réduire l'intensité ou la durée. Davantage axées sur une approche psychosociale, les interventions communautaires à la suite d'une catastrophe de masse seront traitées au chapitre suivant. Les interventions proposées au-delà du premier mois, quoique débordant du cadre de la crise psychotraumatique, seront brièvement abordées en clôture du présent chapitre.

6.1 Les soins immédiats et postimmédiats prodigués aux victimes d'un trauma

Au-delà de la **prévention primaire**, appartenant peu au champ de la santé mentale en ce qu'elle consisterait à prévenir l'apparition de l'**événement traumatique**, nous assistons depuis quelques années à l'émergence d'une véritable **prévention secondaire** qui se situe dans les tout premiers temps qui suivent la survenue de la crise psychotraumatique. Des **soins immédiats** et **postimmédiats** peuvent ainsi être offerts sur les lieux de survenue du trauma ou au moment d'un accueil d'urgence, ambulatoire ou hospitalier chez des sujets chez qui le clinicien a repéré certaines manifestations cliniques, biologiques ou physiologiques dont on connaît maintenant bien la valeur prédictive de troubles psychotraumatiques chroniques, notamment le **trouble de stress post-traumatique (TSPT)**. Ces soins aux personnes victimes lient, de manière subtile, une approche spécialisée et une attitude d'accompagnement qui, elle, n'est pas exclusivement du ressort du spécialiste.

6.1.1 L'attitude d'accompagnement dans la crise psychotraumatique

L'intervenant doit tout d'abord prendre acte de la souffrance ressentie et être authentique en posant des questions simples, les plus ouvertes possible, comme: « Qu'est-ce qui vous est arrivé ? », « Qu'est-ce qui s'est passé ? » ou « Comment vous sentez-vous maintenant ? ». Si la personne très affectée n'était pas présente à l'événement, mais a perdu un proche ou vient, par exemple, de retrouver son appartement dévasté, une bonne manière d'entrer en relation avec elle est de lui poser la question: « Comment avez-vous appris la nouvelle ? » (Prieto et Lebigot, 2003). La verbalisation de l'événement peut être bénéfique si la personne est en état de **stress adapté**. Toutefois, si elle est plutôt en état de stress dépassé (**sidération**, agitation, **dissociation** ou panique), la verbalisation peut réactiver l'événement et avoir un effet néfaste. Il convient de rassurer la personne quant à sa sécurité, de la situer dans l'« ici » et le « maintenant », de se présenter à elle, de lui donner des repères, de lui fournir les quelques informations dont on dispose, sans pour autant étouffer le dialogue, et de la rassurer sur sa sécurité physique en lui disant, par exemple, « C'est fini maintenant, vous êtes en sécurité » ou « Il y a eu une explosion il y a deux heures, mais maintenant il n'y a plus de risque ». Il s'agit de « ponctuer » l'événement. Il ne faut pas chercher à le dédramatiser ni à parler d'autre chose, mais à poser uniquement des questions qui y sont liées de façon directe, comme « Que s'est-il passé ? » ou, de façon plus indirecte, « Qu'avez-vous fait, après, lorsque les secours sont arrivés ? », « Vos proches sont-ils au courant ? »

ou « Comment vos proches ont-ils réagi ? ». Chercher à rassurer la victime en minimisant ce qui lui est arrivé, en se mettant à sa place ou en évoquant d'autres personnes ayant vécu la même situation, comme on peut très fréquemment l'entendre sur le terrain, équivaut à nier son ressenti et à ne pas reconnaître sa souffrance. De même, selon nous, toute déculpabilisation précipitée est nocive ; il convient plutôt de prendre acte simplement de la culpabilité exprimée et de ne pas y aller de répliques comme « Non, je ne pense pas que ce soit de votre faute » ou « Je ne vois pas les choses comme ça », en s'engageant dans la relation. Il est également important de ne pas essayer, dans l'immédiat, de tout résoudre ni de s'engager à propos de solutions que l'on ne peut tenir.

En résumé, le comportement de l'intervenant doit être attentif et chaleureux, mais celui-ci doit surtout avoir une contenance satisfaisante, c'est-à-dire être capable de supporter la souffrance de l'autre sans être détruit par elle. À défaut de cela, l'intervenant devra savoir admettre ses limites personnelles et passer la main s'il se sent débordé par ses émotions. Pour les personnes victimes, voir « défaillir » le système d'assistance ou de secours les renvoie à toute l'horreur de la catastrophe. À l'inverse, les réactions défensives d'indifférence, de blâme ou de fuite altèrent fortement le sentiment d'appartenance et sont tout aussi néfastes.

6.1.2 Le désamorçage

Les soins psychiques immédiats s'avèrent essentiels ; ils permettent de prendre en charge la souffrance psychique au même titre que la souffrance physique. Dès la survenue de l'événement, ils aident le sujet à reprendre la maîtrise de soi et lui garantissent, malgré le bouleversement causé par la catastrophe, un espace de pensée.

Parmi les soins immédiats, le **désamorçage** (en anglais, *defusing*) est la principale technique de verbalisation émotionnelle du vécu (faits, émotions et pensées) qui convient à toute personne en état de stress adapté. Le désamorçage ne doit pas être intrusif, c'est-à-dire que le vécu de l'événement doit être rapporté par le sujet de manière sinon spontanée, du moins totalement volontaire, à la suite, par exemple, de la question « Avez-vous envie d'en parler ? ». L'attitude du soignant doit être celle qui a été décrite précédemment (attention, contenance et compréhension), ce qui permet de restaurer les liens d'appartenance. Cette technique est souple. Les entretiens de courte durée sont réalisés individuellement ou en petits groupes. Le désamorçage vise à favoriser la décharge, à lier le vécu traumatique par le langage et à permettre l'intégration de l'événement.

Pour les personnes qui ne sont pas en état de stress adapté (états décompensés et états de stress dépassés qui nécessitent souvent une hospitalisation), des soins de psychiatrie d'urgence doivent plutôt être envisagés (*voir le chapitre 8*).

Les benzodiazépines, du fait qu'elles sont bien tolérées, sont souvent très utiles dans l'immédiat, à condition de les utiliser à la dose adéquate. Lorsque les victimes sont trop angoissées, aucun travail psychique n'est possible et une sédation légère permet souvent de réaliser un désamorçage dans de bonnes conditions. À l'inverse, une sédation trop grande oblige à différer le travail psychique et risque même de le court-circuiter. Enfin, les soins immédiats comprennent aussi le fait de fournir de l'information sur les symptômes susceptibles de survenir et la recommandation d'un accompagnement social et juridique ainsi, au besoin, que d'un suivi psychothérapique, aussi appelé **psychoéducation**.

6.2 Les interventions psychothérapiques secondaires : la séance de verbalisation (*debriefing*)

L'essor fulgurant des interventions de crise médicopsychologiques post-immédiates dans le monde conduit à remettre en question le contenu de ces pratiques. Le terme anglais *debriefing*, ou **séance de verbalisation**, l'appellation la plus médiatisée, comporte son lot de malentendus, et les confusions sur ses exigences exactes ont généré une polémique dans la littérature internationale sur ce sujet.

6.2.1 L'historique de la séance de verbalisation

C'est Marshall (1947) qui a emprunté le mot *debriefing* au vocabulaire militaire et qui a eu l'idée de l'appliquer aux groupes de parole des petites unités d'infanterie. Dans ces séances, chaque participant retraçait la façon dont il avait vécu la bataille, dans l'ordre chronologique, d'où l'appellation *historical group debriefing*. Le fait de verbaliser leur expérience, de remettre de l'ordre dans leur vécu et d'écouter leurs camarades procurait du soulagement aux participants et les confortait dans leur appartenance au groupe et leur motivation. L'armée américaine confia ensuite l'organisation des séances de verbalisation à ses psychiatres et l'appliqua à des groupes de soldats ayant vécu un **incident critique**, c'est-à-dire un événement ayant un fort potentiel traumatique, de même qu'à des otages civils rescapés. Les *stress management teams* de Sokol (1986) comprenaient un psychiatre en chef, un psychiatre adjoint, un psychologue, un assistant social et un aumônier. La séance de verbalisation fut utilisée par les armées pendant la guerre du Golfe, où elle a été codifiée en une méthode dite *standard operating procedure*, puis diffusée dans un manuel, le *Debriefer's Guide to Critical Event Debriefing*, considéré comme trop simple, voire simpliste par plusieurs

(Koshes et Rowe, 1992). En 1983, le psychologue américain Jeffrey Mitchell, ancien pompier, eut l'idée de reprendre la technique narrative de Marshall pour codifier des procédures de séance de verbalisation dans le cas d'équipes de sauveteurs civils, de pompiers et de policiers à la suite d'incidents critiques ; c'est ainsi qu'est né le *critical incident stress debriefing* (Mitchell, 1983 ; 2004). Dans les pays francophones, les cliniciens ont pris leurs distances par rapport à la consigne du préalable narratif imposée par Mitchell et ont reconnu à la séance de verbalisation une fonction thérapeutique, dont la principale est la verbalisation spontanée des émotions à des fins **cathartiques** (Crocq, 1999 ; 2002 ; 2004).

6.2.2 Le déroulement de la séance de verbalisation

Selon Mitchell et Everly (1995), la séance de verbalisation se déroule en sept étapes :

1. la présentation de l'opération, avec garantie de confidentialité ;
2. les faits (chacun raconte objectivement et minutieusement ce qu'il a vu et fait) ;
3. les cognitions (chacun décrit ce qu'il a pensé) ;
4. les réactions (chacun expose la façon dont il a réagi) ;
5. les symptômes (chacun décrit les symptômes somatiques et psychiques ressentis) ;
6. l'enseignement (le meneur de la verbalisation, ou *debriefer*, explique le phénomène de stress en termes simples et insiste sur le caractère « normal » des réactions, car « il s'agit de réactions normales à une situation anormale ») ;
7. le retour d'expérience (le meneur explique aux participants qu'en parlant et en écoutant les autres, ils ont acquis une meilleure connaissance de l'événement, ont compris la « normalité » de leurs réactions et en ressortent plus forts).

La méthode du *critical incident stress debriefing* a été diffusée dans plus de 28 pays. Elle est destinée aux professionnels de la santé mentale et aux sauveteurs motivés ; elle est appliquée de 24 à 72 heures après la fin de l'événement.

Plusieurs auteurs francophones préconisent plutôt un autre type de séance de verbalisation (De Clercq et Vermeiren, 1999 ; De Soir et Vermeiren, 2002 ; Lebigot, Damiani et Mathieu, 2001). Pour eux, celle-ci doit être effectuée en post-immédiat, le plus souvent deux ou trois jours après l'événement, ou un peu plus tard dans les cas où il faut attendre les obsèques. La séance de verbalisation est une technique conçue pour des groupes qui existent indépendamment du trauma, notamment ceux dont la cohérence est donnée par des liens institutionnels. Si la séance est individuelle, les avantages de la dynamique de groupe tombent, mais il est possible d'atteindre d'autres objectifs, notamment une élaboration plus fine du processus de réorganisation psychique. Selon ces auteurs, les personnes qui utilisent la séance de verbalisation doivent être des professionnels de la santé formés à cette technique, laquelle s'inscrit dans une démarche de soins médicalisés. Le meneur de la séance doit être un psychiatre ou un psychologue clinicien, accompagné d'un collaborateur averti dans le cas d'une séance de groupe. Nous avons proposé l'expression « intervention psychothérapique précoce » ou, mieux, « intervention psychothérapeutique postimmédiate » (Crocq, 2002; Duchet *et al.*, 2004). Dans le déroulement de cette intervention, le recours à la narration des faits est un point de départ pour une expression des émotions, puis des cognitions. Chacun des participants énonce d'abord les actes qu'il a pu réaliser à chacune des étapes des événements, la représentation de l'événement se faisant progressivement. Cette intervention doit toujours rester une offre de soins à des sujets volontaires. Certes, une seule séance de verbalisation ne saurait résoudre un trouble naissant chez les sujets particulièrement marqués. Néanmoins, cela permet de fournir de l'information aux victimes sur l'évolution de leurs réactions émotionnelles immédiates et de détecter les sujets les plus touchés psychiquement. Des soins individuels doivent être offerts à ces sujets à la suite de l'intervention de groupe.

6.2.3 La controverse au sujet de la séance de verbalisation

À la pratique des cliniciens s'oppose le résultat d'études scientifiques. La première étude qui a soulevé les effets négatifs de la séance de verbalisation est celle de Bisson et ses collaborateurs, dans laquelle les auteurs affirmaient que le « débriefing psychologique » individuel exacerbe les symptômes du TSPT (Bisson *et al.*, 1997). Ils rapportent que 13 mois après le trauma, 26 % des personnes ayant effectué un débriefing psychologique présentent un TSPT, par rapport à 9 % dans le groupe qui n'en a pas fait. Les deux groupes ont été répartis de façon aléatoire, mais certains facteurs de risque de TSPT n'ont pas été contrôlés dans cette étude. Ainsi, dans le groupe ayant fait un **débriefing**, les scores initiaux étaient plus élevés, les lésions traumatiques étaient plus importantes et le taux d'exposition à des événements traumatogènes était plus élevé (Nehme, Ducrocq et Vaiva, 2004). La seule conclusion valable à laquelle cette étude peut conduire est que le débriefing n'est pas adapté à ce type de population.

Dans les travaux rapportés par Rose et ses collaborateurs en 1999 et poursuivis en 2001, il n'y a aucune différence entre le groupe ayant fait une séance individuelle de verbalisation et les autres, mais on constate que le taux de participation à cette étude n'est que de 7 % pour les 2 161 victimes sollicitées (Litz *et al.*, 2002).

On ne peut écarter la possibilité d'un biais de sélection majeur, et il est possible que les victimes souffrant d'une symptomatologie d'évitement intense aient refusé de participer à cette étude. De plus, pour cette étude, la séance de verbalisation a été réalisée 21 jours après l'événement. D'autres auteurs arrivent à des conclusions différentes et constatent que six mois après le trauma, les scores de dépression et d'anxiété de militaires sont plus faibles dans le groupe qui a fait une séance de verbalisation que dans celui qui n'en a pas fait, mais ils observent aussi que la réduction des symptômes de TSPT est plus importante dans ce dernier groupe (Deahl *et al.*, 2000). En outre, le groupe qui a bénéficié de la séance présentait moins de conduites alcooliques. En 2002, van Emmerik et ses collaborateurs ont à leur tour dénoncé l'intérêt que l'on porte au débriefing par une approche méta-analytique portant sur sept études. Analysant des études où l'intervention devait être constituée d'une seule séance individuelle et avoir lieu au cours du mois suivant l'événement traumatogène, les auteurs démontrent que le débriefing est inefficace pour l'atténuation des symptômes relatifs au TSPT.

Plusieurs autres travaux rendent également compte d'une inefficacité de cette technique basée sur une unique séance individuelle, sans parvenir à notre sens à éviter des biais méthodologiques rendant difficile l'interprétation des résultats, par exemple au sujet du caractère généralement très flou de la définition même de l'événement traumatique. C'est le cas pour la première étude randomisée contrôlée du débriefing de groupe menée par Devilly et Annab (2008). Les auteurs comparent deux groupes de sujets ayant visionné des images difficiles de victimes mortes d'accident de la voie publique ou toujours vivantes, pour conclure que ceux qui ont bénéficié d'une séance de débriefing (40-50 minutes de débriefing en 7 points par un psychologue spécialiste du trauma) présentaient le même niveau de souffrance affective et de symptômes psychotraumatiques. Plus réaliste, car menée auprès de 1 000 militaires de retour du Kosovo, Adler et ses collaborateurs ne sont cependant pas non plus parvenus, en 2008, à relever une efficacité supérieure du débriefing comparé au *stress management class* et au suivi individuel.

Après la première revue Cochrane de Rose et ses collaborateurs de 2002 concluant à une absence de preuve d'efficacité d'une unique séance de débriefing individuelle à l'origine de nombreuses critiques des praticiens du psychotrauma, l'efficacité de « deux ou plusieurs séances » n'a pas été attestée par une deuxième revue Cochrane en 2009 de Roberts et Bisson, pas plus que l'efficacité du débriefing en groupe (Roberts *et al.*, 2010; Rose *et al.*, 2002). À l'analyse de 11 études randomisées contrôlées incluant 941 sujets (sur une sélection initiale de 250 études), il n'y a pas de preuve scientifique de l'efficacité de ces débriefings, seule une tendance n'atteignant pas la significativité se dégageant lorsque la comparaison portait sur le débriefing individuel comparé à l'absence de prise en charge. Si, sur la foi de l'évidente rigueur méthodologique de ces travaux, les résultats doivent être respectés, il est à noter que l'abstention thérapeutique chez des sujets récemment confrontés à la manifestation de la perspective de leur propre mort avec la soudaineté, la violence, la brutalité et l'imprévisibilité qui caractérise le trauma nous semble éthiquement non soutenable.

6.3 Les autres traitements psychologiques de prévention secondaire

Dans une intéressante tentative de synthèse des récentes méta-analyses de Benish et ses collaborateurs (2008), Ehlers et ses collaborateurs (2010) et la revue Cochrane de Bisson et Andrews (2007), Wampold et ses collaborateurs (2010) affirment que les preuves scientifiques sont suffisamment consistantes en 2010 pour affirmer l'efficacité d'un large champ d'approches psychothérapiques dans le trouble constitué, mais les données sont encore une fois moins probantes dans le cas des stratégies immédiates et postimmédiates.

Le débat s'éclaircit depuis la dernière revue Cochrane, parue en 2010, dans laquelle Roberts et ses collaborateurs analysent l'ensemble des études publiées s'étant donné pour but de réduire la souffrance psychotraumatique au cours des trois mois suivant l'événement (Roberts *et al.*, 2009 ; 2010). C'est sur la base de preuves considérées comme fortes et issues de 12 travaux très rigoureux que les auteurs parviennent à établir la supériorité de l'efficacité de plusieurs techniques psychothérapiques centrées ou non sur l'événement traumatique, mais issues des thérapies cognitivo-comportementales (TCC) axées sur le trauma avec exposition prolongée en imagination et restructuration cognitive sans exposition.

En comparaison aux sujets inscrits sur une liste d'attente ou bénéficiant de soins courants, l'efficacité de ces approches est avérée par sa capacité à réduire l'intensité de la souffrance psychotraumatique aiguë et l'anxiété générale, l'humeur ou la qualité de vie. Si une efficacité curative ressort clairement des résultats de ces travaux, les résultats sont plus contrastés en matière de prévention d'un diagnostic de TSPT. Ces défauts d'efficacité tiennent essentiellement aux faiblesses méthodologiques des études elles-mêmes (recrutement, perdus de vue, intervalle et durée des suivis, etc.).

Pour d'autres auteurs et d'autres guides sur les meilleures pratiques (par exemple, le National Institute for Health and Clinical Excellence), les approches cognitivo-comportementales centrées sur le traumatisme représenteraient le traitement de choix de première intention à privilégier chez des sujets en état de stress aigu ou durant la période aiguë du TSPT, mais aucun auteur ne voit d'efficacité dans les tout premiers jours qui suivent l'événement.

Ce type d'intervention cognitivo-comportementale a été conçu par l'équipe de Bryant pour les patients présentant un tableau d'état de stress aigu durant la deuxième semaine post-trauma (Bryant, Moulds et Nixon, 2003 ; Bryant *et al.*, 1998 ; Bryant *et al.*, 1999). L'intervention consiste en une série de cinq séances de thérapie individuelle d'une heure trente chacune. Les rendez-vous sont hebdomadaires. La première séance comprend la divulgation d'informations sur les réactions post-traumatiques, l'apprentissage d'un contrôle respiratoire et de techniques de relaxation musculaire et un autoapprentissage de la gestion du stress. Le patient est invité à utiliser ces techniques quotidiennement les semaines suivant ce premier rendez-vous et ses progrès sont évalués à chacune des séances ultérieures. La deuxième et la troisième séance sont consacrées à la présentation de la méthode et au démarrage de l'exposition prolongée en imagination à la scène traumatique. Cinquante minutes de la dernière heure des séances sont consacrées à la réévocation du trauma : l'intervenant demande au patient de se concentrer sur des réactions affectives associées aux souvenirs. À la suite de chaque exposition, un travail de restructuration cognitive est mené sur les croyances de peur mises à jour durant la séance. Pendant la restructuration cognitive, l'intervenant apprend à la personne à repérer dans sa pensée les croyances irrationnelles de menaces et l'invite à adopter une pensée « réaliste » en comparant le contenu des croyances irrationnelles à l'apparente évidence. Les quatrième et cinquième séances comportent, en plus, des éléments d'exposition *in vivo* et des exercices de prévention de la rechute.

Ce programme de soins spécifiques a été évalué à moyen et à long terme. Dans la première étude, on a comparé un groupe de sujets traités selon la seule technique d'exposition prolongée (n = 14 sujets) à un groupe de sujets traités par une exposition prolongée et un programme de gestion de stress (n = 15) ainsi qu'à un groupe de sujets bénéficiant d'une thérapie de soutien (n = 16) (Bryant *et al.*, 1999). L'évaluation du diagnostic de TSPT post-traitement à 6 semaines montre que le premier groupe de traitement était celui où le TSPT était le moins présent, 14 %, comparativement à 20 % et 56 % dans les deux autres groupes. L'évaluation 6 mois après le traitement allait dans le même sens : 15 % de TSPT dans le groupe ayant eu l'exposition prolongée, comparativement à 23 % et 67 % dans les deux autres groupes. Les TSPT chroniques observés dans le groupe de « thérapie de soutien » comportaient plus d'éléments d'évitement que les TSPT observés dans les deux groupes de thérapie cognitivo-comportementale.

Dans la seconde étude, on a comparé un groupe de victimes civiles traitées en exposition prolongée (*n* = 40) à un groupe de sujets bénéficiant d'une thérapie de soutien (*n* = 40) (Bryant *et al.*, 2003). L'évaluation 4 ans après le diagnostic de TSPT montre que le traitement par exposition prolongée est préférable: on y trouve 8 % de trouble comparativement à 25 % dans l'autre groupe. Les patients du groupe ayant eu l'exposition et souffrant de TSPT présentaient des symptômes moins intenses et, surtout, leurs symptômes d'évitement étaient moins marqués et moins fréquents. Bryant a refait l'expérience en 2008 et il est parvenu à des conclusions similaires: le traitement par exposition est plus efficace que la restructuration cognitive, laquelle est elle-même plus efficace que la liste d'attente pour prévenir la présence et l'intensité d'un TSPT après six mois.

Plusieurs autres travaux ont ensuite été menés par d'autres équipes qui, pour la plupart, ont confirmé l'efficacité de ces approches cognitivo-comportementales. Mentionnons parmi les plus importantes celle de Bisson et ses collaborateurs en 2004, Foa et ses collaborateurs en 2006, Sijbrandij et ses collaborateurs en 2007 et van Emmerik et ses collaborateurs en 2008, ayant inclus dans des études contrôlées et randomisées pas moins de 400 participants sur des périodes de suivi allant de 5 à 18 mois.

6.4 Les pharmacothérapies postimmédiates

Dans les suites immédiates de l'exposition à un événement traumatogène, des manifestations cliniques apparaissent précocement: **hyperéveil** (état d'alarme prolongé), souvenirs intrusifs, dissociation, agitation, troubles du sommeil, réactions de sursaut et cauchemars semblent être autant de symptômes susceptibles d'être maîtrisés ou contrôlés au moyen de médicaments. Ces symptômes, initialement contemporains d'une réaction de stress utile et adaptative, peuvent en effet persister et sont alors reconnus comme pouvant entraîner des troubles psychotraumatiques ultérieurs (Ducrocq et Vaiva, 2005). Des études précliniques portant sur des animaux ont en effet montré qu'un état d'alarme prolongé les vulnérabilise en les sensibilisant au stress à court et à long terme. De nombreux travaux cliniques effectués sur l'humain montrent qu'un niveau excessif d'hyperéveil dans les semaines qui suivent l'événement constitue un potentiel prédictif de l'apparition d'un TSPT ultérieur (Blanck *et al.*, 2002; Bryant *et al.*, 2000). Ces arguments suggèrent qu'un contrôle de l'hyperéveil dans les suites immédiates du trauma diminuerait le risque de syndrome psychotraumatique. Tous les cliniciens s'accordent à reconnaître l'intérêt des stratégies de prévention secondaire pharmacologique au décours de l'événement, mais ni le mécanisme, ni le type, ni le délai d'intervention initiale ne font pour l'instant l'objet d'un consensus clair.

S'il est établi que les hormones de stress jouent un rôle néfaste en favorisant l'encodage du souvenir dans la mémoire dans deux structures anatomiques reconnues comme prenant part à la genèse du TSPT, l'hippocampe et l'amygdale, il est également connu que ces mécanismes pèsent lourdement dans l'apparition des symptômes cliniques de répétition tels que reviviscences, intrusions et cauchemars traumatiques (Shalev *et al.*, 1998). Ces mécanismes neurobiologiques sont probablement beaucoup plus complexes et dépendent de nombreux autres facteurs qui ont un rôle modulateur, soit par stimulation, soit par inhibition. Des actions thérapeutiques visant à moduler ou à contrôler ces phénomènes existent sur la base de travaux chez l'animal et chez l'humain, travaux qui impliquent l'emploi de molécules intervenant soit directement sur la transmission, soit indirectement sur la modulation de ces mêmes transmissions (Cukor *et al.*, 2009).

6.4.1 Les bloqueurs des hormones de stress

Parmi les interventions pharmacologiques visant à supprimer l'état d'hyperéveil, des essais ouverts et contrôlés ont été menés sur de petits effectifs concernant les médicaments suivant : la clonidine, la guanfacine, la prazozine et le propranolol. Si les trois premiers se sont avérés efficaces chez des vétérans, des réfugiés cambodgiens et des enfants présentant un TSPT, c'est le propranolol qui a fait l'objet des travaux les plus consistants au décours immédiat du trauma. Un niveau élevé de détresse ou de dissociation péritraumatique, reflété par une élévation significative de la fréquence cardiaque dès la salle d'urgence, a été contrôlé par le propranolol dans un travail préliminaire de l'équipe de Pitman chez 41 patients tachycardes comparativement au placebo (Pitman *et al.*, 2002). Si les scores totaux de TSPT dans les deux groupes ne différaient pas à un et à trois mois, les patients du groupe ayant reçu le propranolol présentaient toutefois une réactivité psychophysiologique (fréquence cardiaque, conductance cutanée et électromyogramme) significativement moindre lorsqu'ils devaient écouter un compte rendu de l'événement traumatique. Notre équipe arrive aussi à la conclusion que cette stratégie présente un intérêt potentiel, après avoir effectué un travail pilote prospectif sur l'efficacité du propranolol prescrit dans les 9 heures suivant l'exposition au trauma (agression ou accident sur la voie publique) chez 20 sujets recevant ce médicament ou un placebo (Vaiva *et al.*, 2003b). D'autres travaux ont suivi et ont confirmé, pour la plupart, l'efficacité du propranolol, alors que d'autres la considèrent comme modérée. Une association propranolol-prazozine semble également avoir fait preuve d'efficacité pour l'équipe de Shad dans un tout récent travail de 2011 s'intéressant aux vétérans d'Iraq et d'Afghanistan, alors que Brunet et ses collaborateurs ont démontré l'efficacité supérieure au placebo de l'administration du propranolol sur la réactivité physiologique et symptomatique de patients exposés à un compte rendu de leur trauma (Brunet *et al.*, 2008 ; Shad, Suris et North, 2011).

Partie prenante de la genèse du TSPT, l'état d'alarme prolongé (hyperadrénergie) est à l'origine de troubles du sommeil presque systématiquement remarqués dans les troubles psychotraumatiques immédiats et à long terme. C'est initialement pour lutter contre les cauchemars traumatiques que la prazozine a montré son efficacité dans plusieurs travaux en essais cliniques ouverts, c'est-à-dire dans le cadre de recherches n'ayant pas recours à un groupe placebo. La prazozine a ensuite été testée au cours de divers essais cliniques contrôlés (c'est-à-dire dans le cadre de recherches où le médicament était comparé à un placebo), au point de représenter une perspective intéressante en adjonction thérapeutique face à une hyperadrénergie sévère à la fois dans le trouble constitué, mais également en décalant sa prescription en amont durant les premiers jours qui suivent la confrontation à l'événement. Des essais cliniques contrôlés effectués auprès de populations civiles sont en cours (Miller, 2008 ; Taylor et Raskind, 2002 ; Taylor, Freeman et Cates, 2008).

6.4.2 Les anxiolytiques benzodiazépiniques et non benzodiazépiniques

Bien que n'ayant fait preuve d'une efficacité préventive formelle dans aucun travail, les benzodiazépines sont largement prescrites au décours immédiat de l'exposition traumatique, mais sont actuellement remises en question. Plusieurs auteurs les dénoncent en effet comme favorisant la survenue de troubles psychotraumatiques ou aggravant ceux-ci : pharmacodépendance, exacerbation des troubles du comportement et absence d'amélioration des symptômes psychotraumatiques, ou encore absence d'efficacité dans plusieurs essais cliniques contrôlés de six semaines et six mois (Mellman *et al.*, 2002).

6.4.3 Les opiacés

Les opiacés endogènes, en inhibant les actions de l'hormone de stress noradrénaline et du *corticotropin releasing factor* (CRF), jouent un rôle de contre-régulation dans le système nerveux central (Korf, Bunney et Aghajanian, 1974). L'administration d'opiacés dans les suites immédiates de tâches d'apprentissage a pour effet de diminuer les processus d'encodage de la mémoire à long terme par une diminution du relargage de la noradrénaline dans l'amygdale, alors que l'administration d'antagonistes opiacés augmente cet encodage (Huang, Besson et Bernard, 1993 ; McCaugh, 1989 ; 2000). Une administration précoce d'opiacés après un événement traumatique pourrait donc diminuer la force de son encodage. Saxe a évalué l'effet d'une administration de morphine sur l'évolution d'enfants victimes de brûlures graves (Saxe *et al.*, 2001) et relevé une corrélation négative significative entre la quantité de morphine administrée lors de l'hospitalisation et l'intensité de la symptomatologie psychotraumatique six mois après l'événement, à l'exclusion de tous les autres médicaments.

Chez des militaires blessés au combat, en Iraq cette fois, les opiacés ont de nouveau montré une efficacité significative dans la prévention du TSPT. Une évaluation rigoureuse 1 à 24 mois après l'événement traumatique de 696 soldats blessés en service, associée à un recueil exhaustif des molécules reçues tout au long des manœuvres de conditionnement, de réanimation et de transport, a permis aux auteurs de comparer deux groupes de sujets présentant (n = 243) ou non (n = 453) un TSPT (Holbrook *et al.*, 2010). Ils ont constaté une corrélation négative entre la prescription initiale de morphine (de 2 à 5 mg en intraveineux) et le risque relatif de présenter un TSPT, y compris après ajustement sur d'autres variables telles que la gravité globale des blessures, l'âge, l'amputation éventuelle et un traumatisme crânien, et ce, indépendamment de la dose totale reçue. Si l'administration de dérivés opiacés ne peut constituer une pratique courante, les dérivés morphiniques présentent cependant un intérêt largement sous-estimé en pratique courante dans les services d'urgence médicale ou chirurgicale.

6.5 La prévention tertiaire et les traitements du trouble constitué

La psychothérapie est la démarche de première intention prônée par tous les guides des pratiques exemplaires dans la prise en charge du TSPT constitué (National Institute for Health and Clinical Excellence, Cochrane), c'est-à-dire un trouble dont les symptômes sont installés depuis plus d'un mois. Bien que la **prévention tertiaire** ne se situe pas dans le champ de l'intervention de la crise psychotraumatique, il convient de discuter brièvement de ces approches.

6.5.1 Les psychothérapies

Parmi les psychothérapies, les TCC et l'EMDR (*eye movement desensitization and reprocessing*) sont les deux démarches générant le meilleur résultat thérapeutique. Elles ont élaboré des stratégies centrées sur le trauma, c'est-à-dire axées sur les éléments de la mémoire traumatique, le sens personnel que leur accordent les sujets, ainsi que leurs conséquences. Les études existantes incluent une large représentation de traumas (accidents, agressions, agressions sexuelles, violences domestiques, traumas de guerre, traumas multiples, etc.).

Les TCC centrées sur le trauma montrent des bénéfices cliniques importants en comparaison de sujets en liste d'attente, et ce, pour tous les groupes de symptômes du TSPT. De plus, il existe un certain niveau de preuve en faveur de ces thérapies concernant les dimensions dépressives et anxieuses du trouble. Les TCC centrées sur le trauma proposent le socle de données le plus important, soit 16 essais cliniques randomisés à double insu avec 857 sujets, en comparaison d'une liste d'attente (Bisson et Andrew, 2007). Dans ces études, le nombre de séances varie de 4 à 18, à raison de 1 à 2 séances par semaine; la durée des séances s'échelonne de 50 à 120 minutes.

L'efficacité de l'EMDR est elle aussi bien étayée par les méta-analyses à notre disposition; cependant, le niveau d'effet thérapeutique mesuré semble un peu moindre que pour les TCC centrées sur le trauma et le nombre d'essais est également moins important. Pour l'EMDR, le nombre de séances varie de 2 à 12, à raison de 1 à 2 par semaine; la durée des séances s'échelonne de 50 à 97 minutes.

La comparaison directe des deux approches ne montre pas d'éléments en faveur de l'une ou de l'autre, ni en matière d'intensité d'effet, ni en matière de rapidité de l'amélioration (Taylor *et al.*, 2001). La comparaison de différents types de TCC centrées sur le trauma ne montre pas non plus d'avantage au fait d'employer une technique particulière (Marks *et al.*, 1998; Resick *et al.*, 2002; Tarrier *et al.*, 1999). Les techniques de gestion du stress et de relaxation montrent une certaine efficacité clinique en comparaison des sujets en liste d'attente, mais semblent moins intéressantes en comparaison des TCC et de l'EMDR (Taylor *et al.*, 2003). Les autres thérapies ciblant les éléments de vie actuels ou passés du sujet, non centrés sur le trauma (thérapies de soutien, thérapies psychodynamiques et hypnose) ne font la preuve d'aucune efficacité dans les essais, ou alors ceux-ci sont trop peu nombreux.

Les thérapies de groupe ont été peu évaluées. Un essai clinique randomisé de grande taille (n = 360) ne montrait pas d'avantage par rapport à une technique de TCC de groupe centrée sur le trauma en comparaison d'une stratégie groupale non spécifique, dans un échantillon d'anciens combattants (Schnurr *et al.*, 2003). Cependant, dans le sous-groupe des sujets ayant bénéficié d'un nombre suffisant de séances, un bénéfice pouvait être observé.

Lange propose une technique appelée « *interapy* », thérapie sans face à face, prodiguée dans Internet (Lange *et al.*, 2003). Elle repose sur une formalisation écrite de l'événement traumatique, comparable à certaines techniques de

TCC centrées sur le trauma. Une étude randomisée contrôlée (RCT) portant sur 101 sujets montrait un effet important de cette stratégie (en comparaison de sujets en liste d'attente) sur les symptômes rapportés par les patients eux-mêmes, ainsi qu'un effet plus modéré sur les dimensions anxieuses et dépressives du trouble.

Plusieurs travaux ont étudié les facteurs pronostiques de bonne réponse à une TCC centrée sur le trauma, liés au patient lui-même ou à certaines caractéristiques de l'événement. De façon globale, peu de facteurs ont été dégagés :

- le temps écoulé entre le trauma et le début d'une prise en charge efficace ;
- la présence de comorbidités psychopathologiques n'est pas un facteur défavorable, mais les patients ayant un trouble comorbide ont besoin de plus de séances de thérapie ;
- les patients physiquement blessés répondent globalement moins bien au traitement ;
- les patients dont les symptômes présentent une forte intensité en début de traitement manifestent les symptômes les plus intenses en fin de traitement, mais le pourcentage d'amélioration reste le même.

Pitman et ses collaborateurs (1991) ont rapporté une série de cas suggérant que la thérapie par exposition n'était pas adaptée dans le cas de prise en charge des auteurs d'agression, spécialement ceux chez qui la culpabilité est prégnante. Cependant, chez les autres types de patients souffrant de TSPT, il ne semble pas que le sentiment de culpabilité soit un facteur de réponse au traitement psychothérapique (van Minnen, Arntz et Keijsers, 2002).

6.5.2 Les médicaments

En toute cohérence avec l'avis du National Institute for Health and Clinical Excellence (NICE, 2005) ainsi que plusieurs recommandations internationales, un consensus franc se dégage actuellement, comme l'attestent les travaux d'Ipser et Stein dans la revue Cochrane de 2006, réactualisée par une méta-analyse en 2011 (Ipser et Stein, 2011 ; Stein, Ipser et Seedat, 2006). Sur plus de 517 études admissibles, 37 études contrôlées de 4 à 24 semaines pour un total cumulé de 5 008 patients sont retenues dans le cahier des charges pour une analyse finale qui confirme l'intérêt des antidépresseurs sérotoninergiques spécifiques (ISRS) en première ligne dans le traitement du TSPT constitué, voire chronicisé. Bien qu'ayant fait l'objet des tout premiers travaux à avoir soutenu l'intérêt d'une approche médicamenteuse spécifique du TSPT constitué, les inhibiteurs de la monoamine oxydase (IMAO) et les antidépresseurs tricycliques ont été abandonnés depuis l'avènement des ISRS ou biaminergiques (IRSNa). Les ISRS paroxétine, sertraline et fluoxétine sont reconnus comme présentant une bonne efficacité thérapeutique et sont couramment prescrits, mais seuls les deux premiers sont approuvés par la Food and Drugs Administration américaine. Le citalopram, la mirtazapine ainsi que les anticonvulsivants ont été jugés efficaces, mais nécessitent la poursuite des travaux quand, au sein des antipsychotiques, la rispéridone semble présenter un intérêt particulier en deuxième intention (Padala *et al.*, 2006). Face au TSPT constitué, nous soutenons donc la nécessité de poursuivre le traitement par ISRS à pleine posologie pendant au moins un an, tout en rappelant les consignes de grande vigilance clinique durant les deux premiers mois qui suivent un arrêt, lequel doit demeurer prudent et progressif afin d'éviter les rechutes (Stein, Ipser et McAnda, 2009).

L'association d'une molécule au travail psychothérapique est une règle évidente pour le praticien face à un sujet présentant un trouble constitué chronique. En revanche, les données sont insuffisantes pour que cette combinaison thérapeutique soit considérée comme étant plus efficace que l'une ou l'autre des approches séparées dans une ultime revue Cochrane basée sur l'analyse de quatre uniques études (Hetrick *et al.*, 2010).

Conclusion

Les soins prodigués aux victimes durant les premiers mois qui suivent la confrontation traumatique comportent une grande diversité d'interventions dont le but est de réduire l'incidence, l'intensité ou la durée de séquelles psychotraumatiques, telles que le TSPT, mais aussi d'autres conditions telles que la dépression et le recours à des stratégies d'adaptation qui s'avèrent nocives à long terme (l'abus d'alcool ou de drogues, par exemple). Face à la clinique immédiate et postimmédiate de la situation de crise psychotraumatique, ces interventions sont respectivement le désamorçage, la séance de verbalisation, les interventions psychothérapiques brèves et précoces, de même que les interventions pharmacologiques. Leur utilité émane pour le moment davantage de la pratique clinique et doit encore être validée par des recherches sur le plan empirique. Face au trouble constitué, l'intérêt des approches psycho- et pharmacothérapiques est validé.

RÉSUMÉ

1. L'intervention proposée aux victimes le premier mois suivant une crise psychotraumatique comporte une grande diversité.
2. Son but est de réduire l'incidence, l'intensité ou la durée de séquelles psychotraumatiques comme le TSPT et la dépression post-traumatique, mais aussi d'autres types de séquelles comme le recours à des stratégies d'adaptation qui s'avèrent nocives à long terme (l'abus d'alcool ou de drogues, par exemple).
3. Ces interventions sont le désamorçage (*defusing*), la séance de verbalisation (*debriefing*), les interventions psychothérapiques brèves et précoces, de même que les interventions pharmacologiques.
4. Pour l'instant, les cliniciens reconnaissent l'utilité de ces interventions, mais des recherches empiriques doivent être menées pour les valider.

CHAPITRE 7

OBJECTIFS D'APPRENTISSAGE

Après la lecture de ce chapitre, vous devriez être en mesure :

- de connaître les fondements théoriques du processus d'adaptation qui est à la base de la pratique de l'intervention lors d'un sinistre ;
- de vous reporter à un cadre conceptuel systémique de l'intervention psychosociale ;
- de décrire les trois principales fonctions de l'intervention psychosociale.

L'intervention en situation de crise auprès des communautés

Alain Brunet et Claude Martel

INTRODUCTION

Les sinistres façonnent l'histoire contemporaine et le développement de l'intervention psychosociale au Québec. Durant la guerre froide, les gouvernements appréhendaient une guerre biologique, chimique ou nucléaire et tentaient de se préparer aux effets qu'elle pourrait avoir. Ces préoccupations ont par la suite été étendues aux sinistres en temps de paix et à leurs conséquences non seulement sur la santé physique, mais aussi psychologique. Depuis près de trois décennies, la pratique de l'intervention psychosociale lors de sinistres a constitué une expérience enrichissante (Martel, 2002). Le présent chapitre décrit les fondements de cette pratique telle qu'elle est menée aujourd'hui sur le terrain auprès des communautés à la suite d'un sinistre. Ce terme désigne un événement catastrophique qui cause des pertes matérielles et humaines considérables. Il est préféré ici à l'expression « événement traumatique », car il ne préjuge pas du caractère traumatogène de l'événement.

7.1 Les origines de l'intervention psychosociale au Québec

La mise sur pied du volet psychosocial en matière de sécurité civile au Québec s'est inscrite dans la foulée des événements survenus sur ce territoire au milieu des années 1980. Soulignons quelques événements marquants de cette période : fusillade à l'Assemblée nationale à Québec, tremblements de terre, incendie d'un dépotoir de produits toxiques (BPC), inondations, crise amérindienne, tornades, incendies de forêt, etc. La tragédie de l'École polytechnique de Montréal, survenue en 1989, constitue sans doute l'élément fondateur de l'intervention psychosociale au Québec. En moins de 20 minutes, un homme armé a délibérément tué 14 étudiantes, a blessé 11 étudiantes et 3 étudiants, puis s'est suicidé. Cette tuerie a provoqué un état de choc parmi la communauté universitaire, et la population en a été profondément indignée (Parent et Cousineau, 2003).

La façon dont ont été fournis les services psychosociaux immédiats et post-immédiats à la suite du drame de la Polytechnique a été l'un des aspects importants analysés par le groupe d'enquête De Coster, mandaté par le gouvernement du Québec. Ces travaux (De Coster, 1990) déterminent clairement le rôle et les responsabilités des centres de santé et de services sociaux (CSSS) en ce qui concerne la nécessité de fournir aux sinistrés les services psychosociaux requis. Selon De Coster, les critères d'une intervention psychosociale réussie sont les suivants : 1) l'unité d'action et de direction ; 2) la planification ; 3) la rapidité ; 4) la capacité à prévoir correctement les réactions à l'événement ; 5) les ressources, lesquelles doivent être suffisantes et disponibles ; 6) la bonne gestion des relations avec les médias (incluant Internet) ; et 7) la structure opérationnelle, laquelle doit être simple et mobile de façon à fournir le soutien nécessaire.

Plus récemment, à la suite de la fusillade survenue au collège Dawson le 13 septembre 2006, une équipe de chercheurs a étudié les conséquences psychologiques de cet événement auprès de 1 000 étudiants et membres du personnel inscrits au collège ou y travaillant au moment de cette tragédie. Selon leur analyse, 18 % des répondants ont développé un trouble de santé mentale alors qu'ils n'en avaient pas avant la fusillade. De plus, 7 % des répondants présentaient toujours des symptômes de stress post-traumatique importants 18 mois après la fusillade (Boyer *et al.*, 2010). Ces observations soulignent la nécessité d'intervenir afin d'atténuer les impacts psychologiques de tels événements. De plus, bien qu'au moment des événements, les opérations soient davantage coordonnées par la sécurité publique, cette étude a souligné l'importance d'élaborer un plan d'urgence psychologique au long cours (Séguin *et al.*, 2010). Le rapport De Coster et ceux qui ont été remis après les événements du collège Dawson, de même que l'expérience acquise sur le terrain, ont contribué à façonner le volet d'intervention décrit dans le présent chapitre.

7.2 Les fondements théoriques du processus d'adaptation à la suite d'un sinistre

Les fondements théoriques du processus d'adaptation en situation de crise s'inspirent, entre autres, des travaux de Caplan (1964) et de la « psychiatrie de l'avant » (laquelle consiste à ne pas évacuer « vers l'arrière » les individus en crise) élaborée par les militaires (Crocq, 2005). Ces fondements s'appuient, entre, autres, sur des notions telles que le classement rapide (ou triage) des bénéficaires, la **résilience** comme réponse normative et le recours à des interventions collectives (d'action et de communication publiques) et simples (sécurité, repos, information) menées par des intervenants actifs, voire proactifs.

7.2.1 L'identification des bénéficiaires

Les bénéficiaires des soins après un **sinistre** peuvent être groupés en trois catégories : primaire, secondaire et tertiaire. Les bénéficiaires primaires sont les survivants et témoins du sinistre. Les bénéficiaires secondaires ont vu l'un ou plusieurs de leurs proches décéder ou ont été grandement affectés par le sinistre. Les bénéficiaires tertiaires correspondent à la population en général ainsi qu'à toutes les personnes ayant apporté de l'aide aux autres au moment du sinistre. Il va sans dire que les besoins sont plus grands chez les bénéficiaires primaires, même si les bénéficiaires secondaires (et tertiaires) sont généralement plus nombreux.

7.2.2 La résilience comme attente

L'un des principes de base de la théorie de la crise est que les personnes possèdent la capacité de faire face à une situation stressante, voire traumatisante (Caplan, 1964). De ce principe découle l'intervention psychoéducative (Cordova *et al.*, 2003), laquelle consiste à informer sur la pathologie et ses conséquences. Dans cet esprit, les personnes touchées sont considérées comme des sinistrées et non comme des victimes (Girard, 2004). Cette désignation leur confère un rôle actif, plutôt que de les stigmatiser comme des sujets « endommagés » subordonnés aux événements.

Les **sinistrés**, dont certains peuvent être en état de déséquilibre, ont pour la plupart les ressources internes et externes nécessaires pour faire face au sinistre (Hobfoll, 1989). Ils ont recours à des moyens de compensation, leur perception de l'événement est réaliste, leur réseau de soutien social est approprié et ils possèdent les capacités d'adaptation requises (Lazarus, 1974). Cependant, un nombre variable de sinistrés ont une perception biaisée de l'événement, ne disposent pas du soutien adéquat et leurs mécanismes d'adaptation sont débordés.

Ces personnes vulnérables peuvent se trouver en situation de crise psychosociale (Peter, 2003). Un soutien psychosocial approprié doit alors leur être offert afin qu'ils retrouvent un état d'équilibre.

7.2.3 La normalisation des réactions

Lorsqu'un sinistre survient, on observe souvent un effet de surprise (Vaiva *et al.*, 2003a) et les personnes sont prises au dépourvu. Quatre grands types de réactions peuvent alors survenir :

1. physiques : lutte ou fuite, palpitations, tremblements, nausées, tensions musculaires et évanouissements ;
2. émotionnelles : choc, stupeur, torpeur, angoisse profonde, sentiments d'impuissance, de fragilité, de **vulnérabilité** et d'être le seul à être touché ;
3. cognitives : rationalisation de la situation, difficulté à prendre des décisions et confusion ;
4. comportementales : mesures visant à protéger ses proches, impression d'être « figé » et actions héroïques.

Le message fondamental de l'intervention psychosociale consiste à normaliser les émotions telles que la peur, la tristesse, l'anxiété et la lassitude, émotions qui modifient le comportement dans la mesure où elles sont de courte durée (Joseph, Williams et Yule, 1997). L'anormalité est plutôt attribuée à l'événement.

Les principales réactions caractéristiques des divers groupes d'âge sont prises en compte dans l'évaluation des besoins et dans la préparation des services psychosociaux. Il s'agit, notamment, de la peur chez les petits, du besoin de compréhension des jeunes, de la volonté des adolescents d'être traités en adultes (accompagnée d'un besoin d'attention), de l'ambivalence des adultes, coincés entre leurs responsabilités et leurs besoins propres (Séguin et Brunet, 1998), et de la crainte des personnes âgées de ne pas arriver à prendre en charge leurs besoins (Bui *et al.*, 2010b).

L'objectif de l'intervention psychosociale est de soutenir le rétablissement de l'équilibre émotionnel chez ceux qui en sont capables et d'orienter les autres vers les services appropriés (*voir les chapitres 6 et 8*). Ce type d'intervention cherche donc à favoriser chez les personnes sinistrées les sentiments de sécurité, de confiance, de compétence, d'estime de soi, d'autonomie et d'affirmation de soi, ainsi qu'à encourager le processus d'intégration de l'événement.

7.2.4 L'attitude des intervenants

En premier lieu, l'intervention psychosociale en est une de terrain. Les intervenants vont sur les lieux du sinistre afin de rendre compte de la situation et de proposer leur soutien, ou des activités, aux sinistrés.

Le travail des intervenants auprès des sinistrés prend appui sur une planification en sept étapes: 1) décrire le sinistre; 2) déterminer les catégories de personnes touchées; 3) prévoir les effets psychosociaux du sinistre; 4) prendre connaissance des besoins ressentis; 5) concevoir les stratégies d'intervention; 6) analyser la capacité de réponse des services sociosanitaires; et 7) évaluer les activités, puis réévaluer les besoins (étape 4). Il s'agit donc d'un processus itératif qui permet de mettre en place de façon graduelle les activités à caractère psychosocial.

Pour réaliser leur travail, on attend des intervenants qu'ils établissent un contact positif avec les sinistrés en empruntant une attitude empathique, apaisante, respectueuse et rassurante. Il faut éviter d'intervenir à n'importe quel prix, surtout au début, car à ce moment, l'important est d'abord de comprendre les sinistrés. Offrir une écoute rassurante, faire des gestes personnels qui soient justes, fournir des réponses aux interrogations, encourager l'expression des émotions, approuver les comportements adéquats et parfois même garder un silence respectueux sont des exemples de comportements qui permettent d'établir le contact.

Dans la mesure du possible, il faut éviter de brusquer les sinistrés, de tenir des propos alarmistes, de leur donner des fausses assurances, de les prendre en pitié ou d'encourager un soulagement facile par le recours à des stratégies impulsives ou inappropriées (médicaments, alcool et drogues).

Les intervenants psychosociaux, lors des sinistres, doivent voir à ne pas dépasser leurs capacités (Maltais, Robichaud et Simard, 2001b; Séguin, 1989). Ils doivent être attentifs à leurs propres réactions de stress s'ils veulent rester efficaces. Afin de l'être le plus possible, ils peuvent également bénéficier d'une supervision clinique.

7.2.5 Les interventions en contexte interculturel

Les communautés sinistrées peuvent représenter une grande diversité culturelle. Celle-ci peut influencer la perception et l'interprétation du sinistre, et même la demande d'aide (ou l'absence de demande) à la suite de celui-ci. Dans bien des cas, le sinistre constitue un stress de plus (de trop) qui s'ajoute à la liste déjà longue de stress liés à la migration (déménagement, absence de réseau social, perte de repères identitaires, etc.) ou encore il peut rappeler des expériences traumatiques passées, notamment chez les réfugiés. L'expression de la détresse, le rôle de la famille et celui qui est dévolu aux femmes ou aux aînés ne sont que quelques éléments qui peuvent complexifier l'intervention. Dans un tel contexte, l'intervenant gagne à coconstruire une définition du problème et de la solution avec les individus touchés plutôt que de présumer qu'il comprend leur situation et qu'il a une ou des solutions toutes faites à leur offrir (Bala et Kramer, 2010). Dans une famille immigrante, les jeunes font souvent le pont entre la culture d'origine et la culture d'accueil. Ce sont souvent de bons ambassadeurs entre les membres de la culture d'accueil et les aînés de la famille.

7.3 Un cadre d'analyse systémique

Vingt années de pratique psychosociale au Québec ont permis aux intervenants de concevoir un cadre d'analyse systémique en matière d'intervention. Trois grands axes doivent être pris en compte dans une intervention psychosociale lors d'un sinistre : 1) le sinistre et ses impacts ; 2) la vulnérabilité des personnes ; et 3) la disponibilité des ressources. Il faut considérer ces trois axes selon les quatre dimensions de la sécurité civile : prévention, préparation, intervention et rétablissement (Ministère de la Sécurité publique, 2004).

En ce qui a trait aux impacts, il est important de tenir compte de la comorbidité psychosociale du sinistre. En ce qui concerne les personnes, l'intervenant doit vérifier la présence de défavorisation (indice socioéconomique non induit par le sinistre), de fragilisation (état de prédisposition défavorable existant avant le sinistre) ainsi que le niveau d'exposition au sinistre. Pour ce qui est de la disponibilité des ressources, il doit prendre en considération le mode d'organisation du volet psychosocial et les contributions des réseaux naturel, communautaire, privé et public. La figure 7.1 illustre ce cadre d'analyse.

FIGURE 7.1 LE CADRE D'ANALYSE SYSTÉMIQUE DU VOLET PSYCHOSOCIAL EN SÉCURITÉ CIVILE

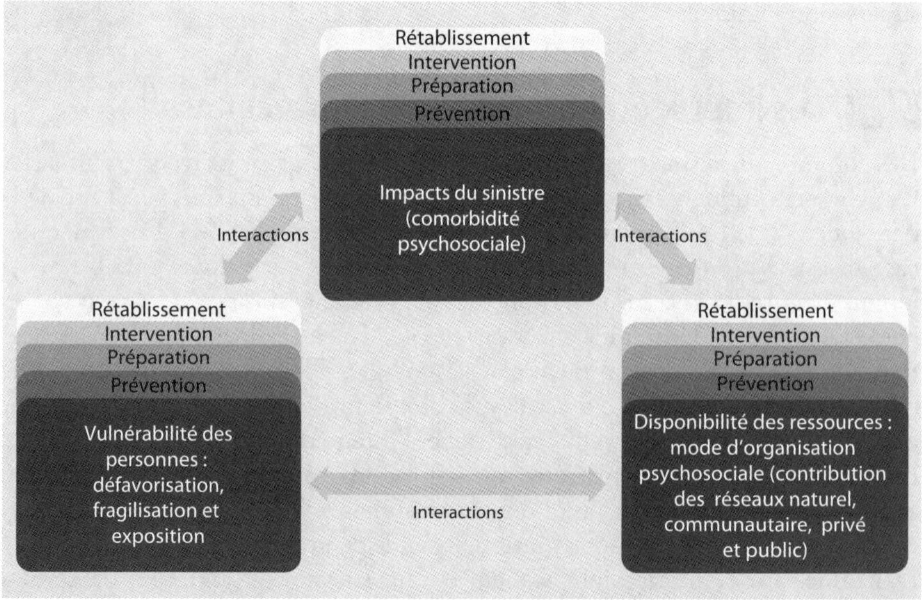

7.3.1 Les phases d'intervention en sécurité civile

L'intervention psychosociale en sécurité civile comporte quatre phases. Les deux premières sont la prévention et la préparation. Ces phases commencent – si possible – avant le sinistre et se poursuivent pendant et après celui-ci. La préparation comprend notamment la planification et la formation. La troisième phase, l'intervention, coïncide idéalement avec le début du sinistre. On y trouve, entre autres, l'intervention proactive auprès des sinistrés, la prise en charge des personnes dépendantes, des actions d'information (De Soir et Vermeiren, 2002), la normalisation des réactions, le soutien aux personnes en situation de crise, des activités d'information pour les différents groupes ciblés, la distribution de dépliants, la tenue de conférences, d'ateliers, de séances d'information et des activités de verbalisation sur l'événement.

La quatrième phase, le rétablissement, consiste à offrir aux sinistrés un programme de retour à la vie normale. Ce programme comprend des activités qui constituent la suite de celles de la troisième phase, selon les besoins ressentis par les sinistrés. On peut y trouver des relances, des suivis d'intervention, d'entraide et de soutien communautaire, des activités d'information, des consultations individuelles et des consultations de groupe, un plan de communication et la recommandation aux personnes sinistrées de ressources spécialisées ou non. Les quatre phases d'intervention sont à mettre en place pour chacun des trois axes du volet psychosocial, soit les impacts du sinistre, la vulnérabilité des personnes et la disponibilité des ressources.

7.3.2 Les impacts du sinistre et la comorbidité psychosociale

L'impact d'un sinistre se manifeste sous la forme d'une comorbidité psychosociale qu'il importe d'évaluer, voire d'anticiper. La comorbidité peut être causée, d'une part, par les retombées des sinistres sur de multiples aspects de la vie des personnes et, d'autre part, par le potentiel de morbidité de menaces terroristes, pandémiques, technologiques et naturelles (Maltais *et al.*, 2001a).

La **morbidité psychosociale** première des sinistres est induite par le potentiel traumatogène des événements qui confrontent l'individu à la mort (Birmes *et al.*, 2005b; Brunet *et al.*, 2001; Vaiva *et al.*, 2003a). On peut observer la présence d'autres événements morbides à divers degrés, comme le processus d'identification des corps (Jones, 1985) et les atteintes à la santé physique. Comme tous les grands éléments du cadre psychosocial, la comorbidité est dynamique et son appréciation doit être évolutive.

Chez les sinistrés, les atteintes psychologiques dépendent, entre autres, de l'importance des pertes et de leur cumul (Mathur *et al.*, 2004). L'importance et le cumul des pertes doivent être considérés sur les plans populationnel, communautaire et individuel. La comorbidité psychosociale est liée en plusieurs aspects à la notion de **deuil**. Le deuil est un processus d'adaptation, de résolution face à une mort ou à une perte significative (Mormont, 2004). Nous croyons que plus la comorbidité est complexe, plus la situation de deuil l'est (Bourgeois, 2004) et plus elle nécessite une attention particulière et un soutien organisé. Nous avons établi huit types d'impacts à prendre en compte dans le choix des priorités d'intervention psychosociale.

1. Les impacts physiques

À moyen et long termes, les impacts physiques constituent un rappel constant du sinistre et peuvent alimenter les difficultés psychologiques (Jehel *et al.*, 2003 ; Poundja *et al.*, 2006). Par ailleurs, ces séquelles constituent une perte qui impose des restrictions concernant certaines activités et portent atteinte à l'image de soi : visibilité des blessures, durée de la souffrance, paralysie, cicatrices, douleurs chroniques, perte de motricité, etc. L'intervention immédiate auprès des blessés physiques constitue une priorité, bien sûr, mais elle relève davantage de la sécurité publique.

2. L'impact de la mortalité

L'impact et le nombre de décès, les risques de décès à venir et les atrocités entourant la mort (mort violente, corps mutilés et mort atroce) sont très lourds (Séguin, Kiely et Lesage, 1994). Il en va de même de la disparition des personnes et des corps, ainsi que du processus d'identification des corps (Jones, 1985).

3. L'impact sur les besoins essentiels

L'impact du sinistre sur les besoins essentiels se caractérise par les pénuries telles que le manque d'aliments et de médicaments, les problèmes de logement, de vêtements, d'hygiène, de sécurité (isolement géographique ou impossibilité de s'échapper, violence contre la personne, vandalisme ou saccage). Ces impacts courants et leur atténuation arrivent habituellement en tête des priorités d'intervention psychosociale.

4. Les impacts psychologiques

Comparativement aux sinistres d'origine naturelle ou accidentelle, les sinistres de nature intentionnelle s'avèrent plus perturbants en raison du sentiment qu'ont les sinistrés d'être totalement à la merci d'un autre être humain (Janoff-Bulman, 1992). Pour plusieurs, l'événement provoque un bouleversement de leurs croyances sur la nature humaine, le bien et le mal, et de leur notion de justice immanente. L'impuissance qu'ils ressentent peut entraîner la perte définitive du sentiment d'invulnérabilité que nous ressentons tous (Ulman et Brothers, 1988), surtout les adolescents les plus impétueux et les jeunes adultes.

Des manifestations de colère peuvent survenir par rapport au manque de préparation et à la nature de l'assistance offerte, à la responsabilité envers le sinistre et au soutien social; cette colère peut être dirigée vers les proches, les intervenants, les organismes et les institutions. Des sinistrés peuvent aussi exprimer du blâme, de l'envie ou de la jalousie.

Il arrive que les sinistrés soient blâmés ou rejetés par une partie de la population (Ullman, 1997). Cela est une façon de préserver une illusion de sécurité et une conception du monde où chacun reçoit ce qu'il mérite. Ce type de blâme, fort répandu, provient souvent d'une incompréhension du danger auquel les sinistrés ont été confrontés ou encore du traitement de la nouvelle par les médias.

Surviennent également diverses manifestations péritraumatiques de détresse (Brunet *et al.*, 2001) et de dissociation (Brunet *et al.*, 2002). Ensuite apparaissent des manifestations anxieuses (peurs et symptômes post-traumatiques), dépressives (repli, stupeur, apathie, perte d'estime de soi, pensées morbides et culpabilité du survivant), anomiques (perte de sens et d'identité) et somatiques (maux de tête, vomissements, maux de ventre, perte d'appétit, épuisement et exacerbation des problèmes de santé).

Les conduites impulsives (consommation d'alcool, de drogue, etc.) ou antisociales (vol, vandalisme, agression, viol, etc.) peuvent aussi augmenter. Ces manifestations sont expliquées dans le chapitre 5.

5. Les impacts sociaux

Le sinistre a des impacts importants sur la cellule familiale et il est susceptible d'exacerber la situation, voire de provoquer une crise psychosociale : perte du domicile et des biens, évacuation, dommages à la résidence, déménagement, déplacement, exacerbation de responsabilités familiales, absence de nouvelles des proches, dispersion de la famille, changement d'école, surprotection, épuisement, projets de vie retardés, abandon des loisirs, perte d'animaux domestiques, absence d'intimité, etc. (King *et al.*, 2000).

Les impacts sur la communauté sont tout aussi importants : isolement géographique ou technologique, perte du sens communautaire, conflits entre les voisins et entre les sinistrés ainsi que voyeurisme. Ces impacts sont relatifs, entre autres, à la proximité de la communauté avec l'épicentre, à son degré de dévastation, à la proportion de la communauté touchée et à la réaction de celle-ci (Maltais, 2003).

On observe souvent, lors de sinistres, une certaine désorganisation des structures sociales en raison du manque de préparation pour affronter le sinistre. Cette désorganisation survient habituellement dans un contexte de cumul d'événements particuliers (exposition à des difficultés continuelles et à des alertes fréquentes, dommages directs et indirects, corvées telles que le nettoyage, la démolition et la reconstruction). Le degré de désorganisation dépend notamment de l'importance du bouleversement, de la durée des impacts et du temps d'exposition de la population aux dommages (Maltais *et al.*, 2001a).

Des manifestations de violence peuvent survenir, encore qu'elles ne soient pas fréquentes : hostilité, dégradation des relations interpersonnelles et transgression des règles (Quarantelli et Dynes, 1986). Les rites comme les funérailles et les offices religieux sont perturbés (Eyre, 1999). Les sinistrés peuvent aussi devenir un objet de curiosité et se voir envahis par des curieux de toutes sortes (Pfefferbaum, 2003).

6. L'impact sur les communications

Des carences dans les systèmes de communication sont souvent observées (Tellier, Passamar et Vilamot, 2003). La transmission de l'information par les autorités souffre aussi parfois de carences : déficience dans le mode de transmission de l'information sur les décès, isolement, faible crédibilité de l'information ou manque d'habiletés en communication des porte-parole. Il arrive aussi que l'information soit inexacte : manque d'information, contradictions, fausses rumeurs, etc. Les médias font parfois preuve de sensationnalisme et les journalistes cherchent à produire des reportages-chocs. L'exposition aux images peut avoir un effet d'amplification du sinistre, par exemple la forte diffusion d'images en boucle par les chaînes de nouvelles en continu et dans Internet (Bui *et al.*, 2011 ; Pfefferbaum, 2003). Leur présence est d'une grande intensité. Le message transmis par les médias est pris en compte par des dirigeants et des citoyens et est considéré comme la réalité même. Les sinistres sont aussi récupérés par les médias, qui en font des événements lucratifs qu'ils contrôlent eux-mêmes. De plus, la façon dont ils présentent les personnes touchées y est pour beaucoup dans le caractère sympathique ou antipathique que leur trouve le grand public (Pfefferbaum, 2003).

7. Les impacts économiques et politiques

Le sinistre peut causer des pertes financières (dommages matériels, baisse des revenus et recours aux économies), mais il augmente aussi les risques à venir comme l'endettement, la faillite, la fermeture d'entreprises et la baisse de la production. Il a aussi un impact important sur le travail : des emplois sont perdus, des individus doivent réorienter leur carrière, certains subissent un épuisement professionnel, le travail doit dans certains cas être réorganisé, etc. (Kasl, Rodriguez et Lasch, 1998). Il arrive aussi que la répartition de l'aide soit faite de façon inéquitable. Des poursuites judiciaires peuvent être entreprises à la suite de l'événement. Sur le plan macroéconomique, un sinistre important peut produire un impact sur les marchés boursiers et atténuer les capacités de production d'une région ou d'un État. Dans le domaine des assurances, des difficultés peuvent surgir lorsque vient le temps de déterminer la responsabilité du sinistre, d'établir qui a subi des préjudices et la valeur de ceux-ci, puis d'évaluer le montant des compensations. Finalement, il arrive qu'un sinistre provoque jusqu'à des changements politiques : durcissement de la sécurité frontalière, ajustements du gouvernement pour gérer l'aide internationale, etc.

8. Les impacts environnementaux

Le sinistre peut causer des impacts environnementaux (comme la présence d'agents toxiques) dont il faut tenir compte. Il peut aussi avoir un impact sur l'approvisionnement en biens et en services et transformer l'environnement de façon durable (radiations, tornade et désertification).

7.3.3 La vulnérabilité des personnes

Il arrive souvent qu'un sinistre touche plus durement un certain sous-groupe de personnes. Les intervenants doivent prêter attention à la vulnérabilité de celles dont la situation est précaire en raison : 1) du niveau de défavorisation ; 2) de prédispositions fragilisantes (Caron *et al.*, 1998) ; 3) du niveau d'exposition au sinistre et à ses impacts. Bien entendu, certaines personnes peuvent être touchées à la fois par la défavorisation, la fragilisation et l'exposition au sinistre. Ces trois facteurs de vulnérabilité déterminent l'évaluation des besoins et la planification des services de manière plus précise chez certains groupes à risque.

La défavorisation

La défavorisation désigne l'existence d'inégalités sociales liées à l'état général de santé et de bien-être (Lynch *et al.*, 2000). Elle prend deux formes : matérielle et sociale. Alors que la première forme reflète la privation de biens et de commodités de la vie courante, la seconde renvoie plutôt à la fragilité du réseau social, tant à l'échelle de la famille qu'à celle de la communauté.

La fragilisation

La fragilisation est la diminution de la stabilité émotive et de la résistance des individus aux bouleversements préexistants au moment du sinistre. Lorsqu'un intervenant évalue la fragilisation, il doit envisager une vulnérabilité latente, potentiel de risque que le sinistre active (Caron *et al.*, 1998). Le concept de vulnérabilité s'oppose à celui de résilience, lequel désigne l'aptitude à résister aux perturbations (Cyrulnik, 2001).

Les facteurs qui contribuent à la fragilisation sont très nombreux. La liste suivante est non exhaustive : les difficultés d'adaptation antérieures, l'instabilité émotionnelle, une faible capacité d'adaptation, les troubles du comportement et de la personnalité ; les difficultés psychiatriques antérieures (Caron *et al.*, 1998) ; les difficultés physiques antérieures et les problèmes de santé chroniques ; les expositions antérieures à des événements stressants ou traumatisants (Brunet, 1996) ; la réactivation de conflits non résolus ; les difficultés personnelles, le deuil, les difficultés conjugales ou familiales, la faible estime de soi, les problèmes financiers, ainsi que les problèmes d'emploi et d'analphabétisme.

En outre, il est connu que certains groupes sont plus vulnérables (Séguin et Brunet, 1998), notamment les enfants, en particulier ceux dont les parents n'ont pas la capacité à faire face au sinistre, de même que ceux qui appartiennent à une famille dysfonctionnelle et ceux qui ont été exposés antérieurement à des événements traumatisants (Allenou *et al.*, 2010). Les adolescents sont très sensibles aux sinistres : ils peuvent facilement perdre leur sentiment d'invulnérabilité lorsqu'ils sont confrontés à l'impuissance, à l'horreur et aux blessures. Les personnes âgées forment aussi un groupe vulnérable (Bui *et al.*, 2010a), en particulier celles de plus de 75 ans, ayant perdu un être cher, en perte d'autonomie, souffrant de difficultés cognitives comme des pertes de mémoire et de la confusion, habitant seules ou n'ayant pas de réseau de soutien, ayant des problèmes de santé, ayant subi un déménagement récent, etc. Enfin, les femmes enceintes (King *et al.*, 2000) et les groupes minoritaires divers sont des groupes dont la vulnérabilité peut être élevée.

L'exposition

L'exposition correspond à la mise en contact situationnelle de personnes avec des facteurs tangibles de comorbidité psychosociale. Contrairement à la défavorisation et à la fragilisation, situations présentes avant le sinistre, l'exposition découle directement de l'événement. Les personnes exposées ne sont donc pas nécessairement défavorisées ou fragilisées. Le niveau d'exposition auquel elles doivent faire face constitue un facteur de risque de vulnérabilité (Brunet *et al.*, 2001).

7.3.4 La disponibilité des ressources

Le troisième élément de notre schéma correspond aux ressources offertes dans l'environnement de la personne sinistrée. Les ressources sont considérées comme étant disponibles, menacées ou perdues (Hobfoll, 1989).

Les modes d'organisation psychosociale

Dans le cadre d'une intervention optimale, les ressources de sensibilisation et d'éducation doivent être disponibles, accessibles et pertinentes. Elles constituent une modalité relativement simple d'intervention qui permet, notamment, de mieux faire connaître les réactions psychosociales aux impacts du sinistre (tant les réactions qui sont normales que celles qui sont problématiques), les aptitudes et les attitudes aidantes, les moyens d'autoévaluation et l'accessibilité des services.

La contribution des réseaux naturel, communautaire, privé et public

Le soutien du conjoint, de la famille et des proches est l'un des facteurs qui aident le plus les sinistrés à faire face aux impacts de l'événement. Le soutien émotionnel peut se manifester par l'écoute, la compréhension, l'affection, etc. D'autres formes de soutien, comme de l'aide financière et des services, contribuent à alléger l'ensemble du fardeau. À l'opposé, des comportements négatifs de blâme, d'incompréhension et d'hostilité génèrent des tensions additionnelles, s'ajoutent aux impacts et constituent donc des obstacles à l'adaptation émotive aux conséquences du sinistre (Martin et Marchand, 2003). Il est important de vérifier si le soutien immédiat est adéquat ou non et de tenir compte de cet élément dans la dynamique de résolution psychosociale des sinistrés.

Les ressources du milieu ont leur importance. Sur le plan psychosocial, le recours aux organismes communautaires et aux groupes de soutien permet d'offrir aux sinistrés une partie du soutien. Malgré le fait que les ressources puissent être débordées et être elles-mêmes touchées par le sinistre, il est nécessaire de sensibiliser rapidement les instances intéressées et les citoyens à l'importance de répondre adéquatement aux besoins fondamentaux tels que la sécurité, l'hébergement, l'alimentation, l'habillement et les services sanitaires. La sensibilisation doit aussi porter sur la diffusion de l'information, la communication, les contacts avec les proches, l'adoption d'une approche humaine, l'aide pratique et le soutien communautaire.

7.4 Les trois fonctions de la pratique psychosociale lors de sinistres

L'évaluation des impacts du sinistre, de la vulnérabilité des personnes et de la disponibilité des ressources détermine les interventions qui doivent être supervisées et coordonnées, comme le montre la figure 7.1, à la page 134. L'intervention, la supervision et la coordination forment ce que nous appelons les trois fonctions de la pratique psychosociale lors d'un sinistre.

7.4.1 L'intervention

La première fonction de la pratique psychosociale lors d'un sinistre est l'intervention sur le terrain. La stratégie d'intervention doit, entre autres, viser à ce que des réponses proactives soient données aux groupes cumulant plusieurs facteurs d'exposition et de vulnérabilité, car plus le soutien apporté à ces sinistrés est rapide, plus il est facile de prévenir les effets nocifs à moyen et à long terme au sein de ces groupes (Wang *et al.*, 2005).

Selon certains, la famille constitue un noyau de résilience (Delage, 2002). Il faut adapter le soutien aux familles selon leurs besoins et leurs capacités ; par exemple, certaines sont capables de soutenir l'un de leurs membres sinistré, alors que d'autres sont collectivement sinistrées et ont elles-mêmes besoin de soutien en tant que groupe.

Pour la grande majorité des sinistrés, la principale intervention demeure de nature psychoéducative (Cordova *et al.*, 2003). La psychoéducation s'adresse à l'ensemble de la population et vise les six objectifs suivants : 1) faire connaître les réactions habituelles à la suite d'un sinistre ; 2) faire comprendre la fonction de ces réactions ; 3) aider les sinistrés à définir la nature de leurs propres réactions ; 4) amener les sinistrés à comprendre que leurs réactions sont normales ; 5) mieux faire comprendre les réactions de l'entourage ; et 6) favoriser le processus de réadaptation à la suite du sinistre. Des outils simples permettant l'évaluation ou l'autoévaluation de la colère, de la tristesse et de la peur peuvent être conçus par les intervenants et distribués grâce aux outils de communication de masse. Un plan de communication doit être établi et appliqué afin de diffuser largement le message psychoéducatif et de susciter une mobilisation sociale englobant les proches, l'entourage immédiat et la communauté.

L'intervention préventive prend des formes diverses. Elle comprend des mesures telles que l'information, le conseil, les entrevues (individuelles, familiales ou de groupe), la démobilisation, le désamorçage (ou *defusing*), l'intervention de crise, le soutien aux proches, le soutien aux ressources du milieu et aux partenaires, les suivis, les relances et la recommandation de ressources appropriées, de même que le soutien aux activités de cohésion collective (cérémonies, rituels, coutumes, etc.).

Certains chercheurs (par exemple, Gray et Litz, 2005) expriment des réserves à propos de l'utilité des séances de débriefing. Nous pensons qu'il est inutile d'empêcher les sinistrés de se parler des événements vécus. Il faut au contraire favoriser cette verbalisation, peu importe la forme qu'elle prend : la verbalisation n'a pas à être faite dans une séance de verbalisation formelle (*debriefing*) ni dans un cadre particulier. Il semble que ce qui rend la verbalisation significative n'est pas son cadre officiel, mais l'écoute, la compréhension et la solidarité qui y sont manifestées (De Soir et Vermeiren, 2002).

La verbalisation n'est toutefois ni la première, ni la seule intervention dont dispose l'intervenant. En outre, les activités proposées doivent tenir compte du temps écoulé. Voici un exemple d'activités psychosociales qui peuvent être entreprises en séquence dans la communauté :

1. premiers jours suivant le sinistre : présence, accueil, écoute, soutien émotionnel et pratique, recensement des facteurs prédictifs de troubles psychosociaux importants (traumatisme psychique, dépression, troubles anxieux, toxicomanies, troubles de la personnalité, troubles du sommeil et troubles physiologiques) ;
2. après les premiers jours : évaluation de la comorbidité psychosociale, information, normalisation des réactions, communication, offre de service, intervention à court terme, soutien à l'atténuation des impacts les plus graves et recensement des facteurs prédictifs de troubles psychosociaux importants ;
3. durant les premières semaines : évaluation de la comorbidité psychosociale, prise en compte de la vulnérabilité des personnes et de la disponibilité des ressources, dépistage des groupes vulnérables, suivi, activités de soutien et de communication auprès des personnes sinistrées, de leurs proches, du milieu immédiat et de la communauté, ainsi que conseils aux partenaires ;
4. durant les deux premiers mois : vérification de la persistance des réactions aux deuils de proches et aux pertes significatives, interventions particulières et recommandations de ressources adéquates, conseils aux partenaires et amorce d'activités de rétablissement.

7.4.2 La supervision clinique

La supervision clinique doit être effectuée par l'organisme d'intervention. Elle ne vise pas tant à contrôler, mais plutôt à assurer la qualité de l'intervention clinique, la cohésion entre les décisions administratives et les aspects cliniques, ainsi que le soutien aux ressources humaines engagées dans l'intervention. Cette fonction ne détient pas de pouvoir réel, mais doit tout de même être reconnue au sein de l'organisme et exercer une certaine influence auprès des plus hautes instances. Elle doit également avoir un pouvoir sur l'évaluation des besoins psychosociaux de la population et sur les interventions menées auprès des divers groupes vulnérables. Elle doit permettre de prodiguer des conseils aux dirigeants de la sécurité civile et sanctionner le contenu des messages destinés à la population. La supervision clinique peut s'effectuer sous des formes variées : rencontres individuelles, groupes de soutien, séances de verbalisation, etc.

La supervision clinique joue également un rôle de premier plan dans le processus d'évaluation des impacts psychosociaux d'un sinistre et des besoins de la population. Elle doit permettre de déterminer les situations qui pourraient entraver les activités psychosociales planifiées et alerter la fonction de coordination. Ces considérations cliniques doivent être prises en compte dans la répartition des affectations, la définition des conditions de travail, les démarches de formation clinique et de maintien d'une équipe psychosociale en sécurité civile, le suivi et l'évaluation des interventions, ainsi que l'évaluation de l'état des troupes.

7.4.3 La coordination des interventions sur le terrain

La tâche de la coordination du volet psychosocial est d'amorcer, d'organiser et de soutenir les processus de planification, d'organisation et de cohérence d'ensemble des personnes, des actions et des moyens nécessaires pour atteindre les objectifs. Cela exige une aptitude à contrôler la dynamique de l'ensemble des éléments internes et des influences externes en cause.

La coordination vise à intégrer les éléments psychosociaux au plan de sécurité civile de l'organisation. Les membres de l'équipe de coordination doivent avoir des habiletés en planification, en coordination, en relations humaines, en communication et en travail multidisciplinaire. De plus, cette fonction demande une bonne capacité à gérer le stress, à travailler en équipe et à coordonner les ressources humaines.

7.5 Le plan de communication

Il convient de dire quelques mots au sujet du plan de communication, élément névralgique de l'intervention psychosociale lors d'un sinistre. En premier lieu, les messages psychosociaux doivent viser les objectifs suivants :

1. promouvoir un mode de vie sain afin de prévenir les effets négatifs du stress ;
2. diffuser le message psychoéducatif à l'ensemble des sinistrés, à leurs proches et aux partenaires du milieu ;

3. faire comprendre l'intensité de la peur causée par le sinistre, notamment la peur de mourir et celle qu'il y ait atteinte à son intégrité physique;
4. expliquer le mécanisme du choc de perception qui frappe les gens qui croient en un monde juste et sécuritaire, tout en évitant le renforcement de la vision pessimiste de ceux qui considèrent que le monde est injuste et méchant;
5. diffuser des messages afin de prévenir ou d'atténuer la stigmatisation de certains comportements, comme le fait, pour les sinistrés, de figer sous l'effet de la surprise, la dissociation (mécanisme de défense), la fuite (mécanisme de survie), les sentiments d'abandon et d'impuissance ou les réactions inappropriées du milieu immédiat;
6. expliquer que des membres de l'entourage des sinistrés peuvent avoir des réactions de blâme;
7. décourager l'intrusion médiatique qui, au nom du droit à l'information, fait fi du respect de la vie privée;
8. distribuer des outils simples qui permettent l'évaluation ou l'autoévaluation de la colère, de la tristesse et de la peur.

Des avis experts médiatisés par des sources non officielles entrent parfois en contradiction avec le message retenu. Le plan de communication doit alors faire contrepoids à ces éléments perturbateurs. Ce plan permet aussi de faire face aux rumeurs, d'objectiver l'imagination collective, de transmettre des consignes, de rassurer les gens et de gérer les émotions collectives. Il doit être modulé selon les phases du discours médiatique, lequel va de la présentation de l'horreur et de l'enfer (premiers jours) à la compassion et à l'indignation (jours suivants) et, par la suite, au deuil et à la crainte.

Conclusion

Dans le présent chapitre, nous avons décrit un modèle de pratique psychosociale lors de sinistres. Cette pratique repose sur l'idée selon laquelle la plupart des personnes exposées à un sinistre ont les capacités de composer avec une telle situation et que seul un petit nombre d'individus se trouveront en crise psychosociale, psychotraumatique ou psychopathologique. Nous avons proposé un cadre d'analyse qui reconnaît que certains groupes de personnes sont plus vulnérables que d'autres en raison de la gravité des impacts du sinistre, de leur vulnérabilité personnelle ou de la faible disponibilité des ressources.

RÉSUMÉ

1. La plupart des personnes exposées à un sinistre sont aptes à composer avec une telle situation, tandis que certains groupes d'individus y sont plus vulnérables.
2. L'intervention auprès des clientèles sinistrées est effectuée selon l'approche psychoéducative. Elle comporte deux éléments : la présence d'intervenants sur le terrain et un plan de communication.
3. L'information à transmettre aux sinistrés concerne les réactions normales et anormales à un sinistre.
4. Les intervenants devraient inciter les sinistrés à recourir aux réseaux d'aide officiels et privés, si nécessaire.
5. La supervision des intervenants vise à protéger les ressources humaines prenant part à l'intervention.
6. La coordination permet d'assurer la cohérence des interventions sur le terrain et leur agencement avec les autres volets de la sécurité publique qui sont déployés lors d'un sinistre.

PARTIE

UN

DEUX

TROIS

QUATRE

Les interventions en situation de crise psychopathologique

CHAPITRE 8

OBJECTIFS D'APPRENTISSAGE

Après la lecture de ce chapitre, vous devriez être en mesure :

- de comprendre l'étiologie de la crise psychopathologique ;
- d'établir le profil clinique des personnes en crise psychopathologique;
- de connaître les modèles d'intervention ainsi que les services requis ;
- de prédire le dénouement possible de la crise.

Les crises psychopathologiques

Line LeBlanc, Monique Séguin, Alain Brunet et Anjali Mathur

INTRODUCTION

La crise psychopathologique se distingue des autres types de crises par la présence de vulnérabilités personnelles, ainsi que par le cumul de difficultés interpersonnelles et sociales qui caractérise souvent les personnes souffrant d'un trouble mental. Dans l'adversité, ces personnes pourront avoir des difficultés à faire une juste analyse du contexte dans lequel elles se trouvent et faire des choix de stratégies de résolution de problèmes qui sont inefficaces, ce qui les précipitera rapidement dans un état de crise. Cette complexité clinique impose une adaptation du modèle d'intervention de crise classique et une réponse adaptée à la crise de même qu'au besoin de traitement à plus long terme. Quant à ce type de crise, il nous semble nécessaire de faire la distinction entre deux clientèles ayant certaines ressemblances, dont la présence de vulnérabilités personnelles persistantes, mais qui se distinguent sur le plan des caractéristiques cliniques. Nous distinguerons donc, dans le présent chapitre, deux sous-groupes : 1) les personnes ayant des troubles mentaux accompagnés ou non de troubles de la personnalité ; et 2) les personnes ayant des troubles mentaux graves, de type psychotique. Cette distinction est importante parce qu'elle suppose des réponses différentes selon les situations de crise ou de passage à l'acte.

Dans le présent chapitre, la crise psychopathologique sera définie en tenant compte de quatre paramètres, soit l'étiologie, la symptomatologie, les modèles d'intervention et services ainsi que les dénouements possibles.

8.1 Des explications étiologiques de la crise psychopathologique

Nous avons déterminé, au chapitre 1, deux sous-groupes distincts pour définir la crise psychopathologique : les personnes ayant des vulnérabilités personnelles de longue date dont les crises se traduisent généralement par le développement de troubles mentaux concomitants (type 1) et les personnes ayant des troubles mentaux graves de type psychotique (type 2). Dans le cas des crises psychopathologiques de type 1, l'événement qui provoque la crise s'ajoute aux problèmes de santé mentale existants. Ainsi, le tableau clinique est plus complexe et l'intervention à court terme n'est sans doute pas suffisante pour assurer à elle seule un retour à l'équilibre, puisque la personne est déjà dans un état de vulnérabilité au moment où survient l'événement.

La crise psychopathologique de type 2 présente une étiologie différente, puisqu'elle est vécue par des personnes qui sont aux prises avec un trouble mental grave (schizophrénie, dépression majeure avec éléments psychotiques) et qui présentent un fonctionnement social altéré au point de nécessiter un suivi dans la communauté. La crise vécue par ces personnes est souvent provoquée par la résurgence des symptômes psychiatriques plutôt que par un événement de vie clairement repérable, mettant généralement en cause la médication et le traitement psychiatrique (Ball *et al.*, 2005). La demande d'aide provient souvent d'un tiers, en raison de l'état de désorganisation de la personne. Les moyens pour résoudre la crise sont différents et misent particulièrement sur la médication et l'hospitalisation. Ainsi, le trouble psychiatrique majeur devient un facteur de vulnérabilité qui rend la personne plus susceptible de décompenser face à des événements stressants relativement mineurs (Israël, 1991). Il faut souligner ici que la crise peut survenir en l'absence d'un événement adverse clairement repérable et que l'état mental qui requiert de façon imminente des soins médicaux met en évidence les limites de la théorie de la crise pour expliquer la crise psychopathologique de type 2.

8.2 La symptomatologie des personnes en crise psychopathologique

Les personnes en crise psychopathologique de type 1 présentent une symptomatologie influencée par la présence d'un trouble mental. Cela inclut les troubles mentaux de l'axe I du DSM-IV, principalement les troubles de l'humeur, les troubles anxieux, les troubles de la personnalité à l'axe II et la présence de **comorbidité**. Le profil clinique de ces personnes est souvent complexifié par l'abus de substances, abus qui se juxtapose au risque de suicide et d'homicide (Appleby, 1992; Haw *et al.*, 2001; Roberts, Yeager et Streiner, 2004).

Le profil clinique des personnes en crise psychopathologique de type 2 se distingue de celui du type 1 par la gravité des symptômes psychiatriques et l'origine plus « médicale » qu'événementielle de la crise. Il s'agit de personnes qui sont aux prises avec des troubles mentaux graves de type psychotique et qui sont généralement suivies dans la communauté par une équipe traitante. Les troubles mentaux graves évoluent par phases et, à certains moments, lorsque la personne est confrontée à un environnement stressant ou à une médication inappropriée ou non suivie, son état clinique se détériore au point de la propulser dans la crise (Joy, Adams et Rice, 2006). L'origine de celle-ci est alors l'exacerbation des symptômes, menant parfois à des comportements potentiellement dangereux (Fazel *et al.*, 2009).

Selon Ball et ses collaborateurs (2005), les personnes qui ont des troubles mentaux graves et qui vivent une crise sont envahies par une intensité émotionnelle et une perte de contrôle aiguë pouvant mener à un niveau élevé d'agitation, voire à des comportements agressifs ou à un épisode psychotique. À cet égard, une étude portant sur la clientèle desservie par les équipes mobiles de crise indique que ce sont les intervenants qui rapportent les comportements hétéroagressifs et autoagressifs, alors que la demande d'aide provient de la personne elle-même lorsqu'il s'agit de détresse physique et émotionnelle (Landeen *et al.*, 2004). L'intensité de la crise qui se manifeste par la gravité des symptômes psychotiques, le risque suicidaire et, dans certains cas, l'abus de substances peut mener à l'hospitalisation (Brooker *et al.*, 2007). Le potentiel de dangerosité est modulé par des facteurs cliniques tels que l'introspection dans le cas des comportements hétéroagressifs (Voyer *et al.*, 2009) et l'acceptation de la maladie dans le cas des comportements suicidaires (Vrakas, 2008). Ces facteurs représentent des pistes de prévention et d'intervention non négligeables pour réduire les risques de violence lors d'une situation de crise.

8.3 Des modèles d'intervention appliqués à la crise psychopathologique et les services requis

La crise psychopathologique de type 1, bien que complexe, devrait recevoir une réponse en un temps relativement court et l'on devrait miser sur l'engagement dans une psychothérapie à plus long terme. Ainsi, l'intervention de crise ne doit pas être vue comme une panacée aux problèmes d'ordre social, émotionnel et mental (Hoff, 2001). L'objectif consiste plutôt à servir de courroie de transmission en dirigeant efficacement la personne vers des services de santé mentale et en lui transmettant l'espoir d'un mieux-être possible. Au cours de ce processus, l'intervenant doit tenir compte de la difficulté d'établir une alliance thérapeutique avec les personnes en crise aiguë ayant un trouble mental (Lazignac *et al.*, 2005). En présence d'une personne ayant un trouble de la personnalité, il est possible que des intervenants moins chevronnés manifestent des attitudes contretransférentielles négatives (Purves et Sands, 2009). Ainsi, la complexité clinique peut affecter la qualité du processus thérapeutique lors de l'intervention de crise.

En Europe, des modèles d'intervention de crise ont été élaborés pour répondre aux besoins des personnes présentant un diagnostic d'anxiété, de dépression ou de trouble de la personnalité. Ces modèles sont utilisés dans les unités de crise rattachées aux départements universitaires; ces unités effectuent donc des interventions intensives, structurées et brèves. Le modèle d'intervention psychodynamique ultrabref met l'accent sur les raisons conscientes et inconscientes qui motivent la consultation à la suite d'une situation de crise. Cette approche propose quatre séances qui visent à élaborer un plan d'action optimal pour résoudre la situation de crise en utilisant une interprétation dynamique afin de fournir les informations concernant l'intervention thérapeutique ultérieure tout en amorçant le développement d'une alliance thérapeutique (Despland, Drapeau et de Roten, 2005).

Une autre approche d'intervention de crise brève a été élaborée en Italie et se distingue par un nombre de séances plus élevé (environ 10) et une orientation clinique centrée sur le sentiment d'impuissance (Pavan *et al.*, 2003). Dans les deux cas, la recommandation d'une psychothérapie à plus long terme est faite à la suite de l'intervention de crise. Le tableau 8.1 présente les différentes caractéristiques qui distinguent ces deux modèles d'intervention.

Les résultats d'une étude portant sur l'efficacité du modèle d'intervention psychodynamique ultrabref (*brief psychodynamic intervention*, ou BPI) démontrent une diminution des symptômes de dépression et d'anxiété immédiatement après l'intervention. Toutefois, la présence de symptômes résiduels suggère la nécessité de poursuivre une thérapie (Riesch, Schlatter et Tschacher, 1999). Une autre étude menée auprès d'adultes ayant reçu un diagnostic de dépression, d'anxiété ou de trouble de la personnalité indique que les personnes ayant reçu le traitement BPI présentent une diminution des symptômes et reviennent à leur état de fonctionnement antérieur à la crise (Despland *et al.*, 2005).

L'approche élaborée par Pavan et ses collègues (2003) auprès d'adultes en crise qui étaient aux prises avec un diagnostic de trouble d'adaptation, de dépression ou d'anxiété et qui ne présentaient pas de risque immédiat d'hospitalisation a permis d'observer une diminution des symptômes d'anxiété et de la dépression. Les chercheurs ont aussi constaté une amélioration du fonctionnement général de ces personnes et leur satisfaction à l'égard de leurs relations sociales.

L'intervention de crise a aussi été adaptée en fonction des personnes ayant un trouble de la personnalité. L'établissement du processus thérapeutique nécessaire pour résoudre la crise et en prévenir d'autres est particulièrement difficile auprès des personnes ayant un trouble de la personnalité (Rudnick, 1998). Celles-ci

TABLEAU 8.1 DEUX MODÈLES D'INTERVENTION DE CRISE PSYCHOPATHOLOGIQUE

Modèle d'intervention psychodynamique ultrabref (Despland *et al.*, 2005)	Modèle d'intervention de crise bref (Pavan *et al.*, 2003)
Conversation téléphonique Affecter un clinicien pour répondre à l'appel (exploration des difficultés et présentation des modalités thérapeutiques).	
Première séance Émettre une hypothèse psychodynamique basée sur la relation entre la personne et le clinicien. Cette hypothèse est liée à la crise actuelle, à la personnalité et au patron relationnel (crise et contexte relationnel ; crise et nécessité de changement ; crise et conflits intrasubjectifs ; crise et signification des symptômes). **Deuxième et troisième séances** Travail initial avec la personne en lien avec l'interprétation clinique. **Quatrième séance** Synthèse des trois premières séances et prise de décision pour savoir si un travail psychothérapeutique ultérieur est requis et pour déterminer l'approche thérapeutique qui serait la plus bénéfique.	1. Contenir le sentiment d'impuissance. 2. Aider la personne à maintenir des frontières entre le monde intérieur et le monde extérieur. 3. Promouvoir la tolérance à l'ambivalence. 4. Explorer l'histoire de l'événement. 5. Soutenir l'expérience de souffrance et de dépression. À la fin de l'intervention, la personne devrait suivre un traitement psychothérapeutique à long terme.
Interprétation ➲ décision d'un travail thérapeutique ultérieur	Contenir les émotions ➲ soutenir l'expérience

tendent à démontrer de l'instabilité quant à la régulation émotionnelle, au contrôle de l'impulsivité, aux relations interpersonnelles et à l'image de soi (APA, 2000), ce qui interfère avec le processus thérapeutique. Il est d'ailleurs recommandé d'établir très tôt dans le processus un plan permettant d'examiner avec la personne ses préférences en matière de gestion des futures crises (Moran *et al.*, 2010). Pour répondre adéquatement à la crise vécue par ces personnes, Rudnik (1998) propose les paramètres qui sont présentés dans le tableau 8.2, à la page suivante.

Ce modèle d'intervention de crise adapté aux personnes ayant un trouble de la personnalité se distingue par une durée prolongée, une intensité plus grande de l'intervention, un recours possible à la pharmacologie, une centration sur le cognitif comportemental et une compréhension psychodynamique (Rudnik, 1998). L'un des éléments clés de l'intervention de crise auprès de ces personnes est l'alliance thérapeutique, laquelle donne le sentiment d'être entendu, compris, accepté et soutenu (Renaud, 2004).

L'Institut national pour la santé et l'excellence clinique (UK National Institute for health and clinical excellence, 2009, cité par Borschmann et Moran, 2011) a

TABLEAU 8.2 LES PARAMÈTRES DÉFINISSANT L'INTERVENTION DE CRISE AUPRÈS DE PERSONNES AYANT UN TROUBLE DE LA PERSONNALITÉ

Durée	Quelques mois plutôt que quelques semaines, ce qui peut impliquer une référence à un spécialiste ou à un autre service.
Problème	Événement à l'origine de la crise et enjeux entourant cette situation.
Lieu	Hospitalisation partielle ou équipe multidisciplinaire ambulatoire
Intervention	Soutien, approche cognitive comportementale, traitement des symptômes, habiletés de *coping*
Centration	Obstacles développementaux et émotionnels

émis les recommandations suivantes pour adapter le modèle d'intervention de crise auprès de cette clientèle :

- gestion de la crise centrée sur le pouvoir d'action (*empowerment*) ;
- évaluation centrée sur le risque suicidaire ou homicidaire et sur les stratégies d'intervention qui se sont montrées efficaces dans le passé ;
- intervention qui aide la personne à réduire son anxiété en développant ses habiletés de *coping* ;
- intervention qui encourage la personne à reconnaître les changements liés à la gestion de la crise ;
- évaluation de la progression.

Une autre approche brève « interaction-intervention de crise » a été élaborée pour les personnes en crise aiguë nécessitant une hospitalisation, en excluant toutefois les cas de **décompensation** psychiatrique (Andreoli, Lalive et Garrone, 1986). Le contexte de crise de vie de ces personnes révèle certaines fragilités de la personnalité et des désordres affectifs qui peuvent mener à un état aigu de désorganisation (Bressi *et al.*, 2005). Il s'agit de dépasser l'état aigu de la crise en renégociant la demande d'hospitalisation afin d'amener la personne à choisir le traitement psychothérapeutique approprié. Ce modèle d'intervention, présenté dans le tableau 8.3, propose une solution de rechange au traitement psychiatrique standard qui répond à l'urgence sans nécessairement traiter la crise.

Tous les modèles d'intervention proposés mettent en évidence l'importance d'adapter le modèle d'intervention classique. Il s'agit alors de prévenir une détérioration de l'état clinique en adaptant l'intervention de façon à répondre aux différents contextes de vie. Cette approche dépend en grande partie de la qualité du processus de recommandation vers un service de psychothérapie. Celui-ci doit être rapide et efficace pour permettre à la personne de commencer une thérapie à un moment où ses capacités de changement sont mobilisées. Ainsi, les interventions dispensées peuvent servir de tremplin vers une offre de services de psychothérapie

TABLEAU 8.3 UN MODÈLE INTERACTION-INTERVENTION DE CRISE

Modèle interaction-intervention de crise (Andreoli)	
Premier module (une semaine)	**Deuxième module**
Objectifs Assurer une évaluation dynamique du patient, fixer des objectifs de traitement, négocier un contrat thérapeutique à travers une interaction patient/entourage.	**Objectifs** Proposer une forme plus structurée de traitement.
Moyens Séances d'intervention familiale, de thérapie individuelle, résolution de problème en lien avec les conflits interinstitutionnels, thérapie du milieu et traitement médicamenteux si nécessaire	**Moyens** Encadrement extrahospitalier par le centre, intervention psychodynamique à durée limitée, thérapie du milieu et traitement médicamenteux si nécessaire

à plus long terme. Il s'agit de deux étapes distinctes, l'une consistant à mettre en place une intervention intensive qui cible l'origine de la crise et l'autre, une intervention à plus long terme axée sur les problèmes sous-jacents (Reisch *et al.*, 1999). Il faut proposer un début de réponse à la crise et s'assurer que la référence à l'un ou l'autre des services ne sera pas compromise par le refus de la personne de poursuivre ou par des lacunes organisationnelles. En d'autres termes, le recours à la référence doit être bien orchestré tout en ayant pour objectif de diriger la personne vers un service de psychothérapie, en considérant le fait que celui-ci n'est pas nécessairement accessible rapidement. L'intervention de crise devient alors une étape initiale permettant d'obtenir de meilleurs résultats thérapeutiques.

Lorsque l'origine de la crise est plus médicale qu'événementielle (crise psychopathologique de type 2), le modèle d'intervention de crise classique n'est pas recommandé. Les objectifs d'intervention sont orientés vers la prévention de l'hospitalisation et de la détérioration des symptômes ainsi que vers l'établissement du réseau de soutien en lien avec les proches (Joy *et al.*, 2006). Le personnel médical évalue la gravité de l'épisode psychiatrique actuel, la présence d'abus de substances, le risque suicidaire et les difficultés de la personne à prendre soin d'elle-même (George *et al.*, 2002). Il est recommandé de répondre à l'urgence psychiatrique et de planifier la gestion des futures crises ou des rechutes. L'expression « urgence psychiatrique » désigne une situation imprévisible et intense qui exige une réponse immédiate. Dans les cas où il n'y a pas de réponse, l'intégrité physique de la personne est menacée et il s'ensuit une détérioration sur le plan biopsychosocial et un pronostic plus négatif (Callahan, 1998). L'urgence psychiatrique implique de donner une réponse à une personne pouvant représenter un danger pour elle-même, un danger pour autrui ou en décompensation psychiatrique (Newhill, 1989).

Il se dégage de la recherche scientifique un consensus qui plaide en faveur d'une offre de services de crise accessible dans la communauté aux personnes ayant des troubles mentaux graves (Harvey et Fielding, 2003). Les objectifs poursuivis en matière d'organisation de services pour les personnes qui sont aux prises avec une crise psychopathologique de type 2 sont d'améliorer la collaboration entre ceux qui dispensent les services, de diminuer l'hospitalisation volontaire et non volontaire, d'assurer la référence à un niveau adéquat de services et de diminuer les risques pour les patients, le personnel et la communauté (Lauer et Brownstein, 2008). Parmi les diverses solutions de rechange à l'hospitalisation, les centres de jour axés sur la crise, les milieux résidentiels recevant des personnes en crise, les équipes mobiles et les unités de crise des hôpitaux sont reconnus pour leur efficacité (Weisman et Bellack, 1989). Par exemple, une étude a comparé deux groupes de patients présentant une dépression majeure et ayant reçu un service dans la même urgence psychiatrique à un an d'intervalle après l'implantation d'un service de crise (Damsa *et al.*, 2003). Les résultats indiquent que l'implantation d'un tel service dans une urgence a mené à une diminution importante du taux d'hospitalisation volontaire et à une augmentation du nombre de suivis psychiatriques ambulatoires.

Un autre moyen ayant démontré son efficacité pour réduire l'hospitalisation et augmenter l'utilisation des services de suivi dans la communauté est le plan de crise élaboré conjointement par le patient, le psychiatre et l'intervenant pivot et visant à définir les indicateurs de la rechute et la préférence des soins dans l'éventualité d'une rechute (Henderson *et al.*, 2004). Les facteurs pouvant influencer l'efficacité du plan de résolution de crise se rapportent à des éléments cliniques tels que la participation du patient, son engagement dans le processus thérapeutique, son acceptation de la maladie, un mode de résolution centré sur le rétablissement, le développement du soutien social, l'appropriation de son plan de traitement par le patient et la gestion de la situation de crise (Ruchlewska *et al.*, 2009).

Le modèle de la résolution de crise et du traitement ambulatoire semble prometteur pour les personnes en crise qui sont atteintes de troubles mentaux graves (Johnson *et al.*, 2007). Plus précisément, il s'agit de faire intervenir une équipe multidisciplinaire ayant un ratio intervenant/patient peu élevé pouvant procéder rapidement à l'évaluation, offrir une intervention à court terme et mettre l'accent sur les besoins cliniques et sociaux. Le processus clinique adapté à cette clientèle consiste à :

- répondre à la personne en crise dès les premiers signes de désorganisation ;
- évaluer le contexte de vie (à la maison et au sein de la famille) ;
- choisir les actions les plus appropriées parmi les différentes options (hospitalisation, soutien ambulatoire, équipe de résolution de crise ou référence à un autre niveau) ;
- dispenser le service.

Une autre approche consiste à offrir un milieu de vie résidentiel aux personnes en crise qui sont atteintes de troubles mentaux graves. L'examen des études comparatives entre les services résidentiels de crise et les services standards offerts à l'hôpital a permis de démontrer que les premiers représentent en général une solution de rechange viable et acceptable à l'hospitalisation, mais d'autres études sont nécessaires pour établir empiriquement sa contribution en matière de résultats thérapeutiques (Lloyd-Evans *et al.*, 2009).

Dans le contexte de l'actualisation du plan d'action en santé mentale 2005-2010 (Ministère de la Santé et des Services sociaux, 2005), la liaison entre les différents services de crise, les services offerts dans la communauté et les services spécialisés est un aspect des plus importants. D'autant que les personnes vivant une crise psychopathologique de type 1 et 2 font appel sans distinction aux centres de crise, aux organismes communautaires, aux urgences des hôpitaux généraux ou s'y rendent et peuvent être dirigées vers les hôpitaux à vocation psychiatrique. En effet, une étude québécoise montre que 71,3 % des personnes recevant des services d'un centre de crise présentaient un problème de santé mentale antérieur à la crise (Clément et Fortin, 1994). Une autre étude, menée par Péladeau, Mercier et Couture (1991) auprès de 457 personnes dirigées vers un centre de crise indique que dans 71,7 % des cas, les personnes avaient un dossier actif à l'hôpital psychiatrique, sans toutefois souffrir d'un trouble psychotique (rechutes ou hallucinations).

Une structure formelle de classification de la crise psychopathologique en types 1 et 2 peut permettre de répondre plus adéquatement à ces sous-groupes de personnes qui se distinguent par leur étiologie, leur symptomatologie, l'intervention et les services de crise. Le tableau 8.4, à la page suivante, présente une synthèse de ces éléments distinctifs.

8.4 Des dénouements possibles à la crise psychopathologique

Le dénouement de la crise psychopathologique peut être positif ou négatif, selon la gravité des difficultés antérieures et la réponse des services cliniques. Il faut rappeler ici que le processus de résolution associé à la crise psychopathologique est plus complexe, puisque l'événement adverse s'ajoute à une trajectoire de vie dans laquelle le cumul des adversités a engendré des troubles mentaux. Il est bien connu que le trouble mental peut interférer avec les éléments clés de la résolution de la crise, principalement le jugement et la perception, les mécanismes d'adaptation et le soutien social. Ainsi, le retour à l'état antérieur à la crise (homéostasie) est un objectif plus lointain et plus difficile à atteindre et il existe un réel danger d'aggravation de l'état psychologique.

TABLEAU 8.4 LA SYNTHÈSE DE LA DISTINCTION ENTRE LES CRISES PSYCHOPATHOLOGIQUES DE TYPE 1 ET 2

	Nature et gravité du trouble mental	Modèles d'intervention	Enjeux cliniques	Enjeux de services
Type 1	• Troubles mentaux possiblement concomitants (troubles anxieux, de l'humeur) • Trouble de la personnalité • Comorbidité • Troubles mentaux avec crise suicidaire	• Modèle d'intervention psychodynamique ultrabref (Despland *et al.*, 2005) • Modèle d'intervention de crise bref (Pavan *et al.*, 2003) • Paramètres pour l'intervention de crise (Rudnik, 1998) • Modèle « interaction-intervention de crise » (Andreoli *et al.*, 1986)	• Risques de comportements auto- ou hétéro-agressifs, abus de substances • Difficultés dans l'engagement thérapeutique • Prévention d'autres crises • Dangerosité imminente • Stabilisation	• Qualité du processus de référence à un service de psychothérapie • Qualité de la réponse à l'urgence psychiatrique et service de psychothérapie
Type 2	• Troubles mentaux graves de type psychotiques	• Modèles de services : équipe mobile de crise, services résidentiels de crise, unité de crise dans les urgences, plan de crise	• Dangerosité imminente • Décompensation psychiatrique • Prévention des rechutes et de l'hospitalisation	• Qualité de la réponse à l'urgence psychiatrique • Collaboration avec l'équipe de suivi dans la communauté

Lorsque la personne vit une crise psychopathologique de type 1, son engagement dans un processus de psychothérapie est déjà une issue positive à la crise (Hoff, 2001 ; Rudnick, 1998). Certaines personnes qui sont aux prises avec des troubles de la personnalité peuvent bénéficier de l'intervention de crise lorsque l'alliance et la capacité d'introspection sont présentes (Renaud, 2004). Dans le cas de celles qui s'engagent dans le traitement thérapeutique et qui créent une alliance thérapeutique positive avec l'équipe soignante, une résolution positive de la crise s'observe par la diminution de la chronicisation, la dépendance moindre aux hospitalisations d'urgence et la plus grande qualité des relations sociales (Gognalons-Nicolet et Andreoli, 1989). Pour les crises psychopathologiques de type 2, les interventions dispensées devraient mener à la stabilisation psychiatrique et à l'acceptation d'un suivi dans la communauté après les soins reçus à l'urgence. Les dénouements négatifs de la crise psychopathologique de types 1 et 2 s'observent dans la détérioration de l'état clinique, le recours répété à l'hospitalisation et la résurgence des crises ou des rechutes.

Conclusion

L'intervention en situation de crise s'effectue surtout dans la communauté et les intervenants de tous les établissements visés sont appelés à unir leurs efforts pour répondre adéquatement aux besoins des personnes qui font appel à leurs services. Pour ce faire, les cliniciens et les gestionnaires devraient pouvoir s'appuyer sur une définition opérationnelle de la crise psychopathologique qui permette de tenir compte des caractéristiques cliniques distinctes et de leur effet sur l'orientation de l'intervention de crise et la trajectoire des services.

L'organisation efficace d'un système de services de crise est incontournable pour répondre adéquatement à la crise psychopathologique de types 1 et 2, en raison de l'importance de l'accueil et de l'orientation vers le service requis. Les services de crise à mettre en place dans un territoire donné sont connus, mais leur opérationnalisation n'est pas toujours optimale. La porte d'entrée est souvent l'urgence des hôpitaux généraux, lesquels reçoivent des personnes présentant une diversité de types de crises et ayant des besoins variés en matière de service (Comité d'experts sur l'organisation des soins en santé mentale, 2004). Toutefois, la majorité des personnes qui se rendent aux urgences ne présentent pas nécessairement de pathologie psychiatrique nécessitant une hospitalisation (De Clercq, 1997). Pour cette raison, il est important que les intervenants se coordonnent et assurent non seulement le suivi à court terme des personnes en crise, mais qu'ils relancent régulièrement celles-ci afin de prévenir l'émergence de nouvelles crises.

RÉSUMÉ

1 Les personnes qui sont aux prises avec des troubles mentaux souvent concomitants forment un sous-groupe de la crise psychopathologique (type 1) qui s'explique par la vulnérabilité personnelle de longue date.

2 Les personnes qui sont aux prises avec des troubles mentaux graves nécessitent un suivi dans la communauté effectué par une équipe traitante et forment un sous-groupe de la crise psychopathologique (type 2) qui s'explique par la résurgence des symptômes psychiatriques plutôt que par un événement clairement repérable.

3 Favoriser l'engagement dans le processus thérapeutique, l'évitement de l'hospitalisation et l'acceptation du suivi postcrise sont des stratégies efficaces en vue de favoriser la résolution de la crise et de diminuer les risques de réémergence de nouvelles crises à court terme.

CHAPITRE 9

OBJECTIFS D'APPRENTISSAGE

Après la lecture de ce chapitre, vous devriez être en mesure :

- de comprendre la crise et le processus suicidaire ;
- d'appliquer des modalités d'intervention propres ;
- d'effectuer un recueil de données propres à la crise suicidaire ;
- de mener un entretien clinique auprès d'une personne en crise suicidaire ;
- de préciser les principes d'intervention.

L'intervention en situation de crise autoagressive

Monique Séguin

INTRODUCTION

Les comportements suicidaires touchent les individus de tout âge, peu importe leur sexe. Les statistiques de la Direction de la santé publique (St-Laurent et Bouchard, 2009) dévoilent que 80 % des suicides sont commis par des hommes. Sans s'étendre sur les données statistiques, force est de constater que le suicide constitue un problème de santé publique au Québec et mobilise des efforts sociaux soutenus en vue d'infléchir le taux de décès par suicide. Sa prévention est une tâche complexe, car les personnes qui ont des conduites suicidaires ont toutes une trajectoire de vie différente qui n'est ni linéaire, ni prévisible, bien que l'aboutissement mène au même type de passage à l'acte. Plusieurs facteurs contribuent à l'apparition d'un comportement autodestructeur; c'est pourquoi tant l'entrée dans la crise suicidaire que le passage à l'acte sont difficiles à prévoir.

Compte tenu du manque de modèle étiologique précis pour comprendre les comportements suicidaires ou autodestructeurs, le modèle de crise est souvent utilisé afin d'expliquer la période du passage à l'acte. Cependant, ce modèle n'est pas en soi un cadre étiologique aux conduites suicidaires. Avant d'aborder la particularité de la crise suicidaire pour ce qui est de l'évaluation du potentiel suicidaire et des interventions appropriées, nous traiterons brièvement de l'étiologie des conduites suicidaires afin de situer la crise dans une trajectoire de vie plus large.

9.1 L'étiologie clinique : le modèle de stress-diathèse

Il existe peu de modèles étiologiques pour comprendre la crise suicidaire, mis à part le modèle stress-diathèse proposé par Mann (1999). Ce modèle suggère une séquence développementale selon laquelle le cumul d'adversités dans l'enfance aurait un impact sur le développement de problèmes de santé mentale au début de l'adolescence et ultimement à l'âge adulte. Cette adversité est souvent accompagnée d'éléments de stress qui sont invariablement présents dans l'apparition ou l'aggravation aiguë d'un trouble psychiatrique (Mann, 2004). Bien que le déclenchement d'une crise suicidaire soit souvent associé à des éléments de stress environnementaux, les individus à risque présentent une certaine prédisposition biologique, cognitive et développementale (Turecki *et al.*, 2007). À la suite de l'analyse de ces facteurs de risque, nous observons que les difficultés sont présentes depuis longtemps et que les comportements suicidaires qui apparaissent à un moment ou un autre de la vie prennent souvent appui sur un enchaînement de mécanismes complexes qui fournissent des indications quant aux résultats futurs. La figure 9.1 présente le modèle biopsychosocial de la crise suicidaire.

FIGURE 9.1 LE MODÈLE BIOPSYCHOSOCIAL DU SUICIDE SUR LE PLAN INDIVIDUEL

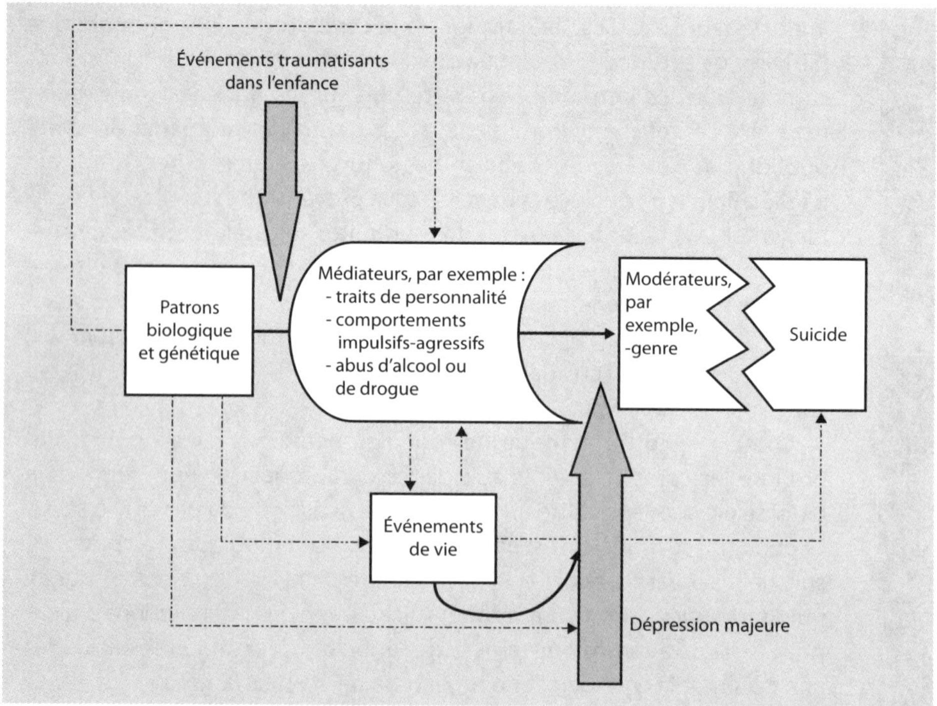

Les études réalisées dans les dernières années nous permettent de déterminer plusieurs facteurs de risque qui contribuent à rendre certaines personnes plus vulnérables lorsqu'elles ont à faire face à des difficultés importantes dans le cours de leur vie. Parmi les facteurs de risque individuels, le sexe masculin, les troubles de santé mentale, la dépendance aux substances, la présence de tentatives de suicide antérieures, les pertes interpersonnelles, les antécédents de négligence et de violence précoce, les antécédents d'histoire familiale de suicide et la présence de problèmes psychiatriques sont parmi les facteurs de risque reconnus (Hawton et Heeringen, 2009 ; Kim, 2003).

Parmi les diverses trajectoires de vie, certaines seront parsemées de difficultés importantes alors que d'autres semblent plus « ordinaires ». Par conséquent, certains individus ont des périodes de détresse importantes durant lesquelles une crise suicidaire pourra survenir et susciter un passage à l'acte autoagressif ou suicidaire (Séguin *et al.*, 2010).

9.2 Le processus de crise suicidaire et les interventions particulières

Le modèle théorique de la crise est généralement évoqué pour expliquer le suicide. Bien qu'il puisse expliquer le passage à l'acte suicidaire, ou la phase aiguë de la crise, il n'est cependant pas suffisant à lui seul pour expliquer l'étiologie suicidaire. Pour cette raison, l'intervenant doit maîtriser le modèle de crise pour intervenir adéquatement lors de la période aiguë, mais rechercher les facteurs de risque qui permettront de mettre en place une intervention à plus long terme une fois la crise désamorcée.

L'intervenant doit pouvoir s'appuyer sur un schème théorique afin de bien reconnaître la progression du processus suicidaire lors de la période de crise et les interventions d'urgence à élaborer. La possibilité de bien cerner les étapes où se situe la personne suicidaire lui permettra d'établir adéquatement les interventions à mettre en place. Dans la description que nous ferons du processus suicidaire, gardons en tête qu'au cours de ce cheminement, l'ambivalence est toujours présente. Elle côtoie la souffrance et tous les sentiments liés à l'impression qu'a la personne suicidaire d'être dans une impasse. Elle a généralement le sentiment ou la certitude d'avoir épuisé tous les moyens mis à sa disposition pour résoudre la crise à laquelle elle fait face. En effet, certaines personnes ont épuisé leur répertoire de stratégies personnelles. Le suicide leur apparaît alors comme étant l'unique solution à la souffrance.

On peut diviser le processus suicidaire selon les étapes suivantes :

- la recherche de stratégies ou de solutions à la crise ;
- l'apparition des idées suicidaires ;

- la rumination de l'idée suicidaire;
- la cristallisation et la planification d'un scénario suicidaire;
- l'élément déclencheur et le passage à l'acte.

Le graphique suivant (figure 9.2) présente les étapes du processus suicidaire.

FIGURE 9.2 LES ÉTAPES DU PROCESSUS SUICIDAIRE

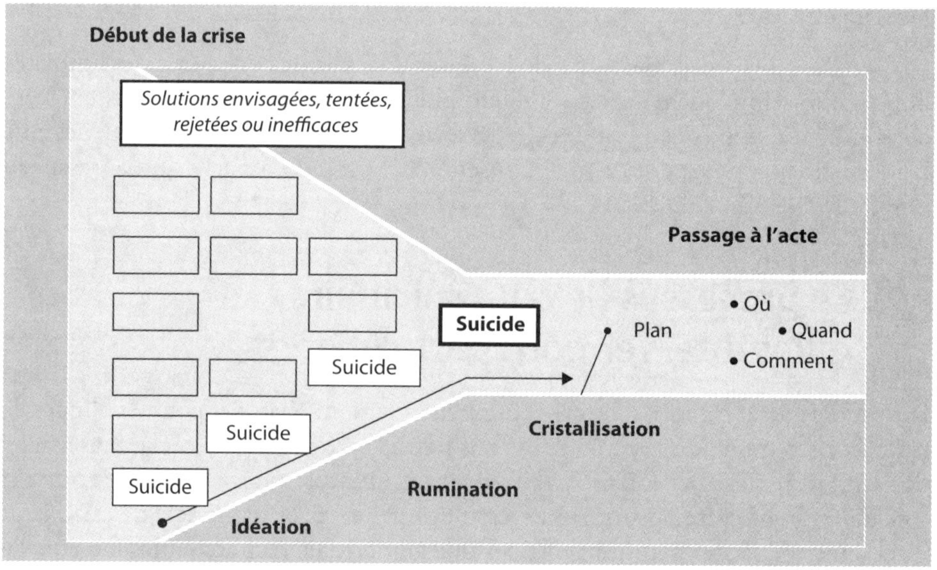

9.2.1 La recherche de stratégies ou de solutions à la crise

Ce modèle, élaboré dans les centres de prévention du suicide, postule qu'à cette première étape, l'individu fait l'inventaire des différentes solutions possibles à ce moment, dont certaines peuvent lui être familières et d'autres, nouvelles. Chacune de ces solutions est évaluée au regard de la capacité à modifier la situation vécue par l'individu ainsi qu'en fonction de son efficacité à diminuer la souffrance. Certains individus entament le processus par un éventail de solutions très large; ainsi, ils trouvent une ou plusieurs stratégies et arrivent à résoudre rapidement la crise. Toutefois, dans certains cas, l'éventail de stratégies est restreint dès le départ ou se rétrécit au fur et à mesure que les solutions sont écartées. Ces moyens sont repoussés a priori ou à la suite de leur mise en application parce qu'ils ne satisfont pas aux besoins actuels et pressants.

À cette étape, le suicide n'est pas encore été envisagé ou l'intention peut se manifester par une vague idée:

- «J'aimerais être loin d'ici.»
- «Je partirais pour un long voyage.»
- «Cela va passer... je l'espère.»

Modalités d'intervention

À cette étape, la personne suicidaire est toujours à la recherche de stratégies pouvant lui permettre de retrouver graduellement l'état d'équilibre. L'intervention vise à établir un lien de confiance, à transmettre un sentiment d'efficacité personnelle et à faire diminuer le sentiment d'impuissance. La recherche de stratégies concrètes est importante, l'intervenant et la personne suicidaire devant s'entendre sur un plan d'intervention et sur le suivi à effectuer à court terme.

9.2.2 L'apparition des idées suicidaires

Au cours de la recherche et de l'élimination des solutions, il se peut que la personne pense au suicide comme à l'une des solutions envisageables pour faire taire la souffrance qu'elle vit. Cette première apparition d'une idée suicidaire peut surprendre. Cette idée peut disparaître et ne plus revenir ou, au contraire, réapparaître plus tard. À ce moment, elle peut s'exprimer des manières suivantes:

- «Si j'étais mort, cela réglerait le problème.»
- «Si cela continue... je me jette en bas du pont!»
- «Je n'arriverai plus à soutenir ce fardeau très longtemps... J'aimerais mieux être mort.»
- «C'est pas la peine de se battre.»
- «Si j'avais un accident... cela mettrait un terme à tous mes problèmes.»

Le processus se poursuit et la personne jongle avec l'idée suicidaire. Elle rejette les solutions qui n'ont pas réduit l'intensité de la crise et les émotions engendrées par celle-ci. Elle tente, par exemple, de parler de son malaise, de changer de travail ou d'amis, de déménager, de modifier ses attitudes, etc. Quelquefois, ses tentatives n'amènent aucune amélioration ou aucun soulagement à sa souffrance et les échecs accumulés ne font que confirmer l'impasse dans laquelle la personne suicidaire se trouve. Le suicide revient régulièrement comme une solution et la personne s'y attarde chaque fois un peu plus longtemps en élaborant toujours un peu plus les scénarios éventuels. Bien que furtive au départ, cette idée devient, peu à peu, de plus en plus persistante et sérieuse:

- «Cela réglerait les choses.»
- «Je n'embêterais plus personne, ma famille ou mes amis.»

- « J'aurais la paix, je n'aurais plus mal... »
- « Si j'avais du courage... je me tuerais. »
- « Mourir un jour ou mourir... maintenant. »
- « Cela ne me donne rien de me battre. »
- « Je ne me remettrai jamais... Mieux vaut en finir. »

La personne n'envisage que peu de nouvelles solutions et la souffrance incessante réduit son niveau d'énergie. Les échecs répétés augmentent son sentiment d'être inadéquate et portent atteinte à l'estime de soi et au sentiment de valeur personnelle.

Modalités d'intervention

À cette étape, la personne suicidaire est souvent submergée par une détresse émotive intense. L'intervention doit donc tendre à favoriser l'expression de la souffrance et de la douleur. L'expression de la souffrance et le fait d'être compris par quelqu'un entraînent souvent une diminution du niveau de détresse. L'expression de la souffrance permet à la personne suicidaire de faire des liens avec les événements qui ont précipité cette crise. Celle des émotions lui donne la possibilité de mieux évaluer sa situation sans distorsions cognitives. Ainsi, la personne est plus apte à trouver des solutions qui lui permettront de retrouver l'équilibre.

L'intervenant doit assurer un suivi à court terme et revoir la personne suicidaire dès qu'une démarche aura été entreprise. Si cette démarche est positive, le suivi permettra de renforcer les efforts que fait la personne suicidaire. Si elles sont infructueuses, l'intervenant doit trouver rapidement une autre solution avant que le découragement et le désespoir ne s'installent chez la personne suicidaire. Le suivi thérapeutique et le renforcement positif des efforts que fait la personne en crise sont ici la clé de l'intervention.

L'intervenant peut à ce moment mobiliser le réseau de soutien en vue de briser l'isolement dans lequel peut se trouver la personne en crise.

9.2.3 La rumination de l'idée suicidaire

Cette phase du processus est caractérisée par une grande angoisse face à l'incapacité de régler la crise et au sentiment de ne pas avoir de solutions. Il est important de souligner qu'il s'agit toujours d'une évaluation subjective que l'individu fait de l'absence de solutions et non d'une absence réelle de solutions. Une aide et un soutien permettent souvent de déterminer des recours que la personne aveuglée par la crise n'a pu prendre en considération. La personne rumine donc son projet suicidaire et le retour constant et régulier de l'idée du suicide génère une angoisse et un stress qui attisent la souffrance et la douleur. La personne est de plus en plus convaincue qu'il n'existe aucune autre solution pour mettre un terme à cette douleur et l'idée suicidaire devient obsédante :

- « Je pense au suicide continuellement, cela me harcèle à tout moment. »
- « Je me réveille le matin sachant que j'y penserai toute la journée… »
- « La moindre déception, la moindre difficulté me ramène à cela. »
- « C'est obsédant, plus rien n'a de goût, de saveur, personne de mon entourage n'arrive à m'atteindre. »
- « Le matin, je me mets à pleurer en pensant que j'ai à affronter une autre journée. »
- « C'est tout ce qu'il me reste… c'est la seule solution… »

Modalités d'intervention

À cette étape, la personne en crise suicidaire exprime des distorsions cognitives importantes, elle peut généraliser des sentiments (par exemple, plus personne ne m'aime, je dérange tous les gens de mon entourage, etc.) et faire des erreurs cognitives importantes (par exemple, il n'y a plus rien à faire, j'ai tout essayé, etc.). De plus, elle n'arrive plus à trouver de stratégies pour faire face à ses difficultés. L'intervenant doit donc établir avec elle un bon contact, un lien de confiance, lui permettre d'exprimer sa souffrance et surtout tenter de comprendre ce qui a contribué à l'émergence de la crise actuelle. Une meilleure formulation de la crise est l'un des objectifs primordiaux.

L'intervenant doit tenter de mettre en lumière de façon compréhensible pour la personne qui le consulte ce qui lui arrive. Cette formulation porte sur la détermination des facteurs précipitants, leurs significations, les mécanismes de contrôle existants et ceux qui devront être élaborés. L'intervenant aborde l'exploration de ce qui pourrait être fait pour trouver de nouveaux mécanismes d'adaptation. Il élabore une stratégie d'action qu'il suggère à la personne suicidaire sous la forme d'une entente pour les prochaines consultations et lui propose de nouvelles solutions à la crise.

9.2.4 La cristallisation et la planification d'un scénario suicidaire

On appelle « cristallisation » le moment où le suicide est considéré par l'individu comme la solution ultime à son désarroi et à sa souffrance. À cette étape, la décision est prise et le scénario suicidaire (où, quand et comment) s'élabore, si ce n'est pas déjà fait. Il est clair que cette décision est toujours empreinte d'ambivalence et qu'elle reflète le point auquel la douleur est devenue intolérable. L'individu a alors la conviction que toutes les solutions possibles ont été tentées et qu'à présent, seul le suicide réussirait à faire taire et cesser la souffrance.

La cristallisation s'inscrit dans le continuum du processus suicidaire ; il ne faut toutefois pas oublier que ce processus peut être plus ou moins rapide et qu'il est influencé par la nature de la crise. Chez certaines personnes, comme les adolescents, à cause de leur caractère plus impulsif, le processus suicidaire peut être plus rapide. Il est possible, dans certaines situations, qu'un individu en vienne rapidement à cette étape. Il arrive fréquemment, à ce moment, qu'il se sente brièvement libéré du fardeau de la souffrance, puisqu'il sait que cette douleur prendra fin prochainement. Cette phase est parfois caractérisée par des signes de mieux-être ; on parle alors de rémission spontanée. Cette rémission est caractérisée par un répit dû à la suspension prochaine de la douleur et non à la cessation de la vie. De plus, le sentiment d'avoir pris une décision permet à l'individu de reprendre un certain contrôle sur sa vie, perdu depuis longtemps. Cette reprise de contrôle amène un sentiment de calme qui peut à tort être interprété par l'entourage comme un signe de mieux-être. De là l'importance de toujours évaluer adéquatement l'individu au moyen de questions précises et ne pas se fier uniquement à une observation purement comportementale.

Lorsque la planification du suicide est terminée, le moment du passage à l'acte est parfois bien déterminé, ou encore reporté à un moment particulier, par exemple une date d'anniversaire ou l'obtention de médicaments. Il correspond parfois avec l'apparition d'une nouvelle difficulté.

- «Je vais le faire en fin de semaine, j'aurai tout ce qu'il me faut.»
- «Je règle mes affaires, je fais mon testament, après je me tire.»
- «Si je n'ai pas de réponse positive à ma demande, je vais me suicider.»

C'est généralement à ce moment que sont rédigés les lettres d'adieu et les testaments ou que l'on donne des objets ayant une valeur sentimentale.

- «Tiens, je te donne mes skis, je n'en aurai plus besoin.»
- «Je t'écris afin de te remercier de ce que tu as fait pour moi.»

À cette étape du processus suicidaire, les émotions de la personne tendent à la couper des autres et à l'isoler. Elle considère le suicide comme étant la seule solution à sa souffrance, puisque la plupart de celles qu'elle a trouvées pour modifier sa situation ont échoué. Le suicide représente l'ultime tentative de reprendre le contrôle dans la tourmente. Un plan précis est envisagé et un événement précipitant peut mener au passage à l'acte.

Modalités d'intervention

À cette étape, l'intervenant doit faire une évaluation du potentiel suicidaire et de la dangerosité du scénario suicidaire – où, quand, comment. Il doit aborder l'intention suicidaire directement et évaluer la précision et la létalité du scénario suicidaire. Il doit poser toutes les questions nécessaires afin de savoir comment, où et quand aura lieu le passage à l'acte suicidaire. L'accès aux moyens doit être évalué et l'intervention doit viser à éliminer l'accès direct à ceux-ci.

L'expression des émotions et la validation de la souffrance doivent viser à créer un lien de confiance, ce qui permettra de rendre la souffrance humainement soutenable.

L'intervention vise à encourager la personne suicidaire à se donner une autre chance, à tenter une autre démarche. L'intervenant doit être respectueux, mais directif en regard du plan d'intervention et des démarches à entreprendre. À cette étape, la personne suicidaire ayant souvent très peu d'énergie, les démarches peuvent être entreprises par l'intervenant. Sinon, celles qu'entreprend la personne suicidaire doivent être simples à entreprendre et les probabilités de succès doivent être très élevées.

L'intervenant doit viser à conclure une entente avec la personne suicidaire quant aux démarches à entreprendre. Les rencontres de suivi doivent être très rapprochées dans le temps (soit au bout de quelques heures, ou le lendemain, tout en s'assurant que la personne est dans un milieu sécuritaire durant la journée ou la nuit) afin de stimuler et d'encadrer la démarche de la personne suicidaire. La mobilisation du soutien social peut être un objectif valable si le milieu social n'est pas trop épuisé par les difficultés de la personne en crise et n'est pas la source de la crise.

9.2.5 L'élément déclencheur et le passage à l'acte

Soulignons que lorsque le processus suicidaire est avancé et que l'idée du suicide est cristallisée, le passage à l'acte est imminent. Il est fréquemment lié à un événement précipitant qui n'est souvent que la goutte qui fait déborder le vase. Cet événement est le dernier en ligne d'une série de pertes et d'échecs affectifs qui ont laissé leur marque.

Pour l'entourage et les observateurs externes, l'événement déclencheur peut sembler relativement banal, par exemple un échec scolaire. C'est le dernier d'une longue série de pertes et d'échecs qu'a vécu la personne. Il ne faut donc pas juger l'événement en soi, mais tenir compte de l'ensemble du processus.

Modalités d'intervention

À cette étape, la personne se trouve en tentative suicidaire ou près du passage à l'acte. L'évaluation du scénario suicidaire doit donc être effectuée rapidement. Les signes comportementaux (rythme de la voix, regards ou cohérence de la pensée) permettent d'évaluer si elle est en danger, car elle aura peut-être déjà consommé des médicaments. Cette observation est particulièrement importante quand l'intervention s'effectue au téléphone. Les questions de l'intervenant doivent alors être précises et directes de façon à obtenir un maximum d'information avant que la personne soit épuisée ou endormie. Si elle est en danger, l'intervenant doit être directif et proactif. Il doit prendre les décisions en vue de protéger la vie de la personne suicidaire, même si celle-ci refuse son aide. Si elle a déjà consommé des médicaments ou qu'elle est dans un état de danger immédiat, l'intervenant doit prendre des mesures d'urgence, soit appeler l'ambulance et conduire la personne à l'hôpital. Si, par ailleurs, celle-ci dit avoir à sa disposition une arme à feu ou tout autre moyen dangereux, il s'agit de l'amener à repousser l'échéance du passage à l'acte. L'intervenant doit lui transmettre de l'espoir et lui donner le sentiment que tout n'est pas perdu. Maintenir avec la personne un lien émotif permet de gagner un peu de temps, de retarder l'échéance du passage à l'acte. Lorsque le lien de confiance est bien installé et que la personne, étant un peu plus ambivalente, accepte de repousser le moment de son geste suicidaire, l'intervenant peut lui demander de décharger son arme à feu ou d'éloigner d'elle ce qui pourrait la blesser. C'est aussi à ce moment que celui-ci doit être directif et diriger la personne en crise vers des soins immédiats.

À cette étape, l'hospitalisation est souvent la seule solution possible. Il est important de ne pas juger la personne en crise, de ne pas la rejeter ou la dévaloriser. Il importe d'être directif, mais aussi transparent et respectueux, de lui expliquer pourquoi nous prenons pour elle une décision, qui peut être contraire à ce qu'elle dit souhaiter.

Un suivi doit être fait tout de suite après l'hospitalisation, ou lors de celle-ci, et l'orientation appropriée doit être déterminée. C'est à cette étape que la concertation des différents services est la plus importante. Un manque de concertation peut rendre le suivi inefficace, ce qui est dramatique pour la personne suicidaire.

9.3 La hiérarchisation du recueil de données au sujet des conduites suicidaires

Tout en maintenant le lien et l'engagement, le clinicien doit constituer un recueil de données exhaustif dans le but de bien évaluer la situation de crise. Il doit faire plusieurs évaluations lors des situations de crise : l'urgence, le danger et le risque.

Une première évaluation de l'urgence et du danger du passage à l'acte est nécessaire en situation de crise. À ce moment, le clinicien doit évaluer l'imminence du passage à l'acte, vérifier si la personne est tout près du passage à l'acte ou a déjà avalé des comprimés quand elle se présente à lui ; la direction de l'entretien sera alors nécessairement modifiée par ces éléments. Ainsi, compte tenu de la situation de crise, il est nécessaire d'évaluer en premier l'imminence du passage à l'acte et la dangerosité du scénario envisagé ou déjà accompli. Une réponse rapide à ces éléments d'évaluation permet au clinicien de savoir s'il doit prendre des mesures d'urgence rapidement ou s'il peut poursuivre le recueil de données et examiner systématiquement les facteurs de risque qui se sont accumulés au cours des derniers mois ou de la vie pour augmenter le fardeau d'adversité de la personne en crise. Ce recueil de données lui permettra graduellement de planifier le plan d'intervention qu'il pourra éventuellement proposer à la personne en crise.

9.3.1 Évaluer l'urgence et la dangerosité du passage à l'acte

Ainsi, les premières données à recueillir en contexte de crise serviront à l'évaluation :

1. de l'urgence du passage à l'acte, c'est-à-dire son imminence ;
2. de la dangerosité, c'est-à-dire de la létalité du scénario suicidaire.

Cela permettra au clinicien de savoir jusqu'à quel point la crise a perturbé la vie de la personne. Plus précisément, il devra chercher des réponses aux questions suivantes :

- Pourquoi la personne consulte-t-elle à ce moment particulier (quel est l'événement précipitant) ?
- A-t-elle des pensées suicidaires ou des pensées d'homicide ?
- Est-elle en danger ou représente-t-elle un danger pour autrui ?

C'est à partir de ces informations qu'il est possible de déterminer l'orientation à donner à l'intervention de crise. Par exemple, si la personne est en danger immédiat et a, avant l'entretien, consommé des médicaments dans le but de se suicider, il est bien sûr nécessaire de recourir à une intervention ou à une hospitalisation d'urgence.

L'intervenant doit aussi examiner la réduction de l'accès aux moyens, ce qui représente un élément primordial dans le cadre de l'évaluation de la dangerosité. Ainsi, il doit poser des questions précises à la personne suicidaire afin d'obtenir des réponses précises. Les réponses de la personne permettront à l'intervenant de mieux apprécier la situation et de mieux évaluer l'urgence de l'intervention, laquelle n'en sera que plus adéquate. Il est clair que l'intervention sera différente dans le cas d'une personne qui dit à l'intervenant qu'elle a l'intention de se suicider le soir même, avec les moyens qui se trouvent à sa disposition – arme à feu ou médicaments – de ce qu'elle sera si la personne lui dit qu'elle pense vaguement au suicide, mais ne songe à aucun scénario précis. L'intervenant doit conclure une entente claire avec la personne suicidaire afin qu'elle puisse faire un entreposage sécuritaire de ses armes à feu et de ses munitions, généralement à l'extérieur de son domicile. Il doit veiller à évaluer la quantité de médicaments qui se trouvent à la portée de la main de la personne et lui faire éloigner ou entreposer ailleurs ceux qui sont en surplus. Il en va de même pour tout autre moyen : arme blanche, etc.

Comme plusieurs personnes suicidaires sont souvent aussi des personnes impulsives (Brent *et al.*, 2002), l'accès immédiat aux moyens augmente le risque et l'urgence du passage à l'acte. Certaines semblent incapables de résister à leurs impulsions suicidaires ; il est donc nécessaire de retirer ou de faire retirer du domicile tout moyen pouvant mettre la personne en danger. Les experts en suicidologie estiment que si certains moyens sont moins accessibles, le moment du passage à l'acte peut être retardé. Ils croient aussi que l'utilisation de certains scénarios, moins radicaux, augmente le potentiel d'une intervention médicale efficace. Si la personne suicidaire est incapable de se protéger elle-même, il faut alors faire intervenir une personne de la famille ou un proche (en qui l'individu suicidaire a confiance) afin qu'elle puisse protéger la personne suicidaire et s'assurer qu'elle n'a pas d'accès immédiat aux moyens suicidaires.

9.3.2 Évaluer les facteurs de risque et le cumul d'adversités

Lorsque le clinicien détermine que l'urgence du passage à l'acte n'est pas réelle, il peut poursuivre l'entretien avec la personne suicidaire et tenter de poursuivre son recueil de données afin d'explorer les éléments qui sont à l'origine de la crise actuelle et les facteurs de risque qui peuvent avoir un effet sur celle-ci. Ce recueil de données lui permet d'évaluer le type de crise dont il s'agit, psychosociale, psychopathologique ou psychotraumatique, et d'envisager un plan d'intervention à moyen ou à long terme lorsque la crise actuelle aura été désamorcée.

Ainsi, lors d'une intervention de crise, le clinicien n'a pas nécessairement le temps d'explorer toutes les sphères de vie de l'individu. Il doit souvent faire le choix des sphères qui seront examinées en fonction des facteurs de risque qu'il souhaite évaluer lors de l'entretien. La figure 9.3 énumère celles qui doivent être examinées, puisque leur présence ou leur intensité peut avoir un effet sur la

FIGURE 9.3 LES FACTEURS DE RISQUE POUVANT MENER À LA CRISE SUICIDAIRE

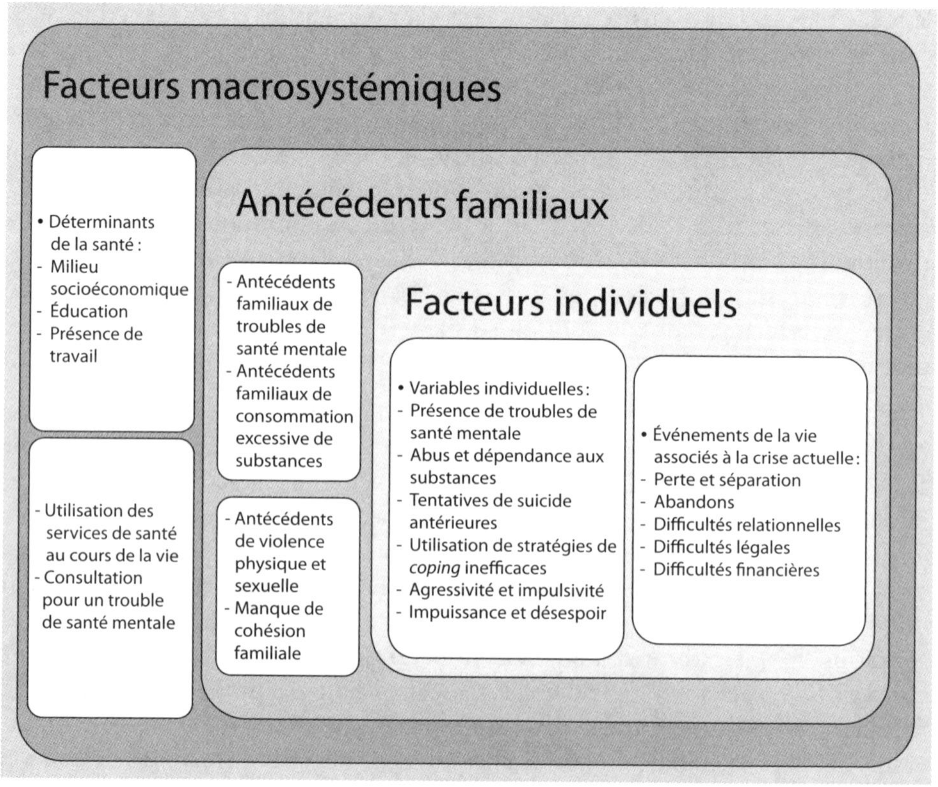

résolution future de la crise et sur l'élaboration d'un plan de traitement (McGirr *et al.*, 2007a ; 2007b).

Le clinicien doit également vérifier, tout au long de l'évaluation, la présence de menaces suicidaires ou de menaces d'homicide, puisque le désespoir qui habite la personne en crise peut l'amener à poser un geste irrémédiable pour mettre fin à sa souffrance. L'évaluation de la dangerosité doit aussi être réalisée rapidement. L'efficacité de l'intervention dépend grandement de l'évaluation du problème et, par conséquent, de l'habileté de l'intervenant à poser des questions précises dans un cadre respectueux et empathique (sans que l'entretien ne prenne la forme d'un interrogatoire). Le meilleur moyen pour établir un bon contact avec une personne suicidaire est d'aborder directement le sujet avec elle. Cette manière directe a souvent pour effet de susciter un grand soulagement chez la personne en détresse. Il arrive fréquemment qu'elle laisse des messages obscurs ou indirects à son entourage quant à ce qu'elle vit, précisément parce qu'elle a peur de la réaction que susciterait le fait de parler ouvertement de ses intentions suicidaires. Le fait de pouvoir confier ses intentions sans crainte à quelqu'un qui n'a pas peur d'aborder le sujet et qui comprend ce qu'elle vit permet à la personne suicidaire de considérer son comportement sous un autre jour. C'est un contrepoids à l'isolement et à la solitude.

9.4 La conduite de l'entretien en vue d'évaluer le potentiel suicidaire

L'investigation des intentions suicidaires est un exercice délicat, car une personne en crise peut se sentir gênée ou mal à l'aise de décrire ses difficultés et l'intensité de ses symptômes. Il est donc important de maintenir le lien et l'alliance thérapeutique en modulant le rythme de l'exploration et en rassurant constamment la personne. Pour aider l'intervenant à explorer toutes les zones de façon systématique, Myer (2001) propose un modèle d'évaluation de la situation de crise qui permet de mesurer les dimensions affectives, cognitives et comportementales des réactions à la crise. Pour ce qui est des réactions affectives, le clinicien évalue dans quelle mesure la personne ressent de la colère, de l'anxiété et une profonde tristesse. En ce qui concerne les réactions cognitives, il examine dans quelle mesure la personne considère la situation comme un outrage (présent), une menace (avenir) et une perte (passé). Pour les réactions comportementales, il tente de savoir si la personne adopte des comportements d'approche, d'évitement et d'immobilité. Pour chacun de ces domaines, une échelle de gravité est proposée, allant d'un fonctionnement normal à un fonctionnement sévèrement altéré.

Shea (2005) propose une évaluation chronologique des événements suicidaires, qui commence par l'événement actuel et qui revient dans le passé afin d'examiner les tentatives suicidaires antérieures. Lors de cette investigation, l'auteur propose d'examiner chaque sphère. On traite un sujet à la fois et on évite les allers-retours sur plusieurs sujets différents afin d'éviter les entretiens éclatés et de limiter les omissions et les problèmes de mémorisation. Le clinicien doit cibler les sphères qui le renseigneront sur les variables à risque et éviter d'examiner les domaines qui peuvent être plus éloignés du problème actuel. Il doit également se faire sa propre opinion sur la base d'informations fiables plutôt qu'à partir de l'interprétation de détails (ou de la mise en œuvre des distorsions cognitives). L'évaluation chronologique des événements suicidaires (Shea, 2005) comprend les éléments suivants :

1. Collecter de l'information quant à la gravité, à la fermeté de l'intention et à l'étendue de la planification des tentatives passées et futures :
   - moyen suicidaire envisagé ou utilisé ;
   - gravité du geste (jusqu'où est allée la planification : nombre de comprimés, de coupures, etc.) ;
   - planification ou impulsivité ;
   - mesure dans laquelle la personne avait l'intention de mourir (information des proches, testament, courrier, adieux ou lieu de la tentative de suicide) ;
   - sentiments quant à sa survie ;
   - rôle de l'alcool et des drogues ;
   - intensité du désespoir au moment de la tentative de suicide ;
   - existence de facteurs interpersonnels (colère et test de la qualité de la relation) ;
   - ce qui a fait qu'elle a survécu (retrouvée par qui, comment, intervention des secours).
2. Ne collecter que l'information susceptible d'influencer la décision relative à la sécurité de la personne et vérifier la fréquence et la durée des idées suicidaires :
   - Quelle a été la tentative de suicide la plus grave ?
   - Les idées actuelles sont-elles centrées sur le même moyen ?
   - Les facteurs de stress actuels sont-ils les mêmes qu'à l'époque ?
   - Quel est le nombre approximatif de tentatives de suicide antérieures ?
   - Quelle est maintenant l'intention suicidaire du patient ?
   - Peut-il prévoir ses idées suicidaires futures et, avec de l'aide, assurer sa propre sécurité ?

- Quelle peut être l'intervention de l'entourage pour valider l'information et organiser le soutien ?

Cette collecte de données doit mener à une évaluation de la gravité du potentiel de passage à l'acte, potentiel qui peut être mesuré selon trois axes : le risque, l'urgence et le danger. Le tableau 9.1 illustre les éléments à évaluer.

TABLEAU 9.1 L'ÉLABORATION DU PLAN D'INTERVENTION

Risque	Urgence	Danger
Le niveau de risque augmente en fonction du nombre, de la sévérité et de l'intensité des facteurs de risque. ↓	Le niveau d'urgence augmente en fonction de l'immédiateté du passage à l'acte, incluant le degré d'élaboration du scénario suicidaire, l'impulsivité associée au passage à l'acte, etc. ↓	La dangerosité augmente en fonction de l'accessibilité et de la létalité du moyen suicidaire. ↓
L'évaluation du niveau par le clinicien		
Faible, moyen ou élevé ↓	**Faible, moyen ou élevé** ↓	**Faible, moyen ou élevé** ↓
Élaboration du plan d'intervention		
Le plan d'intervention doit tenir compte des facteurs de risque qui sont associés à la crise actuelle (par exemple, une rupture, de l'abus ou de la dépendance aux substances, etc.).	Le plan d'intervention vise à amener une désescalade, à repousser le passage à l'acte et à lui trouver des solutions de rechange valables : formation d'une alliance thérapeutique, engagement dans un processus d'aide, transmission d'espoir et suivi.	Le plan d'intervention vise à retirer, à restreindre ou à rendre impossible l'accès au moyen.
Le plan d'intervention est conçu en fonction de l'évaluation des trois niveaux. Les évaluations, particulièrement celles de l'urgence et du danger, doivent être refaites régulièrement, car elles peuvent rapidement devenir désuètes. ↓ - Planifier le suivi - Évaluer le risque, l'urgence et le danger - Modifier le plan d'intervention au besoin ↓		
Effectuer le suivi postcrise. Recommander le patient à d'autres services, au besoin.		

9.5 Les principes d'intervention

Lorsque l'on est inquiet pour une personne de son entourage, il importe d'intervenir sans tarder, soit au moment où l'on observe les signaux dont il a été question précédemment. Si l'on a des doutes quant à l'intention suicidaire de la personne, il est toujours préférable d'avoir une discussion ouverte avec elle en choisissant un lieu propice où échanger, en étant attentif à ses propos, en évitant les jugements de valeur, etc. Il faut aussi aborder directement l'intention de suicide, mais après avoir créé un cadre propice à l'ouverture, et ce, dans un contexte de non-jugement. Dans le cas où la personne dit qu'elle pense au suicide, il devient important d'évaluer la gravité de ses intentions suicidaires en lui posant des questions se rapportant au scénario suicidaire. Une personne suicidaire est une personne qui souffre et qui souffre depuis longtemps. Elle vit une crise dont l'ampleur la dépasse, se sent impuissante et n'arrive pas à diminuer la souffrance et le désarroi qu'elle éprouve. C'est donc cette souffrance qu'il faut percevoir et écouter. C'est en se positionnant en tant que témoin de la souffrance de l'autre que l'on contribue à valider l'ampleur de cette souffrance et, ce faisant, à l'atténuer. Il est important de transmettre à la personne suicidaire la conviction que quelque chose peut changer. C'est en étant présent, en écoutant, en créant un lien authentique et honnête que l'on transmet l'espoir.

La personne suicidaire doute d'un mieux-être et ne croit plus à l'éventualité de jours meilleurs. Il est donc nécessaire de raviver cet espoir en lui transmettant notre certitude qu'il y a une solution autre que le suicide et qu'elle a en elle les ressources pour surmonter ses difficultés. Il importe de faire ressortir les aspects positifs et les forces de cette personne afin qu'elle puisse reprendre confiance en elle-même et entrevoir une issue positive. Il faut aussi l'aider à percevoir que cette souffrance, aussi intolérable qu'elle puisse être, ne durera pas toute la vie.

Conclusion

L'intervention auprès d'une personne suicidaire doit avoir pour but de briser l'isolement dans lequel celle-ci se confine souvent ou d'élargir son réseau social. L'entourage immédiat peut constituer une source d'aide primordiale. Que ce soit la famille, les amis, les collègues de travail, toutes ces personnes peuvent être source de soutien pour la personne suicidaire. L'intervenant peut aider celle-ci à déterminer les membres de son entourage qui sont en mesure de la soutenir et de lui offrir une forme d'accompagnement. Cependant, il est possible que ces individus soient trop épuisés ou manquent de ressources pour aider davantage la personne en crise. Lorsque l'intervenant a l'impression que la situation dépasse ses compétences, il ne doit pas hésiter à diriger la personne vers les ressources appropriées dans sa région, soit vers un médecin ou un professionnel de la santé mentale, vers des organismes tels que les centres de prévention du suicide, les centres de crise, les centres locaux de services communautaires (CLSC) ou les organismes d'aide et d'entraide. Son action peut être d'une importance capitale pour cette personne : l'intervenant ne doit donc pas hésiter à lui poser des questions précises sur son état de détresse et à l'accompagner dans son cheminement de demande d'aide.

RÉSUMÉ

1. Il est important de ne pas négliger une meilleure prise en charge des personnes à risque, dont les personnes souffrant de troubles affectifs et de dépendance aux substances.
2. Il est important de réduire l'accessibilité aux moyens, notamment les armes à feu, les médicaments et le monoxyde de carbone des véhicules automobiles.
3. Les compétences acquises au Québec sont tout à fait adéquates pour tracer les lignes directrices d'une prévention intégrant les actions qui sont reconnues comme étant les plus efficaces par la communauté internationale.

CHAPITRE 10

OBJECTIFS D'APPRENTISSAGE

Après la lecture de ce chapitre, vous devriez être en mesure :

- de proposer une révision des notions de base en matière de prédiction des comportements violents pouvant se manifester lors d'une situation de crise ;
- de présenter l'évaluation clinique et actuarielle du risque de violence ;
- d'aborder la prise en charge et l'intervention auprès des personnes potentiellement dangereuses.

L'intervention en situation de crise hétéroagressive

Linda S. Pagani et Georges-F. Pinard

INTRODUCTION

Combien de fois certains professionnels de la santé mentale auraient-ils voulu, rétrospectivement, mieux prédire la survenue d'un événement ? Tous sont au courant de tristes réalités, comme des individus ayant blessé ou tué leurs proches, les tragédies de l'École polytechnique et du collège Dawson, la violence en milieu de travail ou les nombreux amoureux éconduits qui ont agi par revanche ou désespoir. Cette liste pourrait se prolonger indéfiniment. Dans des situations semblables, les professionnels de la santé mentale se posent inévitablement les questions suivantes : Cette tragédie aurait-elle pu être évitée ? Et si oui, comment ?

La prédiction à propos de laquelle les cliniciens ne veulent pas se tromper est celle de la survenue d'un événement violent, étant donné ses conséquences. C'est pourquoi ils doivent acquérir et développer le réflexe clinique qui leur permettra d'être davantage vigilants en ce qui concerne le potentiel de violence. Dans le contexte actuel, les attentes sociales et légales concernant la protection des individus et la sécurité du public sont élevées. La désinstitutionnalisation et les approches d'intervention dans la communauté rendent les intervenants davantage responsables de l'évaluation des risques et les obligent à rapporter les cas problématiques lorsque leur prise en charge est nécessaire. Le contexte légal actuel fait aussi en sorte que les cliniciens doivent avertir un tiers et chercher à le protéger lorsque sa sécurité est, de façon claire et imminente, menacée par la personne en crise.

10.1 Les facteurs de risque et les prédicteurs de la dangerosité envers autrui

La crise qui se produit chez un individu soumis à un événement stressant correspond à un problème d'adaptation et peut prendre différentes formes. La façon dont elle se produit dépend de divers facteurs, comme la signification de l'événement pour le sujet, ses mécanismes de défense habituels, sa personnalité de base et sa vulnérabilité sur les plans psychologique ou psychiatrique. Bien sûr, les personnes en état de crise ne sont pas toutes dangereuses, mais un certain nombre d'entre elles peuvent le devenir, surtout lorsque différents facteurs sont réunis. La dangerosité d'un sujet implique qu'il puisse se faire du mal à lui-même, comme dans le cas d'une intoxication, d'une automutilation ou d'un suicide, mais le présent chapitre porte sur la dangerosité de la personne envers les autres en tant que victimes potentielles. En effet, nous entendons par dangerosité « l'intention ou l'impulsion de faire mal à une autre personne ou de la blesser ». Pour être en mesure de prédire la survenue d'un tel événement, les cliniciens peuvent évaluer la présence de facteurs de risque. Nous proposons d'utiliser le concept d'**allostase** comme indicateur de risque cumulatif. Les facteurs de risque présentés ici sont regroupés en trois catégories, soit les risques individuels, cliniques et contextuels pour faciliter le processus d'évaluation.

10.1.1 Les facteurs de risque individuels : sexe et histoire antérieure d'agression

Les individus de sexe masculin présentent un risque plus grand concernant certaines dangerosités particulières comme les voies de fait, les assauts armés, les homicides, la violence envers la partenaire intime et le viol (Pagani et Pinard, 2009). Cependant, hommes et femmes sont d'un niveau à peu près égal dans les cas de violence chez les patients psychiatriques hospitalisés. La dangerosité postpartum est presque exclusivement féminine, sauf dans certains cas où le trouble mental majeur préexistant chez le père est exacerbé par l'ambivalence et les stress associés à la paternité.

Une histoire antérieure d'agression et de violence demeure le meilleur prédicteur de dangerosité future (Pagani et Pinard, 2009). Parmi tous les facteurs de risque, c'est celui qui pèse le plus lourd dans l'équation. Le clinicien qui effectue une évaluation doit prêter une attention particulière à la présence d'une histoire chronique de colère, d'hostilité, de ressentiment et de perte de contrôle. Le tableau clinique peut en effet varier grandement. L'individu peut être atteint de troubles de la personnalité paranoïde ou antisociale, comme on le remarque lorsque l'individu se perçoit comme une victime, lorsqu'il pense que les autres constituent une menace d'une façon ou d'une autre ou encore qu'ils lui doivent une certaine forme de compensation. Le sujet peut aussi éprouver du ressentiment envers l'autorité.

Une histoire de conduite automobile dangereuse peut représenter un important indicateur d'impulsivité. Le plaisir d'observer l'autre souffrir ou de le blesser ainsi que le manque de compassion et d'empathie peuvent quant à eux évoquer des traits de personnalité sadiques ou psychopathiques que l'on peut aussi trouver chez l'individu dangereux.

10.1.2 Les facteurs de risque cliniques : histoire de vie, trouble mental et abus de substances

Une enfance marquée par les abus ou la négligence est une caractéristique qui mérite d'être retenue. L'évaluation clinique doit mettre l'accent sur les niveaux de chaleur et d'affection manifestés dans la famille d'origine durant l'enfance. Des niveaux de chaleur et d'affection remarquablement bas sont significatifs. Une histoire de perte d'un parent à un âge précoce doit aussi être notée. Certaines caractéristiques (comme le fait d'allumer des feux durant l'enfance, de souffrir d'énurésie chronique au-delà du préscolaire et de faire preuve de cruauté envers les animaux) sont le signe d'un mauvais ajustement que l'on peut associer à une dangerosité future.

La présence d'un trouble mental peut constituer une menace envers les autres, particulièrement si son début ou sa décompensation sont rapides (Link, Andrews et Cullen, 1992 ; Swanson *et al.*, 1990). Plusieurs troubles psychiatriques sont associés à un potentiel accru de violence (Sadock et Sadock, 2003). Dans le cas des troubles psychotiques, les délires paranoïdes représentent un important prédicteur de dangerosité. Le clinicien doit rechercher tout ce qui peut indiquer qu'un individu croit que d'autres personnes veulent lui faire du mal, peuvent contrôler ses pensées ou le forcer à endosser certaines idées. Ces symptômes, désignés en anglais par l'expression *threat-control-override symptoms*, sont de meilleurs prédicteurs de violence potentielle que les symptômes psychotiques en général (Link et Stueve, 1994).

Parce qu'ils sont liés à l'agression et à l'impulsivité, les troubles de la personnalité (par exemple, les personnalités paranoïdes, antisociales, limites et narcissiques) sont l'indice d'une dangerosité potentielle (Sadock et Sadock, 2003). La présence de traits antisociaux est clairement pertinente pour la prédiction de la violence (Glancy et Chaimowitz, 2005 ; Mossman, 2004). On doit accorder une attention particulière aux cas de *stalking*. Ce comportement consiste à épier ou à poursuivre de façon obsessionnelle la victime ; il se traduit par le harcèlement, les menaces ou une intention réelle de faire du mal. Cela devrait être considéré comme un risque élevé de dangerosité (Meloy, 2003 ; 2009).

Enfin, la combinaison d'une maladie mentale et de l'utilisation ou de l'abus de substances augmente énormément l'estimation du risque de violence (Pagani et Pinard, 2009). La consommation d'une substance (qu'elle soit illicite ou non), également décrite sur l'Axe I, peut entraîner une décompensation épisodique pouvant mener à une perturbation de l'humeur et des impulsions, à un délirium, voire à une psychose. Un abus régulier pose un risque élevé de violence et un abus occasionnel, un risque moyen. Étant donné son influence désinhibitrice, l'alcool est présent dans plus de la moitié des cas d'assauts physiques et même d'homicides (Sadock et Sadock, 2003). Les substances psychotropes peuvent entraîner des états mentaux ressemblant à des troubles psychiatriques, comme la psychose et la manie (Crowley, 2003a). Ainsi, la cocaïne peut induire une humeur variable ressemblant au trouble bipolaire, des anxiétés paranoïdes et une réduction du contrôle des impulsions. D'autres opiacés, comme l'héroïne, sont rarement associés à la violence, sauf durant le sevrage. La phencyclidine (PCP), autre drogue illicite, peut induire un état mental psychotique désorganisé associé à un comportement extrêmement violent, mutilateur, voire homicide. D'autres hallucinogènes peuvent entraîner des délires paranoïdes et des hallucinations récurrentes.

10.1.3 Les facteurs de risque contextuels

Les facteurs de risque contextuels, comme une épreuve (de n'importe quel genre), des difficultés financières ou matérielles, les foules, le bruit et même la pollution atmosphérique (émanations nocives ou toxiques produites par les usines, les raffineries et autres industries) pourraient accroître l'irritabilité, laquelle est associée à un comportement agressif (Sadock et Sadock, 2003).

10.2 L'évaluation clinique du risque de violence

Une bonne évaluation clinique d'un sujet potentiellement violent comprend des questions indirectes et directes. L'entretien doit avoir lieu dans un endroit tranquille, où l'espace est suffisant et où la voie est dégagée pour le clinicien comme pour la personne interrogée afin que chacun puisse quitter la pièce s'il veut éviter une confrontation ou s'il l'estime nécessaire. Le clinicien ne doit jamais se tenir au-dessus de la personne qu'il reçoit en entrevue, ni circuler autour d'elle, ni la fixer du regard, ni s'approcher d'elle et encore moins la toucher sans son consentement. Néanmoins, il doit poser toutes les questions qu'il juge appropriées au contexte de l'entretien. Si, pour des motifs raisonnables, le clinicien se sent craintif ou menacé, il doit conclure l'entretien et le remettre à un autre moment, où la situation sera réévaluée.

Pour que l'évaluation soit menée de façon productive, elle doit respecter certains principes classiques de la technique d'entrevue réussie. Pour atteindre l'un des buts du présent chapitre, nous avons formulé les principes de l'entrevue suivants, en nous inspirant des travaux d'Andreasen et Black (1991):

1. dès le premier contact, établir un rapport pour permettre une alliance thérapeutique;
2. déterminer la préoccupation principale de l'individu afin de connaître ce qui occupe le premier plan dans son esprit;
3. formuler une hypothèse à partir de la préoccupation pour ensuite la vérifier afin de définir ce que le problème clinique pourrait être, de même que les risques concomitants;
4. utiliser un questionnaire ciblé et détaillé pour vérifier l'hypothèse;
5. ne pas se contenter de réponses vagues ou inadéquates et insister auprès de l'individu afin de rassembler toutes les données nécessaires pour vérifier l'hypothèse (dans le cas où celle-ci n'est pas étayée par les données, chercher, à partir des informations disponibles, à formuler une autre hypothèse à vérifier);
6. laisser l'individu parler librement et suffisamment afin de pouvoir évaluer la cohérence de ses pensées et la qualité de son contact avec la réalité;
7. utiliser une bonne proportion de questions ouvertes et de questions fermées afin de bénéficier des avantages de chacun de ces types de questions;
8. ne pas hésiter à discuter de sujets que le clinicien lui-même ou l'individu reçu en entrevue pourrait trouver embarrassants ou difficiles s'ils sont appropriés au contexte de l'entrevue;
9. s'enquérir auprès de l'individu de la présence d'idées de se blesser ou de blesser d'autres personnes;
10. donner à l'individu reçu en entrevue la chance de poser certaines questions qui lui viennent à l'esprit concernant la situation actuelle;
11. conclure l'évaluation initiale en lui transmettant un sentiment de confiance, voire d'espoir, si cela est approprié.

L'évocation, au cours de l'entretien, d'une histoire de violence antérieure demeure le meilleur indicateur de la violence future. Nous recommandons de demander à l'individu, une fois que la préoccupation est clairement établie, s'il s'est déjà senti de cette façon auparavant et, si c'est le cas, ce qui s'est alors passé. Selon Crowley (2003a), plusieurs indicateurs de risque peuvent être relevés au cours d'une simple conversation avec un individu potentiellement dangereux. Le clinicien doit aussi prêter attention à ce que la personne dit et à la façon dont elle répond. Il est conseillé de poser des questions comme: « Avez-vous déjà eu des problèmes légaux ou des stress de ce genre ? » Ce type de question doit être posé directement pour laisser comprendre à l'individu que les problèmes qu'il a éprouvés peuvent ou non avoir été sa faute. Crowley suggère aussi de demander d'abord : « Quelle est la chose la plus violente que vous ayez jamais faite ? » et de poursuivre par une question contrastante comme : « Quelle est la fantaisie la plus violente que vous ayez jamais eue ? »

L'évaluation de la dangerosité comporte beaucoup d'éléments communs avec l'évaluation approfondie du risque suicidaire chez le patient déprimé, évaluation au cours de laquelle le clinicien cherche à connaître de façon détaillée l'intention suicidaire, les plans, les moyens préconisés et la perception des conséquences du geste (*voir le chapitre 9*). En poursuivant ce parallèle, nous suggérons d'inclure sous une forme adaptée, dans l'évaluation de la dangerosité, des questions propres à l'évaluation du risque suicidaire, comme : « Pensez-vous parfois à vous blesser ou à blesser d'autres personnes ? » et « Est-ce qu'il vous semble parfois que la vie serait meilleure si vous n'existiez plus (ou si la personne à risque d'être blessée n'existait plus) ? » En fait, le clinicien doit évaluer tant la possibilité de violence envers soi-même qu'envers une autre personne. En entrevue, il doit aussi chercher à distinguer clairement, avec l'individu, ce qui relève d'une *expression affective* (sentiment d'avoir la volonté de se blesser ou de blesser autrui), ce qui relève d'une *fantaisie* (fantasme de se blesser ou de blesser autrui réellement) et ce qui correspond à la *réalité* (volonté réelle de se blesser ou de blesser quelqu'un). Il est approprié de conduire l'entrevue d'évaluation en tenant compte des différences existant entre ces trois niveaux.

Tout comme dans le cas des prévisions météorologiques, les évaluations de la dangerosité sont plus faciles à prédire à court terme qu'à long terme (Monahan *et al.*, 2001). Le clinicien doit donc poser des questions comme : « À combien estimez-vous le risque que vous commettiez des gestes violents envers autrui au cours des 24 prochaines heures… de la semaine prochaine… des prochains mois ? » Un clinicien expérimenté sait que l'individu peut lui donner une réponse incertaine, défiante ou ambivalente, comme : « Vous devriez le savoir, c'est vous le professionnel, pas moi… » La meilleure réaction à ce type de réponse est d'insister sur le fait que c'est bien l'individu en entrevue qui a les impulsions de se blesser ou de blesser autrui et que, pour cette raison, c'est son opinion qu'il est important de connaître dans le but de lui prodiguer les soins adéquats (Crowley, 2003b). Cette partie de l'entrevue représente une occasion de fournir une estimation conjointe raisonnable du risque réel d'acte violent. Une fois les réponses obtenues, il est nécessaire de reformuler l'estimation conjointe devant l'individu et de lui demander s'il est bien en accord avec ce qu'elle contient ou s'il a des corrections à y apporter. Ainsi, on peut lui poser une question de ce genre : « Est-ce que je vous ai bien compris ou voudriez-vous apporter certaines corrections ? »

Le clinicien devrait aussi expliquer clairement à l'individu qu'il reçoit en entrevue qu'il est préférable que l'évaluation soit complétée par d'autres sources d'information, que le clinicien aura à accéder à des documents et dossiers antérieurs et à entrer en contact avec certains membres de sa famille, ses amis ou ses connaissances. Il est important que l'individu comprenne bien que ses relations collatérales seront interrogées s'il y consent. Il est donc nécessaire de lui demander de signer des formulaires de consentement pour avoir l'autorisation d'obtenir d'autres informations médicales ou psychosociales pratiques. Si un tel formulaire n'est pas disponible ou n'a pas été imprimé, il faut en rédiger un à la main en présence du patient et lui demander de le signer. Si celui-ci n'a pas l'âge légal lui permettant de le faire, il faut alors faire en sorte que le mineur et son tuteur le signent. Tant les formulaires imprimés que ceux qui sont rédigés à la main doivent être datés. L'obtention d'informations collatérales auprès de la famille ou des amis augmente la précision de l'évaluation.

Au cours de l'évaluation de la dangerosité, le clinicien doit prêter attention à la coexistence d'un jugement diminué, d'une impulsivité accrue et d'une pensée paranoïde et repérer rapidement la présence d'urgences médicales ou psychiatriques, comme une intoxication à l'alcool ou aux drogues, un délirium et des états paranoïdes ou psychotiques maniaques (Sadock et Sadock, 2003). En situation de crise, l'acte dangereux représente la plupart du temps – bien qu'il y ait des exceptions – une réponse non préméditée et émotionnelle limitée dans le temps. L'acte dangereux est en fait davantage réactif que proactif. Une impulsion non contrôlée est habituellement précédée d'une agitation psychomotrice allant en augmentant, de vociférations, de verbalisations d'obscénités et de menaces. Il semble qu'avant de faire irruption ou de réaliser quelque plan de violence que ce soit, la personne bouillonne de rage à l'intérieur pendant 30 à 60 minutes. Cela permet de faire une prédiction à court terme bien délimitée dans le temps. Cependant, la plupart des situations de crise ne sont pas aussi claires, soit parce que le raisonnement de l'individu est difficile à saisir, soit parce que ses idées, présentes depuis longtemps, en viennent à se manifester de façon plus émotive en présence de facteurs contextuels qu'il est nécessaire d'évaluer de façon exhaustive.

Dans le cas d'une crise hétéroagressive pouvant mener à l'hospitalisation, l'individu doit faire l'objet d'une évaluation psychiatrique approfondie où l'on cherche la présence de différents signes et symptômes pouvant caractériser son état mental actuel et celui qu'il pourrait avoir au moment d'un passage à l'acte violent. On peut alors trouver, par exemple, de la suspicion, de l'irritabilité, de l'hostilité, de la colère, un délire paranoïde ou encore des **hallucinations mandatoires** à contenu agressif. Cet examen mental minutieux des sphères relatives au comportement, à l'affectivité, à la pensée et à la perception permet de préciser le diagnostic de l'individu et de départager, la plupart du temps, ce qui est attribuable à une psychopathologie de l'Axe I (les troubles mentaux graves à proprement parler) et ce qui relève d'une psychopathologie de l'Axe II (les troubles de la personnalité) du DSM-IV-TR. À la suite d'un délit violent, cette distinction concernant l'état mental du sujet est de première importance pour les expertises psychiatriques portant sur la question de la responsabilité criminelle. Celles-ci peuvent faire toute la différence entre un verdict de non-culpabilité pour cause de trouble mental et un verdict de culpabilité assorti d'une sentence d'emprisonnement. Dans le premier cas, le sujet malade est confié aux soins de psychiatres et sa situation est examinée annuellement par le Tribunal administratif du Québec.

10.3 Les évaluations actuarielles pour compléter l'entretien clinique

Les évaluations actuarielles sont des guides, souvent considérés comme de simples inventaires, composés de facteurs basés sur la prévalence de la violence dans une population donnée. Après avoir été recueillis, ces facteurs sont pondérés pour produire un ratio indiquant la probabilité de violence future. L'instrument est alors pondéré et testé psychométriquement dans une population échantillon, habituellement la même que celle qui a généré les facteurs de risque. Ces instruments sont aussi précis que les évaluations cliniques pour faire des prédictions à court et à plus long terme (Glancy et Chaimowitz, 2005). Bien qu'ils semblent fiables et que leur objectivité leur procure une validité apparente, les évaluations de prédiction sont toutefois plus précises quand elles sont combinées avec des données provenant d'impressions cliniques. Il est important de mentionner que les données qui servent à l'évaluation actuarielle sont toutes obtenues lors d'une entrevue clinique et au moyen d'un diagnostic, ce qui fait que tous les débats portant sur la précision respective des évaluations actuarielles et des évaluations cliniques sont vains (Pagani et Pinard, 2009). Par exemple, le *Violence Risk Appraisal Guide* (VRAG ; Quinsey *et al.*, 1998), le *Sex Offender Risk Assessment Guide* (SORAG ; Quinsey, Khanna et Malcolm, 1998) et le *Historical/Clinical/Risk Management 20-item* (HCR-20 ; Webster *et al.*, 1997) s'inspirent, pour plusieurs de leurs éléments d'évaluation, du *Psychopathy Checklist-Revised* (PCL-R ; Hare, 2003), lequel requiert que l'on recueille des données lors d'entrevues cliniques pouvant durer plusieurs heures. Il en est ainsi parce que la psychopathie, telle que mesurée par le PCL-R, constitue un bon prédicteur du comportement violent (Grann, Langstrom et Tengstrom, 1999). Cependant, le PCL-R seul ne peut surpasser la fiabilité du HCR-20 et du VRAG, dont les niveaux de précision de la prédiction sont à peu près égaux (Glover, Nicholson et Hemmati, 2002 ; Hilton, Harris et Rice, 2001 ; Webster, Muller-Isberne et Fransson, 2003). Si nous avons choisi de donner plus de détails au sujet du

HCR-20, c'est simplement parce que des travaux récents s'intéressant à cet instrument ont non seulement porté sur l'évaluation du risque, mais également sur la gestion de celui-ci (Douglas *et al.*, 2001), ce qui en fait un instrument plus pertinent pour les praticiens. Le HCR-20 fait porter l'entrevue clinique sur certains aspects présentés dans le tableau 10.1.

TABLEAU 10.1 **LES FACTEURS DE RISQUE ISSUS DU QUESTIONNAIRE HCR-20**

Facteurs historiques	Facteurs cliniques	Gestion du risque
• Violence antérieure • Jeune âge au premier incident violent • Instabilité relationnelle • Problèmes de travail • Problèmes de consommation de substances • Trouble mental grave • Psychopathie, absence de remords et antisocialité • Inadaptation précoce • Trouble de la personnalité • Échec d'une mesure de supervision antérieure	• Manque d'introspection • Attitudes négatives • Symptômes psychotiques actifs • Impulsivité • Non-réponse au traitement	• Plans irréalistes • Exposition à des facteurs déstabilisants • Manque de soutien personnel • Non-adhésion au traitement ou aux interventions • Stress

Le clinicien conduit l'entrevue en passant par chacun des facteurs de risque, auxquels il attribue une cote de 0, 1 ou 2 en utilisant un schème de codification (où 0 désigne l'absence du facteur de risque ou sa faible présence chez l'individu et 2, sa présence certaine ou élevée). Le pointage d'un individu se situe entre 0 et 40, un score élevé (particulièrement au-dessus de 30) indiquant la présence d'un risque plus élevé de violence future. Dans environ 75 % des cas, le score au HCR-20 d'un individu violent choisi au hasard est plus élevé que celui d'un individu non violent choisi au hasard (Douglas, Ogloff et Hart, 2003).

10.4 La prise en charge et les interventions auprès des personnes potentiellement dangereuses

Quand il constate qu'une personne est potentiellement dangereuse, le clinicien doit chercher à protéger les victimes potentielles, intervenir auprès d'elles si nécessaire et réévaluer régulièrement le risque de violence. Les actes violents à l'endroit des individus ne sont habituellement pas perpétrés au hasard. La plupart des auteurs de ces actes (qu'ils soient ou non atteints d'un trouble mental) sont plus susceptibles de s'en prendre aux personnes qu'ils connaissent. C'est pourquoi les membres de la famille et les intimes figurent au sommet de la liste des victimes, suivis des amis (Pagani et Pinard, 2009). Une exception à cette généralisation de la victime familière est rapportée chez les adolescents de sexe masculin, qui peuvent se comporter agressivement envers des connaissances fortuites ou même des étrangers (Sadock et Sadock, 2003). Bien sûr, il est malheureusement toujours possible qu'une victime innocente soit présente au mauvais endroit, au mauvais moment mais, dans tous les cas, la présence d'une victime potentielle est un élément important. Le comportement de la victime dans ses interactions avec l'agresseur peut jouer un rôle déterminant dans l'issue de la rencontre de la dyade agresseur-victime. En effet, les individus réagissent au stress de façons très différentes, comme le prouvent les cinq F du syndrome général d'adaptation en réponse à un stress aigu : *freeze*, *flight*, *fight*, *fright* et *faint*, ou, en français : figer, s'enfuir, combattre, avoir peur et s'évanouir (Bracha, 2004).

La conduite recommandée dans le cas d'un besoin de protection est de limiter la possibilité que la personne se blesse ou blesse autrui. Cela peut être réalisé en tentant de contenir l'individu ou en l'éloignant de ses victimes potentielles. Le clinicien peut dans certains cas avoir recours à différents moyens institutionnels et légaux pour retirer l'individu de son milieu (garde préventive à l'hôpital, demande d'ordonnance de garde en établissement en remplissant le formulaire approprié, etc.). Plusieurs perturbations de l'état mental exigent que la personne soit hospitalisée. Dans d'autres cas, la détention en milieu carcéral est temporairement requise jusqu'à ce que des services soient fournis, comme dans les cas de violence domestique ou de risque d'homicide du partenaire intime. Une autre solution est l'élimination des stresseurs agissant sur le contexte de vie ou des facteurs de risque de violence (par exemple, les drogues ou l'alcool), ce qui peut exiger des services particuliers (par exemple, la réhabilitation ou le soutien de services sociaux). Parfois, il est nécessaire de recourir à une ordonnance de la cour pour s'assurer que les mesures nécessaires sont réellement mises en place et respectées ; on parle ici de garde en établissement. Une autre mesure existante est l'ordonnance de traitement, laquelle peut être décidée par un juge de la Cour supérieure.

La pratique de la garde en établissement est régie par des règles strictes issues du Code civil, de la Loi sur la protection des personnes dont l'état mental présente un danger pour elles-mêmes ou pour autrui (loi P-38) des codes de déontologie et des principes éthiques (Couture-Trudel et Morin, 2007). La privation de liberté des personnes ayant un certain potentiel de dangerosité porte atteinte à la dignité humaine, mais elle peut être rendue nécessaire pour éviter que des gestes violents ne soient posés. Cela impose une pratique centrée sur la recherche d'un consentement libre et éclairé. Les personnes hospitalisées contre leur gré représentent une petite proportion de la clientèle hospitalisée, mais les conséquences cliniques, légales et sociales d'une telle décision sont substantielles. Les principes sous-jacents à cette loi se rapportent à l'obligation d'information et à la recherche du consentement. Les rapports récents du ministère de la Santé et des Services sociaux (MSSS) (2011) et du Protecteur du citoyen (Dowd et Lecours, 2011) mettent en lumière certains problèmes qui mériteraient une attention particulière pour assurer une prise en charge adéquate. Le rapport du MSSS met en évidence certains problèmes liés à la méconnaissance de la loi, l'interprétation libre plutôt que restrictive de celle-ci et le manque de moyens matériel et financier pour l'appliquer. Pour sa part, le Protecteur du citoyen a observé que la notion de dangerosité est parfois mal définie, que la privation inappropriée de liberté peut survenir, qu'il y a par moment un non-respect du droit à l'information et que la prise en charge par les établissements semble parfois difficile. Pour améliorer le processus de mise en garde en établissement, les directives psychiatriques anticipées pointent en faveur de l'autodétermination au traitement dans un contexte réduisant les capacités décisionnelles. Cette approche vise à réduire la nécessité d'une intervention coercitive dans des situations de crise comportant un risque de dangerosité (Swanson *et al.*, 2008).

Les individus en situation de crise hétéroagressive nécessitant une hospitalisation ont besoin de soutien une fois qu'ils retournent dans la communauté, que ce soit pour l'hébergement, la recherche d'emploi, les services éducatifs, sociaux ou autres. Ils doivent bénéficier d'une supervision adéquate de la part des instances intéressées. On doit les aider à reconnaître les stresseurs contextuels qui pourraient les toucher et à trouver d'autres stratégies à leurs comportements violents (prévention des rechutes).

Parmi les approches psychologiques fréquemment utilisées pour intervenir auprès des personnes potentiellement dangereuses, mentionnons les plans d'intervention comportementaux et les approches cognitivo-comportementales ciblant les déficits ou besoins particuliers (par exemple, la gestion du stress et de la colère, la prévention de la rechute pour les toxicomanies et d'autres comportements violents, l'entraînement aux habiletés sociales pour favoriser l'expression adéquate de soi, la sensibilisation à la victimisation des autres pour développer de l'empathie et la résolution de problèmes). La question qui se pose toutefois est de savoir dans quelle mesure ces approches sont prometteuses dans le cas des personnes à risque de manifester des comportements violents. Une recension exhaustive des meilleures pratiques, menée par Glancy et Saini (2005), met en évidence le fait que les personnes qui reçoivent un traitement portant sur la colère et l'agressivité en retirent des effets bénéfiques, comparativement aux personnes qui ne sont pas traitées. Il est intéressant de souligner que l'amplitude des effets positifs est sensiblement la même d'une approche à l'autre. De plus, le traitement de la colère et de l'agressivité peut avoir des effets bénéfiques pour une clientèle de divers types (enfants, adolescents et adultes impulsifs provenant de différents contextes sociodémographiques).

L'intervention auprès des personnes potentiellement dangereuses implique aussi une réévaluation périodique et continue. Il s'agit alors de surveiller les éléments suivants: la fréquence et la sévérité des préoccupations et des fantaisies agressives (tant homicides que suicidaires), la consommation d'alcool et de drogues et la présence de symptômes psychotiques. Il faut aussi, bien sûr, réagir efficacement à ces facteurs.

Conclusion

Bien que nous ayons relevé bon nombre de facteurs de risque dans le présent chapitre, le lecteur doit se rappeler que l'effet d'un facteur de risque donné et la manière dont il est évalué constituent un défi pour le clinicien qui doit décider si le profil de risque est éminemment dangereux ou non. L'évaluation clinique de la dangerosité, effectuée en employant des moyens qualitatifs et quantitatifs, est importante pour le clinicien parce que c'est elle qui dicte les considérations de prise en charge, de sécurité, de soutien et de supervision, et ce, tant dans les établissements et institutions que dans les communautés (Pagani et Pinard, 2009). L'un des objectifs du clinicien est d'évaluer les facteurs qui ont amené l'individu à devenir agressif dans le passé, d'établir lesquels de ces facteurs sont modifiables et d'intervenir pour les changer afin de réduire le risque de violence. L'évaluation clinique de la dangerosité peut sembler intimidante parce que, à notre époque et en fonction des moyens qui sont actuellement à leur disposition, les cliniciens ont la lourde responsabilité de pondérer les facteurs de risque recueillis en entrevue de même qu'au moyen d'instruments de mesure, puis de décider lesquels de ces facteurs sont davantage préoccupants et nécessitent une attention particulière.

RÉSUMÉ

1. Une histoire antérieure d'agression et de violence demeure le meilleur prédicteur de la dangerosité future.
2. La combinaison de la maladie mentale et de la consommation ou de l'abus de substances illicites et d'alcool augmente de façon importante l'estimation du risque de violence.

3 Les facteurs contextuels peuvent accroître l'irritabilité qui est associée aux comportements agressifs.

4 L'entretien clinique gagne à être complété par une évaluation actuarielle du risque de violence.

5 Une réflexion plus approfondie s'impose sur la nécessité d'une intervention coercitive dans des situations de crise comportant un risque de dangerosité.

CHAPITRE 11

OBJECTIFS D'APPRENTISSAGE

Après la lecture de ce chapitre, vous devriez être en mesure :

- de connaître l'historique des interventions de crise psychopathologique en lien avec le rétablissement ;
- de comprendre les éléments de l'ensemble protectionniste pour pouvoir distinguer la nature des appels à l'aide de la personne et de son entourage ;
- d'expliquer les cinq volets du modèle d'intervention visant à installer la règle de la coopération entre les personnes intéressées ;
- de favoriser, grâce à ce modèle d'intervention de crise, le rétablissement des personnes aux prises avec des symptômes psychiatriques.

L'intervention en situation de crise favorisant le processus de rétablissement

Suzanne Lamarre et Julien Pelletier

INTRODUCTION

Dans plus d'un point de service en santé mentale, les soignants sont amenés à répondre aux appels à l'aide de gens qui sont en état de crise et qui se disent aux prises avec des symptômes psychiatriques, ou encore à ceux de l'entourage qui ne voit plus qu'une intervention psychiatrique pour régler une situation de crise. Nous ne décrirons pas, dans le présent chapitre, les pathologies psychiatriques de façon détaillée. Nous nous concentrerons plutôt sur la façon d'éviter de donner au sujet en perte de contrôle dans son milieu l'occasion d'acquérir l'identité d'une personne malade et psychiatrisée et de favoriser, plutôt, au moment de la crise, son processus de rétablissement. L'objet est ici de présenter l'intérêt du modèle systémique contextuel, lequel permet à l'équipe de s'inscrire dans ces nouvelles pratiques fondées sur le processus du rétablissement lors des interventions de crise (MSSS, 2005). Nous encourageons le lecteur à se familiariser avec les divers courants théoriques passés et récents de l'approche systémique décrits dans la première section du chapitre 4.

11.1 Un bref historique de l'intervention de crise psychopathologique

Deux médecins psychiatres ont eu une influence majeure sur l'intervention de crise. Le premier, Erich Lindeman, a été confronté en 1942 aux survivants de l'incendie de la boîte de nuit Cocoanut Grove, où 492 personnes sont décédées. La détresse manifestée par ces survivants et par les personnes endeuillées l'a obligé à parer au plus pressé. Il s'est fait aider des leaders de la communauté, des prêtres, des rabbins, des pasteurs et des bénévoles pour répondre aux besoins de cette clientèle. Il a observé que chacun dans son domaine pouvait devenir un excellent intervenant en situation de crise et prévenir ainsi des séquelles pathologiques compliquant le deuil. Ses notes cliniques portant sur les réactions des endeuillés restent encore d'actualité pour l'intervention de crise.

Le second est le médecin psychiatre Gerald Caplan (1964), qui a mis l'accent sur la prévention des troubles psychiatriques chroniques en insistant sur l'importance d'effectuer des interventions de crise auprès des personnes troublées par des événements inattendus de façon à les aider à revenir à leur fonctionnement antérieur. Tous deux ont décrit la manière dont les personnes en état de crise sont motivées au changement, prêtes à recevoir de l'aide, ou encore peuvent chercher à s'isoler pour cacher leur détresse.

Durant la même période sont apparus, parallèlement à la psychiatrie communautaire, les centres de crise et de prévention du suicide, dont les pionniers furent Sheridan et Ferrero en 1958. On commençait alors à travailler dans le milieu de vie du patient et de nouvelles approches s'imposaient. Aguilera et Messick (1982) ont proposé un modèle d'intervention de crise fondé sur la fidélisation au traitement. Ils suivaient ainsi la forte tendance suscitée en psychiatrie par l'apparition du DSM111 en 1980, laquelle incitait à miser sur le diagnostic et le traitement des symptômes observés lors d'une crise et à ignorer les nouvelles habitudes prises par les patients et leur entourage pour la résolution d'une crise.

Les systémiciens, dont l'influence en psychiatrie fut à son apogée des années 1960 à 1980, ont décrit les symptômes psychiatriques étant créés par les interactions et les relations de **double contrainte** (en anglais, *double binds*) (Sluzki et Ransom, 1976). La double contrainte réside non pas dans le message, ni dans la victime, ni dans le moment, mais dans l'interaction et la relation intense qui évolue avec le temps.

Le concept de relation intense fut repris par Lamarre (2008) dans la description du protectionnisme. Elle a observé dans les urgences des relations intenses où un protagoniste insiste pour que l'on mette fin à une situation intolérable en traitant la personne devenue dépendante de lui. Protecteur et protégé sont prisonniers l'un de l'autre. Comme la personne protégée manifeste des comportements erratiques et maladifs, le protecteur exige que l'on fasse cesser cet état continu de crise en traitant la personne, évidemment malade. L'intervention relative à la relation intense est d'autant plus difficile à proposer qu'elle est à contre-courant de la médicalisation de la psychiatrie. Cependant, avec le mouvement politique du rétablissement et l'exigence des malades et des leurs proches d'être traités comme des personnes à part entière, il devient plus facile d'intervenir par rapport à cette relation intense dans les urgences psychiatriques. Le but du présent chapitre est de proposer un modèle pour transformer ces relations protectionnistes, présentes dans tant de crises dans les services de santé mentale, en des relations de collaboration.

11.2 L'intérêt du modèle systémique contextuel dans l'intervention de crise orientée vers le processus de rétablissement

Tout d'abord, voyons en quoi consiste essentiellement le rétablissement pour comprendre pourquoi le modèle systémique contextuel s'y prête si bien. Les deux mouvements politiques qui ont bousculé nos conditions de pratique en psychiatrie ont été introduits par les usagers de nos services psychiatriques. Ces derniers ne voulaient plus être enfermés dans les asiles, mais être traités dans la communauté. Ce fut la période du passage de la désinstitutionnalisation à la psychiatrie communautaire. Par la suite, ils n'ont plus voulu être enfermés dans des ghettos communautaires, mais devenir des membres actifs de la société tout en ayant accès aux services psychiatriques et sociaux que leur état pouvait exiger. En effet, les lits psychiatriques des hôpitaux ont été fermés, dans bien des cas pour recréer de mini asiles à l'extérieur de l'hôpital pour ignorer la stigmatisation liée aux diagnostics psychiatriques dans les équipes de secteur psychiatrique, ce qui nous éloigne du concept de rétablissement.

Faisons un bref rappel des trois principaux éléments du rétablissement tels que proposés, entre autres, par Shepherd, Boardman et Slade (2008). La réappropriation du pouvoir d'agir de l'usager est au centre du rétablissement :

1. Espoir : Les intervenants doivent croire aux compétences de leurs patients, à leur capacité de fonctionner à nouveau comme des personnes autonomes et ne plus se limiter au diagnostic de la pathologie et à son traitement.
2. Statut de patient expert lors de l'offre de service : Le patient et les siens doivent accéder aux services sociaux et aux services de santé dans un rapport de collaboration et de partenariat.
3. Inclusion (absence de rejet) : Le client doit maintenir son statut de personne valable et de citoyen actif et acquérir des habitudes de santé tout en s'occupant de sa maladie ; on doit s'assurer de la présence d'un réseau familial ou social, toujours dans un rapport de collaboration.

L'objectif du modèle systémique contextuel est simple: éviter de donner aux symptômes psychiatriques une place prépondérante dans le nouvel équilibre interpersonnel (équilibre pour le meilleur ou pour le pire) d'une personne symptomatique avec son entourage. En d'autres termes, il s'agit d'aider les patients aux prises avec des symptômes psychiatriques et leur entourage à retrouver leur identité de personnes actives et compétentes plutôt que d'entrer dans un processus de psychiatrisation et de stigmatisation où la nouvelle identité de la personne symptomatique se limite à celle d'un malade et celle des personnes de son entourage, à des gens responsables de sa maladie. Il n'y a de vie pour personne dans ce nouvel équilibre pour le pire.

Nous avons ajouté l'adjectif « contextuel » au nom de notre modèle systémique pour souligner que le principal objectif de l'intervention de dénouement de la crise est de proposer un contexte de coopération entre tous les acteurs, et ce, dès le premier contact avec les soignants. Le contexte de coopération veut aussi bien dire contexte de partenariat, de *self management* ou de patient expert. Dans la section suivante, une comparaison sera faite entre différents modèles, ce qui devrait permettre de mieux saisir la particularité du nôtre.

11.2.1 L'approche traditionnelle, l'approche systémique et le modèle systémique contextuel

La détermination des causes de la crise et la nature des moyens permettant d'y mettre fin constituent la différence entre ces approches. Dans l'approche traditionnelle d'une personne en crise aux prises avec des problèmes psychiatriques, la personne symptomatique, l'entourage et l'équipe soignante s'entendent généralement pour attribuer la crise à la présence de la maladie et miser sur le traitement, médicamenteux ou psychologique, pour ramener l'équilibre antérieur. Dans l'approche systémique, l'intervenant attribue les symptômes au dysfonctionnement du milieu et, pour mettre fin à la crise, fait porter ses interventions sur les interactions entre les acteurs du milieu. Ainsi, il propose des thérapies de couple, de famille ou encore cherche à retirer la personne en crise de son milieu dysfonctionnel.

Dans le modèle systémique contextuel, le soignant vise simultanément deux objectifs: celui d'offrir les soins nécessaires à la personne symptomatique et celui de s'assurer que toutes les personnes touchées (cette personne, son entourage et lui-même) puissent retrouver leur marge de manœuvre, leur intégrité de personne autonome dans le projet thérapeutique, pour le patient et les siens, et que ces derniers puissent continuer leurs projets de vie avec ou sans traitement. En d'autres termes, l'intégration de ces deux objectifs donne une place collatérale au traitement et accorde la priorité au mode de gestion fondé sur la collaboration entre les personnes touchées pour apporter des changements. Le soignant ne peut plus dire: «Il est malade, c'est pourquoi il ne participe pas à l'amélioration ni de son état, ni de la situation; nous allons le soigner et tout ira mieux.» Le soignant systémique contextuel dit plutôt: «Rien ne va plus et je ne peux m'engager que si vous changez votre façon de gérer les problèmes chez vous. Je comprends que l'un d'entre vous puisse avoir besoin d'un traitement, mais je n'ai rien d'un chirurgien qui puisse éradiquer le mal sans la collaboration de son patient; je ne peux faire mieux que ce que vous avez fait jusqu'à maintenant. Il nous faudra travailler ensemble autrement. J'attends votre accord.» En fait, le soignant psychiatrique n'a pas le choix de travailler en collaboration. Il doit le faire avec la personne symptomatique en tenant compte de toute la complexité de la situation pour faire en sorte que cette personne devienne l'acteur principal du maintien de sa santé. Pour ce faire, il doit s'engager dans un nouveau mode de gestion des problèmes, mode où tous sauront ultérieurement, avec ou sans soignant, comment se maintenir dans un contexte favorable à l'action et à la santé, avec ou sans maladie. Ce nouveau mode de gestion oblige les protagonistes à adhérer à une nouvelle règle, celle de la coopération, et à ses valeurs, celles de la culture du non-blâme lorsque surgissent des problèmes.

11.2.2 Les ententes sur lesquelles repose la proposition de la coopération qui s'appuie sur la règle du respect de l'autonomie et des limites de chacun et sur ses valeurs

Les ententes explicites ou implicites pour l'adhésion à la règle de coopération sont les suivantes:

1. Entente sur l'impuissance du soignant psychiatrique et son incapacité à traiter le patient dans un processus de rétablissement sans la participation active de celui-ci.
2. Entente sur l'interdépendance et la coresponsabilité des personnes autonomes ayant à vivre ou à travailler ensemble et sur le respect de leurs territoires respectifs. Le processus de rétablissement est fondé sur la reconnaissance de la nature autonome des humains et leurs besoins paradoxaux de faire partie du groupe; leurs points de vue doivent être reconnus pour qu'ils participent à un plan commun.
3. Entente sur la nécessité d'une éthique de non-violence (tant physique que psychologique) dans les relations interpersonnelles pour vivre en santé.
4. Entente sur l'incapacité de vivre simultanément dans des rapports de contrôle et de collaboration entre adultes compétents.
5. Entente sur l'apprentissage d'une nouvelle façon de gérer ses impuissances respectives: avoir droit à ses limites pour réorganiser les projets communs dans une culture de non-blâme et selon des valeurs de coopération.

11.2.3 Un exemple clinique

Dans les deux premières approches, l'intervenant peut facilement s'enliser dans des rapports de contrôle en ne misant que sur l'efficacité de ses interventions, car le succès du traitement relève principalement de lui. On sait que la personne symptomatique et les personnes souffrantes incitent les soignants à agir sans nécessairement se préoccuper de la nature du contexte. Dans le modèle systémique contextuel, le soignant est tout aussi préoccupé par la nature du contexte que par la sécurité du sujet symptomatique et le soulagement de sa souffrance, ainsi que de celle de son entourage. Cependant, en misant sur des relations de coopération, les enjeux prioritaires deviennent différents, comme on peut l'observer dans l'exemple suivant.

Mise en situation

Xavier, 18 ans, est amené à l'urgence par son père qui vient d'apprendre les projets suicidaires de son fils. Ce samedi-là, son père a insisté pour comprendre les motifs qui poussent Xavier à abandonner toutes ses activités et à s'isoler de plus en plus, refusant même de voir son meilleur ami. Xavier a fini par avouer clairement qu'il voulait en finir avec la vie et, dans sa détresse, il a accepté d'être emmené à l'urgence le soir même. Les premières évaluations psychiatriques de la fin de semaine, effectuées par deux psychiatres, laissent supposer un premier épisode psychotique. Le patient refuse cependant toute hospitalisation et toute médication psychiatrique, tout en acceptant de rester à l'hôpital jusqu'à la rencontre de famille, qui aura lieu le mardi suivant[1], pour évaluer avec les siens les risques de son retour à la maison. Xavier respecte les limites de l'unité psychiatrique, mais on doit lui donner à trois reprises des tranquillisants majeurs alors qu'il manifeste une agitation importante, qu'il attribue à sa présence en milieu psychiatrique.

Les parents, le frère de 20 ans et la sœur de 14 ans sont là mardi matin pour la rencontre, qui dure près de deux heures. Les échanges deviennent rapidement clairs entre les protagonistes. Chacun parle de ses limites, incluant le soignant, qui ne peut aider Xavier sans sa collaboration. Xavier s'engage avec les siens à réparer les trous qu'il a faits dans les murs de sa chambre lors de ses pertes de contrôle et à ne pas attenter à sa vie. L'élimination de l'option suicidaire se fait dans un contexte de réciprocité. Tous s'entendent en effet sur le fait que se tuer, c'est tuer l'autre. Xavier a réalisé, la veille, qu'il ne pourrait accepter que sa jeune sœur se suicide pour mettre fin à une période similaire de détresse. Il doit continuer, comme il a déjà commencé à le faire, à ne plus s'isoler et à s'entendre avec les siens sur d'autres moyens à prendre pour voir à sa détresse. Par ailleurs, il s'oppose à tout diagnostic psychiatrique, comme s'il pouvait alors perdre son identité de personne valable et, jusqu'à un certain point, il est content de se faire dire que sa consommation quotidienne de cannabis peut être la cause de son état perturbé. Son frère a été très dur envers lui jusqu'à maintenant, ce que les parents corroborent, et Xavier considère que les comportements agressifs de son frère ne font que prolonger l'intimidation dont il a souffert à l'école au cours de son secondaire. On s'entend sur l'élimination de toute violence et sur la création de moments de répit pour éviter toute escalade lors des moments de tension.

1. Tout médecin est autorisé à garder contre sa volonté, durant une période de 72 heures, un patient qui présente des risques immédiats pour lui-même ou pour les autres. Xavier est très ambivalent dans son acceptation de rester, mais il sait que sa famille le craint en raison de ses réactions violentes au cours du dernier mois et, maintenant, de ses idées suicidaires.

Tous, c'est-à-dire la famille et l'équipe soignante, aimeraient que Xavier accepte une observation psychiatrique pour préciser le diagnostic, mais celui-ci ne peut que s'engager à aller voir le psychologue, avec lequel il a déjà pris un premier rendez-vous pour le jeudi suivant. La famille s'entend avec Xavier pour faire un essai à domicile, et ce, avec l'aide de l'équipe soignante, qui peut être rejointe à tout moment. L'instauration d'un contexte de coopération reçoit la priorité et une nouvelle rencontre familiale est proposée trois semaines plus tard. Les risques de ne pas traiter immédiatement les symptômes psychiatriques selon les meilleures pratiques sont moindres que les risques de ne pas travailler en collaboration avec Xavier, qui s'engage à participer au maintien de sa sécurité et à reprendre des habitudes de vie plus saines.

Trois semaines plus tard, toute la famille se présente, soit le frère, la sœur et les parents, sauf le patient. Les parents rapportent une grande amélioration chez Xavier. Il a vu le psychologue une seule fois, mais en a dit beaucoup de bien. Il a décidé de reprendre ses études au début du prochain semestre. Il se mêle à la famille et respecte ses engagements. Il s'est remis à l'exercice physique et dort la nuit pour être actif le jour. Le frère a aussi vu à cesser ses remarques blessantes. Une nouvelle rencontre est proposée dans six semaines pour assurer la présence d'un tiers dans cette famille, comme celle-ci le souhaite.

Le père appelle à nouveau, quelques semaines avant la rencontre prévue, pour nous demander ce qu'il doit faire, car son fils s'est à nouveau isolé dans le sous-sol depuis quelques jours. Xavier a parlé à sa grand-mère et son grand-père doit venir le rencontrer bientôt. On suggère au père de mobiliser l'équipe des premières psychoses, car il ne peut laisser durer cette situation d'isolement. Le jour suivant, le père s'entend de nouveau avec son fils sur des projets en faisant valoir son incapacité à accepter son isolement au sous-sol. Tous deux sont d'accord sur la non-nécessité d'une visite à domicile de la part de l'équipe de crise. Celle-ci continue d'offrir ses services et s'engage à aider la famille au téléphone aussi souvent qu'elle fera appel à son aide pour rétablir un contexte de coopération à la maison, où tous participent au nouvel équilibre du milieu. L'équipe de première psychose reste disponible, alors que l'équipe d'intervention de crise assume le premier rôle pour le maintien d'un contexte de collaboration.

11.3 Le modèle protectionniste ou explosif

La famille de Xavier a glissé progressivement dans le modèle protectionniste devant les comportements erratiques de ce dernier, comme c'est souvent le cas lorsque les premiers symptômes psychiatriques apparaissent. La famille apprend à gérer les problèmes et à établir de nouveaux rapports. La sensibilisation à l'ensemble protectionniste a pour but d'aider les soignants qui travaillent en urgence psychiatrique à ne pas s'enliser dans certaines situations, soit de protection dans un premier temps, et par la suite de discrédit de la personne symptomatique et des siens lorsqu'ils perçoivent les appels à l'aide répétés comme des gestes de manipulation (Lamarre, 2008).

La détresse d'un individu fait naître des réactions de sauveur chez les personnes interpellées. Les sauveurs n'ont pas à se poser beaucoup de questions sur les conséquences relationnelles de leurs réactions lorsqu'il s'agit d'un sauvetage ponctuel. C'est tout autre chose lorsque, dans leur rôle respectif de sauveur et de sauvé, elles doivent vivre ou travailler ensemble durant une période indéterminée, ce qui est le cas pour les thérapeutes et les patients psychiatriques. Les nouvelles directives données aux thérapeutes d'offrir des thérapies brèves relèvent de cet esprit de mettre fin aux périodes illimitées de thérapie qui rendaient l'utilisateur dépendant. Cependant, elles ont plus souvent donné aux utilisateurs et à leurs familles des sentiments d'abandon et de manque de ressources et aux thérapeutes l'impression de ne rien régler en profondeur. C'est une autre raison pour laquelle le concept de rétablissement s'est imposé. L'objectif prioritaire des interventions en santé et en service social dans l'esprit du rétablissement n'est plus celui de traiter, même brièvement, mais de faire de la personne aidée et de son entourage des personnes clés dans le changement à apporter à leur situation, tout en leur donnant accès aux mesures thérapeutiques dont ils ont possiblement besoin.

Les personnes qui prennent part à des rapports de sauveur sont inspirées avant tout par leurs bonnes intentions de vouloir alléger la douleur de l'autre et sont envahies par la honte et la culpabilité si elles n'y parviennent pas. Ce sont ces sentiments dont elles parlent sans cesse et qui les maintiennent dans un processus explosif de surprotection et de **surcompensation**, qui oscille avec le rejet pour créer des crises de plus en plus fréquentes. En effet, ce rapport protectionniste ne peut plus faire l'objet de réflexion de la part des personnes touchées, chacune se sentant attachée à son rôle, soit de protecteur, soit de protégé. Ce sont des réactions immédiates de blâme qui surviennent lorsqu'il y a des problèmes, l'un et l'autre oscillant dans ses sentiments d'exploitation ou d'abandon. En effet, au début du processus de surcompensation, le protégé n'ose plus parler de ses problèmes par peur d'alourdir encore plus la tâche du protecteur ou le blâme de ce qui lui arrive ; ou encore, le protecteur ne veut pas perdre le dernier lien qu'il a avec son protégé, qui prendrait les limites ou les inquiétudes du protecteur comme un reproche. Les sentiments de honte et de culpabilité sont alors exacerbés. Plus tard, protecteur et protégé se disqualifient, comme nous le verrons dans l'exemple suivant, pour en arriver à ne plus pouvoir communiquer leurs besoins et, en même temps, à ne plus pouvoir se séparer. On passe alors de la compassion au rejet dans les tentatives désespérées de maintien du lien. « On ne jette pas un chien dehors » ; on reprend le sujet rejeté dans le même contexte relationnel et on revendique à tort un traitement pour apporter un changement réel. Les soignants feront partie de ce rapport explosif s'ils ne transforment pas ce rapport en s'engageant.

Pour les systémiciens, il s'agit là d'un rapport complémentaire rigide qui donne à chacun des protagonistes des traits de caractère excessifs, caricaturaux et impossibles à normaliser sans l'aide d'un tiers externe. Le tiers externe peut maintenir, et même renforcer, ce rapport rigide en s'attaquant aux caractères de chacun pour changer la dynamique, comme c'est trop souvent le cas quand le clinicien se limite à poser des diagnostics de troubles de la personnalité pour expliquer l'impossibilité de faire cesser les crises. Il peut permettre, par ailleurs, un changement réel s'il cible la nature même du rapport en refusant, en tant que tiers, de travailler dans de tels rapports pathogènes. L'exemple suivant montre la façon dont on peut intervenir sur ce rapport pathogène.

Mise en situation

Un père nous demande de l'aide à propos de son fils mutique qui s'isole au sous-sol depuis près de deux mois. Le père ne veut pas forcer son fils à sortir, et encore moins demander une ordonnance de la cour, pour éviter de l'humilier ou de le blesser. Il craint cependant d'être attaqué par son fils, qui a des comportements bizarres. En effet, quand il lui a demandé de se faire traiter, ce dernier a très mal réagi à ses propos. Le fils a déjà confié à son frère qu'il pense un jour passer à l'acte et régler son cas à ce père trop contrôlant. Nous demandons à ce dernier de l'informer que la famille est convoquée à une rencontre à son sujet et que sa mère ainsi que ses deux frères y assisteront. Le fils décide d'y participer. À cette occasion, il s'exprime sur les comportements de contrôle de son père et sur la soumission de sa mère à cet homme exigeant. Nous convenons avec eux que tous expriment, lors de cette rencontre et des rencontres ultérieures, ce qu'ils ont sur le cœur afin de ramener le niveau des récriminations à zéro dans la famille. Par ailleurs, nous leur expliquons que nous ne sommes ni des chirurgiens, ni des gens de la justice. Nous ne pouvons travailler que dans la coopération et le respect des limites de chacun. Nous leur proposons cette règle, mais ne pouvons la leur imposer. S'ils acceptent de travailler avec nous, ils doivent tous mettre fin au blâme et voir à leurs limites autrement. Il est inacceptable pour l'un d'entre eux de rester dans un mutisme vengeur, comme il est inacceptable pour les autres de composer avec ce mutisme. Nous offrons au fils d'être hébergé dans un centre de crise s'il est impensable pour lui de régler ses problèmes avec les siens pour arriver à un nouveau mode de gestion. Il opte finalement, au cours des jours qui suivent, pour le dialogue. Nous offrons alors un suivi pendant les mois suivants pour nous assurer que le contexte de coopération se maintienne et pour offrir aux membres de la famille des rencontres avec des thérapeutes si l'un d'entre eux en manifeste le besoin.

Nous mettons ainsi fin à la dangerosité de la situation actuelle, mais il est évident que le fils mutique a besoin d'un traitement psychiatrique pour améliorer sa qualité de vie. Il demande à être suivi, mais refuse toute médication. Cette route parsemée d'embûches est celle du processus de rétablissement. On peut comprendre par ailleurs comment le processus de psychiatrisation peut être maintenu par les soignants eux-mêmes. En effet, en s'intéressant uniquement aux symptômes des personnes malades, ils s'inscrivent eux-mêmes dans un rapport de blâme et de contrôle et acceptent que la personne symptomatique ne participe pas au maintien de son équilibre ni à l'harmonie de son milieu. Les soignants lui donnent un rôle et une identité de personne incapable de décider pour elle-même, dans son intérêt et l'intérêt du groupe.

Dans un rapport de coopération, le problème n'est jamais réglé pour toujours, mais les conditions permettant de régler divers problèmes humains deviennent de plus en plus favorables aux solutions, car tous participent aux solutions proposées. Nous pouvons schématiser le processus de l'ensemble protectionniste au moyen des quatre éléments présentés dans le tableau 11.1. Les éléments de l'ensemble protectionniste sont: 1) le duo fusionnel protecteur-protégé; 2) la communication superficielle et l'impression que le problème est insoluble; 3) les mécanismes de maintien de l'ensemble, c'est-à-dire le blâme créant la honte ou la culpabilité et le discrédit; 4) les crises fréquentes au cours desquelles on demande l'arrivée de nouveaux protecteurs ou durant lesquelles on décide tout simplement d'abandonner le protégé.

TABLEAU 11.1 L'ENSEMBLE PROTECTIONNISTE

Éléments	Description
1. Duo fusionnel protecteur-protégé	Duo enfermé dans une identité amenée par le rapport complémentaire rigide haut-bas. Couple contrôleur-contrôlé, l'un ou l'autre s'abuse occasionnellement sans mauvaises intentions, mais trop de soumission ou de révolte de part et d'autre (par exemple, un couple parental enfermé dans un rapport complémentaire rigide de dominateur et de soumis). Duo d'enfants protecteur-explosif (un ou des enfants protègent le parent soumis, tandis que l'autre ou les autres enfants tentent de sortir du système ou de le détruire, de le faire « exploser »).
2. Communication superficielle et impression que le problème est insoluble	Les arguments employés dans les discussions relèvent du blâme et orientent simultanément la relation vers la surcompensation à l'égard de la personne symptomatique, puis son rejet.
3. Mécanismes de maintien de l'ensemble: le blâme suscite la honte, la culpabilité et le discrédit	Le blâme est utilisé pour susciter la honte et la culpabilité et contrôler l'autre, alors que le discrédit sert à dénoncer les acteurs que l'on considère comme malhonnêtes, manipulateurs ou trop malades et à les exclure.
4. Crises fréquentes au cours desquelles on demande l'ajout de nouveaux protecteurs ou tout simplement l'abandon du protégé	La multiplication des crises fait en sorte que les protecteurs sont de plus en plus nombreux et qu'ils finissent par entrer en compétition les uns avec les autres; il arrive aussi que les protégés attaquent pour se protéger et qu'ils soient abandonnés (rejetés). La surcompensation amène les protecteurs à demander que le malade soit traité pour mettre fin à cette situation intolérable.

11.4 Les signes indicateurs d'une crise et les modes d'intervention

Les signes indicateurs d'une crise comportant une composante psychiatrique peuvent être répartis, à notre avis, selon la provenance de la demande et le degré d'urgence de l'intervention immédiate qui s'impose, avec ou sans la coopération du sujet symptomatique. On peut donc prendre en considération les trois critères suivants pour choisir le type d'intervention: 1) appel à l'aide par la personne aux prises avec des symptômes psychiatriques aigus, qui se disqualifie ou blâme les autres pour ses symptômes; 2) appel à l'aide de la part d'une personne de l'entourage du sujet symptomatique ou violent; 3) demande de services psychiatriques de la part de l'équipe traitante.

11.4.1 L'appel à l'aide par la personne aux prises avec les symptômes psychiatriques

Généralement, les appels de la personne présentant des symptômes psychiatriques sont plus simples à traiter, ou du moins l'ont été jusque-là. Dans bien des points de service pour adultes, on a l'habitude d'exiger que la personne présentant les symptômes appelle elle-même, alors que la dangerosité peut être plus marquée lorsque c'est l'entourage qui appelle, comme nous le verrons au point suivant. Lorsqu'une personne symptomatique appelle alors qu'elle est en état de crise, il importe d'évaluer si l'intervention doit être effectuée en compagnie de ses proches.

C'est lors du premier contact que l'on peut aborder simultanément les dimensions contextuelles et symptomatiques de la demande d'aide urgente d'une personne souffrante. Si cette demande se fait au téléphone, il est toujours bon que le clinicien s'enquière des raisons de cette demande avant de donner un rendez-vous face à face. C'est lors de ce premier contact téléphonique qu'il est possible de situer la demande dans son contexte et de proposer une rencontre avec les personnes touchées, s'il y a lieu.

Parler ouvertement de ses symptômes psychiatriques aux siens exige déjà un milieu favorable à la coopération. Au début, on confond souvent coopération avec protectionnisme. La maladie peut devenir un moyen de défense contre l'entourage et ses demandes excessives ou perçues comme excessives de la part du sujet symptomatique. «Je ne peux répondre à vos exigences, car je suis malade; la preuve de cette maladie est que je dois consulter et me faire traiter.» Respecter l'autre dans les limites que son état maladif lui impose est bien différent de devoir faire valoir sa maladie pour mettre fin aux demandes de l'autre. Lorsqu'on doit faire valoir le sérieux de sa maladie, c'est que l'on n'est pas entendu par l'autre dans ses limites personnelles. Ou encore: «Je ne peux parler de mes symptômes, car je vais décevoir ou décourager l'autre.» C'est le point de vue ou du protecteur ou du protégé. On en est rendu à devoir cacher ses problèmes et à y apporter des solutions souvent inacceptables, par exemple, la prise exagérée de médicaments ou la consommation d'alcool ou même de substances illicites.

La personne peut également attribuer aux autres l'apparition et le maintien de ses symptômes, surtout dans des contextes de traumatisme ou d'abus. S'il est impossible de tenir une rencontre de concertation avec les personnes touchées, le chemin vers la guérison sera pénible et long. La victime doit d'abord être reconnue en tant que telle afin de pouvoir guérir et laisser les preuves des abus disparaître. Par ailleurs, paradoxalement, pour qu'un agresseur reconnaisse la portée de ses coups, il doit déjà avoir entrevu la possibilité d'établir avec la victime un contexte de coopération plutôt que de vengeance. Le clinicien évitera, dans un contexte de coopération, la position très inconfortable d'être irrité par les comportements d'une personne qui ne parvient pas à ressentir une amélioration à la suite des traitements administrés.

11.4.2 L'appel à l'aide de la part d'une personne de l'entourage

Les appels de la part de l'entourage d'une personne symptomatique sont plus complexes, car ils nous forcent à déterminer si les dangers pour sa sécurité ou pour celle des autres, tels que rapportés par l'entourage, nous autorisent éthiquement à ignorer sa participation aux changements nécessaires au nom de la sécurité. En effet, nous avons à décider si une intervention d'urgence s'impose immédiatement de la part de la police et des ambulanciers, dans les jours suivants de la part de la justice pour l'obtention d'un ordre de cour, ou s'il nous est encore possible d'aider le sujet à participer à ces changements en le rencontrant à domicile ou en lui parlant. S'il est possible de parler à la personne symptomatique des craintes qu'elle suscite dans son entourage, la dangerosité est déjà moindre, surtout si la personne accepte une rencontre face à face avec les siens dans les heures ou les jours qui suivent, comme ce fut le cas dans les deux exemples cliniques décrits précédemment.

Cette décision se prend non pas parce qu'il s'agit de la meilleure, mais de la moins pire des solutions. C'est un calcul de risques. Si l'on décide de faire fi de la participation du sujet, on peut perdre sa coopération future aux changements proposés ou encore être poursuivi pour avoir mal jugé la situation. Il importe donc de réfléchir sur les décisions à prendre, tant avec les personnes du réseau personnel qu'avec celles du réseau professionnel, et de documenter cette évaluation des risques et des personnes consultées. L'intervenant de crise doit toujours avoir accès à son propre réseau de consultation pour se donner un contexte favorable à la prise de décisions éclairée.

Une attention particulière doit être accordée aux personnes ayant des comportements de violence physique ou psychologique, liés ou non à des symptômes psychiatriques, car les membres de leur entourage courent un danger relatif à leur sécurité et leur santé. L'équipe soignante doit rencontrer les membres du milieu de vie et le sujet, puis nommer les comportements d'intimidation ou déstabilisants pour proposer un nouveau mode de gestion des frustrations.

Pour favoriser la transformation de la règle du jeu sans ajouter aux risques d'éclatement, il est bon de parler des possibilités de rupture et de départ, puis de s'enquérir des besoins d'aide de chacune des parties dans ces circonstances. Il ne faut surtout pas diaboliser la personne qui se trouve en position haute. Cette dernière se sent aussi victime du processus protectionniste et de la surcompensation. Elle se sent contrôlée et non reconnue dans ses efforts de sauveur. Il faut aider toutes ces personnes à comprendre que participer à la violence, c'est la subir ou l'utiliser pour contrôler les autres. L'équipe de crise, soignante ou habituelle, devrait toujours offrir un suivi pour proposer un nouveau mode de gestion lorsqu'elle constate des comportements abusifs dans un milieu familial et même faire appel à l'équipe de la protection de la jeunesse s'il y a présence d'enfants. Cependant, ce sont souvent les adolescents qui ont pris la relève dans l'utilisation de moyens violents au sein des familles. Les problèmes de toxicomanie sont aussi souvent présents. La justification des gestes abusifs ou des diverses dépendances pour des raisons psychologiques est malheureusement trop fréquente. Elle est de plus souvent en cause dans le processus de psychiatrisation.

11.4.3 La demande de services psychiatriques de la part de l'équipe traitante

L'appel d'une équipe traitante ou d'un soignant pour une consultation ou un ajout de services exige une approche intégrée du modèle systémique contextuel, portant à la fois sur le contexte et sur la pathologie. Trop souvent, on tente de catégoriser les causes des symptômes en terme de « biologique », « psychologique » et « social » ou « familial » et d'y apporter les traitements appropriés selon les causes définies. Mais, parfois, il peut être nécessaire de dire ou d'entendre que ce ne sera pas un traitement particulier qui fera la différence, mais une nouvelle façon d'aborder les problèmes en général ou ce problème en particulier qui mettra fin à la crise. Un vrai changement consiste rarement à faire un peu plus de la même chose. Lorsqu'une équipe est confrontée à des comportements de surcompensation, elle ne peut changer sa façon d'aider qu'en demandant elle aussi l'aide d'un tiers. Lorsque les gens travaillent en collaboration, les solutions se trouvent dans le milieu, car celui-ci est ouvert aux diverses influences extérieures.

Les demandes pour les services qu'offrent les cliniques spécialisées de troisième ligne, souvent difficiles d'accès, donnent dans bien des cas lieu à une crise. Il est donc important que l'intervenant communique avec ces cliniques pour connaître ce qu'elles peuvent offrir à la personne en besoin ainsi qu'à lui-même ou à l'équipe. En d'autres termes, les intervenants des première et deuxième lignes doivent s'assurer d'établir rapidement un lien avec les spécialistes de ces cliniques spécialisées pour éviter de surcompenser et de maintenir les malades en attente de traitement, qui leur seraient administré trop tardivement et serait même parfois refusé. L'accès rapide aux connaissances de ces spécialistes de troisième ligne permet de répondre aux besoins les plus pressants et de faire adopter à la personne symptomatique des habitudes plus saines, ou encore de la placer et de la maintenir dans un contexte plus propice à l'amélioration de son état. Durant le processus de rétablissement, on aborde les problèmes en misant surtout sur le transfert des connaissances des uns aux autres plutôt qu'en déplaçant les personnes symptomatiques dans les bonnes institutions ou dans les centres de traitement surspécialisés.

Toute personne qui crie au secours devrait être rencontrée, si possible ou si nécessaire, avec son entourage pour installer un contexte d'entraide et un processus de rétablissement. Le soignant ne peut discréditer un appel à l'aide : il doit plutôt apprendre à y répondre autrement en reconnaissant l'importance de la participation de tous à la recherche de solutions.

11.5 Les cinq volets de l'intervention du modèle contextuel systémique

Dans la présente section, nous expliquerons comment instaurer un contexte de coopération lors d'une intervention dans une crise psychiatrique. Nous utiliserons le terme « volets » plutôt qu'« étapes », car les recommandations de chacun des volets peuvent être appliquées à n'importe quel moment de la crise, selon son déroulement. Les cinq volets sont présentés dans le tableau 11.2.

TABLEAU 11.2 LES CINQ VOLETS DE L'INTERVENTION

Volet	Description
1. La sécurité et les interventions immédiates	• Assurer la sécurité de tous et rechercher les indicateurs médicaux, physiques et psychiatriques pour des interventions médicales et contextuelles immédiates. • Évaluer l'état mental de la personne ayant des symptômes pour juger de sa capacité à prendre des décisions et à donner l'autorisation de communiquer avec les gens de son milieu. • Discuter de l'éthique familiale avec les personnes suicidaires et leur entourage. • Déterminer qui doit assumer le leadership à diverses étapes, en continuité avec les autres équipes.
2. Les acteurs engagés ou à engager dans le processus	• Identifier les acteurs touchés et les inviter pour éviter tant leur isolement que leur sabotage éventuel des solutions proposées s'ils n'en font pas partie.
3. La rencontre d'entente sur le contexte de la coopération	• S'engager pour transformer le rapport protectionniste en proposant la règle de la coopération pour gérer les problèmes autrement. • Préciser les rôles et les responsabilités de chacun dans ce nouveau rapport d'entraide (aider l'un à aider l'autre).

TABLEAU 11.2 LES CINQ VOLETS DE L'INTERVENTION (*SUITE*)

Volet	Description
	• Proposer des moments de répit lors des tensions (répit dans l'harmonie et non le blâme) et reprendre les échanges lorsque l'écoute mutuelle est rétablie. • Apporter des précisions sur la confidentialité des informations et sur les réalités communes. • Discuter des valeurs, aspirations et comportements de coopération.
4. Les principaux obstacles à la coopération à éliminer	• Éviter de miser sur le traitement des symptômes comme levier de changement quand il y a des signes de surcompensation dans le milieu. • Ne pas utiliser son autorité pour imposer son plan thérapeutique ou ses solutions à la personne ayant des symptômes et à son entourage. • Éviter de ruminer sur ses fautes passées et maintenir une attitude de révolte ou de résignation. • Éviter de maintenir des communications superficielles pour éviter des sujets devant être abordés ouvertement. • Ne pas répéter l'emploi de solutions qui se sont déjà révélées inefficaces.
5. Le suivi pour le maintien de la coopération	• Toujours proposer des rencontres de suivi pour aider l'acquisition de nouvelles habitudes de gestion des problèmes dans la coopération ; être facilement accessible pour de nouveaux appels.

11.5.1 La sécurité des acteurs, les diagnostics différentiels et les interventions immédiates

Il est important de s'assurer que tous les acteurs, tant les membres de l'équipe que les consultants, se sentent en sécurité et le sont effectivement. Il ne faut en aucun cas tolérer de travailler dans une situation où l'on se sentirait menacé ou en danger. Il vaut mieux faire appel aux équipes temporaires de protection physique (quitte à ce que ce soit inutile) que de prendre de trop grands risques en ce qui concerne la sécurité de tous. Les interventions les plus dangereuses sont celles où l'on doit imposer à une personne une décision qui n'est pas la sienne, comme l'hospitaliser contre son gré. Dans ces cas, tous doivent être bien entourés, tant le malade que les intervenants. Il est parfois nécessaire de recourir à certaines mesures légales prévues pour rendre sécuritaire une situation dangereuse (menace suicidaire active, personne démente, en état de manie, etc.) et, par exemple, garder une personne ayant des troubles mentaux contre son gré si son état mental ne lui permet pas d'être dans un rapport de coopération et si elle se met ou met les autres en danger.

Dans les deux exemples décrits au début du présent chapitre, l'état maladif des deux jeunes hommes n'obligeait pas à recourir aux mesures coercitives à long terme prévues par la loi. Tous deux se souciaient des craintes qu'ils suscitaient chez les autres par leurs comportements auto- et hétéroagressifs. Ils entendaient les préoccupations des leurs et étaient prêts à changer de registre comportemental pour communiquer avec eux. Cependant, en cas de doute quant à la capacité du sujet à entendre les limites des autres, la première rencontre devrait se tenir dans un milieu sécurisé, comme l'hôpital, pour parer à toute éventualité.

Il peut y avoir présence évidente d'une pathologie psychiatrique, mais si la personne refuse tout traitement et ne présente pas de danger immédiat, il n'est pas possible pour les cliniciens de la garder contre son gré. Par ailleurs, ce n'est pas parce que le sujet ne veut pas recevoir de traitement que l'entourage doit être laissé sans soutien. Bien au contraire, on doit continuer à l'encourager à ne pas accepter l'inacceptable tout en maintenant ses liens avec la personne malade. Après quelques mois, et surtout quelques années, d'une telle situation, les cliniciens et les proches peuvent faire valoir aux autorités juridiques le danger pour la personne non traitée de sombrer dans l'itinérance et exiger un traitement approprié d'une durée limitée. Les intervenants prennent trop rarement l'initiative de cette démarche pour des personnes qui ne veulent pas collaborer aux traitements qui leur sont pourtant essentiels pour leur permettre d'avoir une vie de personne autonome prenant part à un processus de rétablissement.

Quant au risque de suicide, il ne faut pas se fier à un contrat de non-suicide qu'aurait conclu la personne suicidaire avec un intervenant, mais plutôt s'entendre avec ses proches sur la gestion des risques. C'est le moment d'avoir avec les personnes touchées une discussion sur le suicide en tant que moyen de mettre fin à un état de détresse. Chacun devrait alors s'engager à ne pas recourir à ce moyen sous la forme de trois engagements: «Je ne me tuerai pas», «Je ne me laisserai plus tuer» et «Je ne tuerai plus». Ces engagements font partie du troisième volet de la proposition de la règle de coopération et des valeurs qui en découlent. Il est bon d'instaurer un contexte de coopération dès les premiers contacts avec les personnes qui forment l'entourage du suicidaire, puisque les intervenants peuvent être autorisés à les appeler si les risques de suicide sont trop grands. Si la personne n'a pas de réseau et accepte un plan de sécurité, il importe pour le clinicien de maintenir un lien, ne serait-ce que par téléphone, jusqu'à ce qu'elle puisse se recréer un réseau social minimal.

11.5.2 Les acteurs engagés ou à engager dans le processus

Les acteurs visés doivent être invités par le soignant à participer à son évaluation dès le départ. Plusieurs cliniciens s'inquiètent des dangers d'escalade en abordant avec l'entourage et la personne symptomatique les sujets de discorde. Dès le premier contact, si l'entourage est déjà au courant du fait que la personne consulte, les risques d'escalade existent. Il est essentiel que le soignant aborde directement la règle relationnelle qui est suivie et qu'il y ait une proposition de la règle de la coopération et d'un suivi relatif à cette règle, tel que mentionné précédemment. Lorsque l'entourage n'est pas présent ou n'est pas au courant de la consultation, on informe la personne symptomatique des aspects relationnels à travailler dans un avenir rapproché et des moyens à prendre pour convoquer les personnes engagées ou à engager dans le processus. Il appartient à la personne ayant des symptômes d'indiquer au clinicien les personnes à engager et de leur donner l'autorisation de les joindre, ou encore de les joindre elle-même.

De plus, si les personnes engagées ou à engager dans le processus n'ont pas été invitées, il est normal qu'elles pensent à saboter le plan d'action formulé en leur absence. Faire une conférence téléphonique avec l'accord du patient dès le premier contact permet de planifier la rencontre et de l'amorcer. Au cours de cet appel, on peut préciser l'objectif de la rencontre, par exemple les attentes par rapport au traitement, la nécessité de mettre fin au contexte de surcompensation pour installer un contexte de coopération et l'intérêt d'une rencontre de concertation pour qu'arrive un tel changement de contexte. Pour faciliter les échanges, il est bon de recommander aux proches de nommer un représentant ; tous n'ont pas à venir, mais tous doivent avoir été invités. L'équipe qui propose cette rencontre doit être la même que celle qui y prendra part ou être en continuité avec l'équipe de suivi de crise, d'où l'importance de se concerter sur la présence d'une équipe d'intervention de crise dans les services d'accueil, les centres communautaires et les services d'urgence psychiatrique. Cette équipe ne peut pas seulement faire le triage ; elle doit amorcer l'intervention de crise, laquelle devra être poursuivie dans le même esprit par les services de suivi d'urgence et de crise.

11.5.3 La rencontre d'entente sur le contexte de coopération et les valeurs

La rencontre de concertation des personnes concernées (RCPC) a pour but de préciser à la personne ayant des symptômes et à son entourage que l'équipe traitante, malgré ses compétences, ne peut les aider adéquatement sans qu'une entente sur le code de coopération entre toutes les personnes touchées soit conclue. Les traitements dont le sujet symptomatique a besoin lui seront administrés selon ce nouveau code dans un processus de rétablissement.

La règle de respect de l'autonomie et des limites de chacun doit prévaloir, car chacun doit parler en son nom personnel et faire connaître ses limites sereinement. L'humain, dans son rapport d'interdépendance, ressent de la détresse à voir l'un des siens se négliger. Il est primordial de reconnaître cette vulnérabilité, cette impossibilité d'aider une personne souffrante adéquatement sans son aide et en même temps ce besoin de faire cesser cette souffrance chez l'autre. Les intervenants doivent s'assurer que chacun informe les autres de ses craintes et de la façon dont il aimerait gérer le problème.

La proposition avec laquelle la personne symptomatique et les siens doivent partir est celle d'éliminer le blâme lors des tensions ; le blâme envers soi, envers les autres et de la part des autres, en adoptant les périodes de répit lors de ces tensions. En effet, il faut attendre que le ton permettant des échanges sereins revienne, de façon que chacun puisse faire connaître ce qu'il souhaite pour se mettre à la recherche du bon compromis.

Il est également crucial de bien distinguer l'information confidentielle qui relève du malade, par exemple ses traitements, de l'information commune qui doit être partagée, comme les risques suicidaires et les autres risques de danger qui affectent directement les proches. Les intervenants de l'équipe ne doivent pas tenir de conversations secrètes avec les proches, mais plutôt les aider à dire les choses sans blâmer ni discréditer les autres.

Quant aux valeurs de coopération, les écrits de Lamarre (2008) permettent de saisir l'ensemble de celles qui sont liées au code de coopération, dont l'éthique de la non-violence, de l'autoprotection et de l'honnêteté.

Le principal indicateur de la réussite de l'instauration des processus de coopération dans l'entraide est que le soignant et les proches ne se sentent plus étouffés ni vidés par la surcompensation et que la personne symptomatique se voit reconnue comme étant la personne clé du maintien d'un changement favorable. Les appels à l'aide urgents diminuent progressivement puis disparaissent, car tous savent de plus en plus ce qu'ils doivent faire lors des tensions.

11.5.4 Quelques obstacles à la coopération à éliminer

Le modèle systémique d'intervention de crise permet au clinicien de travailler en coopération et de favoriser le processus du rétablissement chez sa clientèle. L'application de cette approche comporte toutefois des obstacles, qu'il est important de connaître pour être en mesure de les surmonter.

1. Éviter de miser sur le traitement de la maladie comme levier de changement quand il y a des signes de surcompensation dans le milieu L'outil de contrôle interpersonnel le plus utilisé est le blâme, qui permet de susciter la honte et la culpabilité. On passe au discrédit lorsqu'on ne parvient plus à contrôler l'autre par ces sentiments. La façon dont la personne décrit ses difficultés laisse deviner qu'elle a toujours cru que les secours viendraient de l'extérieur, même si elle peut aussi, paradoxalement, s'accuser d'être la cause du problème. La personne ayant des symptômes doit pouvoir évoluer dans un contexte où l'on reconnaît sa compétence à agir en personne responsable et à assumer la responsabilité de son traitement. Trop souvent, elle joue déjà un rôle dans lequel elle est protégée et contrôlée lorsqu'elle consulte à propos de problèmes psychiatriques. S'en tenir au traitement de la maladie ferait en sorte que le contexte malsain serait maintenu et empêcherait ainsi tout processus de rétablissement.

2. Ne pas utiliser son autorité pour imposer son plan thérapeutique ou ses solutions Si la personne semble être un danger immédiat pour elle-même et pour les autres en raison de troubles mentaux, il est évident qu'elle doit être évaluée par un psychiatre. Ce ne sera cependant pas ce dernier qui imposera son traitement, mais la cour qui décidera d'entériner la recommandation du psychiatre après avoir entendu les deux parties. Il en est de même au sein d'une famille où les enfants ne veulent pas collaborer avec leurs parents, ceux-ci devant alors demander l'aide d'un tiers externe.

Comme on ne peut éthiquement imposer ces solutions, il devient donc des plus importants de développer ses compétences en matière de communication et de contextes relationnels.

3. Éviter de ruminer sur ses fautes passées Les personnes souffrantes ou traumatisées tentent souvent de retrouver leur intégrité en modifiant leur passé. Elles le refont à coups de « j'aurais dû » ou de « tu aurais dû ». Les consultants devraient faire en sorte que les ruminations que font les personnes sur leur passé soient réduites à zéro en reconnaissant les injustices et les violences antérieures et en acceptant que c'est en adoptant la règle de la coopération qu'il n'y aura plus ni résignation ni soumission, mais des plans d'action qui respectent les limites et les intérêts de chacun.

4. Éviter de maintenir des communications superficielles pour éviter des sujets devant être abordés ouvertement Il existe deux principaux obstacles aux échanges spontanés et gratifiants. Le premier est d'éviter de parler avec une personne de sujets qui suscitent trop d'émotions négatives chez elle, le second est de cacher activement à une autre personne un fait ou un événement. Par exemple, un père pourrait avoir décidé de ne discuter que de littérature avec son fils, car ce dernier lui fait des reproches ou éclate en sanglots lorsqu'on lui demande pourquoi il semble tendu. Or, le fils pourrait en venir à se plaindre de la froideur, de la distance de son père. On peut aussi penser à l'exemple d'un mari qui veut cacher à sa femme le fait qu'il a une maîtresse et qui agit constamment de façon à camoufler ce fait. Il lui est donc très difficile, voire impossible, d'être spontané et authentique ; sa femme ressent alors un malaise difficile à décrire en présence de son conjoint, qui est distant tout en se disant fidèle.

Dans les familles où l'on adhère aux valeurs du sauveur, comme dans les contextes protectionnistes et explosifs, la personne qui joue le rôle du sauveur ne peut s'empêcher de s'approprier tous les problèmes de son entourage et d'imposer coûte que coûte ses solutions. Dans ces milieux, éviter de parler de ses problèmes devient la règle à suivre pour ne pas se faire blâmer ou pour éviter d'épuiser ces gens qui, malgré leur bonne volonté, n'en sont pas moins des voleurs de problèmes. C'est dans ce même genre de milieu que les secrets familiaux sont gardés, ce qui empêche les personnes de discuter de tout ce qui, de près ou de loin, pourrait faire ressurgir ce que l'on tient caché. Ces secrets sont des faits ou des événements inacceptables socialement, ou tout simplement inacceptables pour ce milieu, par exemple la grossesse d'une jeune fille non mariée, des sévices sexuels ou le suicide d'un membre de la famille camouflé en accident ou en maladie. Éviter de parler d'un problème provoque souvent des symptômes psychiatriques et des comportements suicidaires, car les communications ne peuvent être que superficielles et inefficaces.

5. Ne pas répéter l'emploi de solutions qui se sont déjà révélées inefficaces Il est bon de demander aux personnes touchées les solutions qu'elles ont adoptées et qui se sont révélées inefficaces. Lorsqu'un problème perdure, c'est d'ordinaire parce qu'on ne peut s'empêcher de revenir aux solutions connues, même si l'on sait qu'elles ne règlent en rien le problème. Au cours de la RCPC, le fait de dresser la liste de ces moyens permet d'envisager le problème sous un autre angle, c'est-à-dire celui de l'impuissance de ceux qui savent qu'on ne peut aider sans la participation de la personne en difficulté.

11.5.5 Le suivi pour le maintien de la coopération

Les propositions faites pendant l'intervention doivent être mises en œuvre par les protagonistes. Un membre de l'équipe traitante doit être désigné pour assurer le suivi à propos des nouvelles habitudes à acquérir sur le plan des relations et des communications entre le malade et son entourage. L'habitude de la coopération finit par s'instaurer au fil des semaines ou des mois. Dans les cas où les échanges et la coopération deviennent impossibles entre le client et son entourage, une rencontre est convoquée d'urgence. L'équipe traitante doit être prête à travailler avec ces personnes durant la période nécessaire pour l'installation d'un contexte de coopération. Au cours de la première rencontre, une deuxième rencontre est fixée; elle peut avoir lieu au cours du mois qui suit. Les intervenants peuvent suggérer à ces personnes d'adopter de nouvelles habitudes de santé, comme des exercices de pleine conscience, de méditation et de détente (yoga, tai-chi, etc.), une alimentation saine et satisfaisante, de faire des activités agréables, comme de la marche avec des amis dans des lieux paisibles, ainsi que diverses formes de traitement pour la personne malade comme pour les autres, telles que la thérapie cognitivo-comportementale, la thérapie interpersonnelle et la participation à des groupes de gestion du stress et de la colère. C'est dans un tel esprit d'ouverture à diverses ressources que le suivi se fait.

Conclusion

Dans le présent chapitre, nous avons proposé d'utiliser le modèle systémique contextuel non pour expliquer la pathologie du malade ni pour traiter la famille, mais plutôt pour décrire les contextes dans lesquels tout intervenant devrait travailler pour donner, aux consultants et à lui-même, un contexte où tous participent aux solutions dans le respect des limites et des intérêts de chacun. Il sera de plus en plus difficile de travailler sans tenir compte du contexte de coopération en raison de la nouvelle politique de processus de rétablissement. À ce jour, le modèle systémique contextuel n'a pas été validé par des preuves scientifiques. Il répond cependant aux règles de l'éthique, du respect de l'autonomie et du maintien de la bienveillance du clinicien au cours des interventions, élimine la violence dans le milieu et reprend les éléments essentiels du processus de rétablissement. Le clinicien n'a jamais à utiliser le système de contrôle, de récompense ou de punition pour continuer à suivre les personnes qui font appel à son aide. Dans la poursuite de ses objectifs, il offre à la personne ayant des symptômes la possibilité d'évoluer dans le respect de son autonomie sans perdre de vue le fait qu'elle vit en interdépendance et aspire à être un citoyen actif, avec ou sans ses symptômes. Cette approche est donc bénéfique tant pour l'équipe traitante que pour le malade et son entourage.

RÉSUMÉ

1 Les crises comportant une composante psychiatrique peuvent être réparties selon les personnes qui demandent de l'aide : la personne symptomatique elle-même, l'entourage d'une personne pour laquelle on croit qu'une intervention psychiatrique ferait la différence et l'équipe traitante elle-même, qui ne parvient pas à faire diminuer les appels à l'aide de la personne symptomatique ou de son entourage.

2 Le processus protectionniste est, en bonne partie, à l'origine de la psychiatrisation et de la stigmatisation du patient qui manifeste des symptômes psychiatriques. C'est un processus qui éloigne le sujet symptomatique de tout processus de rétablissement.

Glossaire

A

Alliance thérapeutique : qualité et force de la relation de collaboration entre le client et le thérapeute dans la poursuite des buts thérapeutiques.

Allostase : exposition consécutive à une accumulation de variables qui produisent un potentiel de violence.

Allostasie : manière dont certains systèmes, chez l'humain, maintiennent la stabilité générale de l'organisme tout en étant eux-mêmes très variables.

C

Catharsis : en psychanalyse, phénomène de libération à caractère émotionnel résultant de l'extériorisation d'affects refoulés.

Comorbidité : la comorbidité psychiatrique fait référence à la coexistence temporelle de deux ou plusieurs troubles psychiatriques.

Construction narrative ou cognitive : définition subjective d'une situation qui est décrite dans les propres mots de la personne qui la vit.

Contre-transfert : réaction inconsciente du thérapeute vis-à-vis de son patient.

Crise situationnelle : toute situation personnelle ou sociale (événement stressant) qui provoque un changement de l'équilibre d'une personne ou d'une famille, qui épuise la capacité de coping et perturbe l'existence quotidienne.

Crise structurale : dans un système familial, toute crise qui résulte d'un dysfonctionnement chronique qui est occasionnée par un cumul de facteurs de risque et qui se distingue par une durée prolongée, une chronicité et une récurrence.

Crise transitionnelle : dans un système familial, tout événement anticipé lié au passage d'un cycle de vie à un autre qui nécessite des ajustements importants quant au fonctionnement de la famille.

D

Débriefing : ensemble de pratiques visant à traiter des personnes ayant subi un événement traumatique ou potentiellement traumatique ; méthode d'entretien structuré visant la reconstruction cognitive et émotionnelle.

Décompensation : rupture d'un équilibre précaire caractérisée par l'effondrement des mécanismes de défense habituels.

Détresse péritraumatique : réactions physiques, cognitives et émotionnelles, telles que la peur, le sentiment d'impuissance ou l'horreur, survenant durant l'événement traumatique ou peu après.

Désamorçage (*defusing*) : intervention immédiate ou d'urgence qui se fait sur place et tout de suite après un événement traumatique.

Deuil : souvent associé à la souffrance, processus psychologique d'adaptation face à la mort ou à une perte significative.

Dialectique : dialogue entre deux personnes ayant des opinions différentes, mais qui cherchent à se convaincre.

Dissociation : séparation entre des éléments psychiques et/ou mentaux qui, habituellement, fonctionnent ensemble, tels que la conscience, la mémoire, l'identité ou la perception de l'environnement.

Dissociation péritraumatique : état altéré de conscience survenant en réponse à un événement traumatique et impliquant le plus souvent un sentiment étrange de détachement vis-à-vis de son ressenti, de son corps et de son environnement.

Double contrainte : demande qui impose un choix entre deux réponses contradictoires ; exprime le fait d'être acculé à une situation difficile, voire impossible, où sortir de cette situation est également difficile ou impossible.

E

Effroi (*schreck*) : moment qui correspond au temps de l'effraction traumatique et qui se traduit par une absence totale de pensée et d'affect.

Événement traumatique : événement soudain et inattendu qui provoque une menace vitale, réelle ou symbolique, pour soi ou autrui, et qui suscite une forte détresse chez la personne exposée.

G

Gestalt : conception qui voit dans les faits psychiques ou psychologiques un ensemble ou une structure globale et non pas des éléments séparés. La gestalt-thérapie est une psychothérapie qui vise à la résolution des troubles émotionnels et comportementaux par un travail sur les processus psychologiques et corporels de l'individu.

H

Hallucinations mandatoires : type d'hallucinations auditives au cours desquelles le sujet entend une ou des voix qui lui donnent des ordres ou lui enjoignent de faire des choses qu'il ne veut pas nécessairement faire.

Homéostasie : capacité à conserver un équilibre intérieur malgré les contraintes extérieures.

Hyperéveil : état de fonctionnement dans lequel la personne est constamment en état d'alerte et qui peut provoquer des troubles du sommeil, une irritabilité, etc. ; l'hyperéveil est un symptôme du TSPT.

I

Incident critique : événement potentiellement, mais pas nécessairement, traumatique.

M

Morbidité psychosociale : présence d'un ensemble de causes qui peuvent produire un trouble mental ou un déséquilibre psychologique.

P

Prévention primaire : prévention, par ses interventions, de la survenue d'un événement traumatique ou d'une crise.

Prévention secondaire : prévention de l'apparition de séquelles, telles que des troubles mentaux, à la suite d'une crise.

Prévention tertiaire : actions qui visent particulièrement le traitement des individus qui ont des troubles mentaux constitués.

Psychoéducation : a émergé à la suite de la nécessité d'intervenir d'une façon particulière auprès des clientèles présentant des problématiques d'adaptation ; se distingue particulièrement par une démarche pratique centrée sur la personne et son environnement de vie personnel et/ou communautaire.

R

Résilience : aptitude à conserver ou à recouvrer sa santé mentale après les épreuves.

S

Sidération : sensation fugace d'être pétrifié, coupé de ses forces vives.

Sinistre : événement catastrophique qui cause des pertes matérielles et/ou humaines considérables.

Sinistré : personne touchée par un sinistre.

Séance de verbalisation (*debriefing*) : rencontre animée par un spécialiste au cours de laquelle le ou les participants verbalisent leur expérience associée à un événement majeur.

Soins immédiats : soins médicaux et psychologiques offerts dans les minutes et les heures qui suivent une crise.

Soins postimmédiats : soins médicaux et psychologiques prodigués durant les jours qui suivent une crise.

Stress adapté : réaction utile d'alarme, de mobilisation et de défense qui permet, d'une part, de composer avec ses propres réactions émotionnelles et physiologiques et, d'autre part, de maintenir sa capacité à prendre de bonnes décisions.

Surcompensation : mécanisme par lequel une personne tente de surmonter des sentiments de frustration ou d'échec et qui se traduit par un effort excessif pour réussir.

T

Transfert : en psychanalyse, déplacement d'une conduite émotionnelle par rapport à des événements du passé, spécialement associés aux parents, qui serait projeté sur la personne du thérapeute au cours du traitement.

Trouble de stress post-traumatique (TSPT) : réaction psychologique consécutive à une situation durant laquelle l'intégrité physique et/ou psychologique du patient et/ou de son entourage a été menacée.

V

Vulnérabilité : qualifie un état de moindre résistance aux événements et difficultés extérieurs.

Bibliographie

ADLER, A.B., LITZ, B.T., CASTRO, C.A., SUVAK, M., THOMAS, J.L., BURRELL, L., *et al.* (2008). A group randomized trial of critical incident stress debriefing provided to U.S. peacekeepers. *Journal of Traumatic Stress, 21*(3), 253-263.

AGUILERA, D.C. (1995). *Intervention en situation de crise : théorie et méthodologie*. Paris : InterÉditions.

AGUILERA, D.C. (1998). *Crisis intervention*. Missouri : Mosby Year Book Inc.

AGUILERA, D.C., et MESSICK, J.M. (1982). *Crisis Intervention*. New York : C.V. Mosby.

ALLENOU, C., OLLIAC, B., BOURDET-LOUBÈRE, S., BRUNET, A., DAVID, A.C., CLAUDET, I., *et al.* (2010). Symptoms of traumatic stress in mothers of children victims of a motor vehicle accident. *Depression and Anxiety*, *27*(7), 652-657

ALONSO, J., ANGERMEYER, M.C., BERNERT, S., BRUFFAERTS, R., BRUGHA, T.S., BRYSON, H., *et al.* (2004a). Disability and quality of life impact of mental disorders in Europe : results from the European Study of the Epidemiology of Mental Disorders (ESEMeD) project. *Acta Psychiatrica Scandinavica Supplement*, *420*, 38-46.

ALONSO, J., ANGERMEYER, M.C., BERNERT, S., BRUFFAERTS, R., BRUGHA, T.S., BRYSON, H., *et al.* (2004b). Prevalence of mental disorders in Europe : results from the European Study of the Epidemiology of Mental Disorders (ESEMeD) project. *Acta Psychiatrica Scandinavica Supplement*, *420*, 21-27.

ANDOLFI, M., ANGELA, C., MENGHI, P., et NICOLO, A.M. (1985). *La forteresse familiale*. Paris : Dunod.

ANDREASEN, N.C., et BLACK, D.W. (1991). *Introductory Textbook of Psychiatry*. Washington : American Psychiatric Press.

ANDREOLI, A. (1986). *Crise et intervention de crise en psychiatrie*. Paris : Simep.

ANDREOLI, A., LALIVE, J., et GARRONE, G. (1986). *Crise et intervention de crise en psychiatrie*. Paris : Simep.

APA. (2000). *DSM-IV Manuel diagnostique et statistique des troubles mentaux* (4e éd.). Paris : Masson.

APA. (2000). *Diagnostic and Statistical Manual of Mental Disorders DSM-IV-TR Fourth Edition (Text Revision)*. Washington : American Psychiatric Publishing.

APPLEBY, L. (1992). Suicide in psychiatric patients : Risk and prevention. *British Journal of Psychiatry*, *161*, 749-758.

BALA, J., et KRAMER, S. (2010). Intercultural dimensions in the treatment of traumatized refugee families. *Traumatology*, *16*(4), 153-159.

BALDWIN, B.A. (1979). Crisis Intervention : An Overview of Theory and Practice. *Counseling Psychologist*, *8*, 43-52.

BALL, J.S., LINKS, P.S., STRIKE, C., et BOYDELL, K.M. (2005). « It's Overwhelming... Everything Seems to be Too Much » : A Theory of Crisis for Individuals with Severe Persistent Mental Illness. *Psychiatric Rehabilitation Journal*, *29*(1), 10-17.

BALLENGER, J.C., DAVIDSON, J.R., LECRUBIER, Y., NUTT, D.J., FOA, E., KESSLER, R., et MCFARLANE, A. (2000). Consensus statement on posttraumatic stress disorder from the international consensus group on depression and anxiety. *Journal of Clinical Psychiatry*, *61*(5), 60-66.

BALLENGER, J.C., DAVIDSON, J.R., LECRUBIER, Y., NUTT, D.J., MARSHALL, R.D., NEMEROFF, C.B., *et al.* (2004). Consensus statement update on posttraumatic stress disorder from the international consensus group on depression and anxiety. *Journal of Clinical Psychiatry, 65 suppl. 1*, 55-62.

BANDURA, A. (1997) *Self-efficacy in changing societies*. New York : Freeman.

BATESON, G. (1977). *Vers une écologie de l'esprit* (vol. 1). Paris : Seuil.

BATESON, G. (1980). *Vers une écologie de l'esprit* (vol. 2). Paris : Seuil.

BATESON, G., et RUESCH, J. (1988). *Communication et société*. Paris : Seuil.

BENISH, S.G., IMEL, Z.E., et WAMPOLD, B.E. (2008). The relative efficacy of bona fide psychotherapies for treating post-traumatic stress disorder : a meta-analysis of direct comparisons. *Clinical Psychological Review, 28*(5), 746-758.

BEUTLER, L., MACHADO, P., et NEUFELDT, S.A. (1994). Therapist variables. Dans A.E. Bergin et S.L. Garfield (dir.), *Handbook of psychotherapy and behavior change* (4e éd.), (229–269). Oxford : John Wiley & Sons.

BIFULCO, A., et BROWN, G.W. (1996). Cognitive coping response to crises and onset of depression. *Social Psychiatry & Psychiatric Epidemiology*, *31*(3),163-172.

BIFULCO, A., MORAN, P., BAINES, R., BUNN, A., et STANFORD, K. (2002). Exploring psychological abuse in childhood : Association with other abuse and adult clinical depression. *Bulletin of the Menninger Clinic*, *66*, 3.

BIRMES, P., DUCASSE, J.L., WARNER, B.A., PAYEN, A., et SCHMITT, L. (2000). Trauma, traumatic stress and depression following an airline catastrophy. *Canadian Journal of Psychiatry, 45*(10), 932-934.

BIRMES, P., et SCHMITT, L. (2001). Indication des thérapeutiques biologiques lors des effets traumatiques initiaux. *Revue francophone du stress et du trauma, 1*, 143-147.

BIRMES, P., BRUNET, A., CARRERAS, D., DUCASSE, J.L., CHARLET, J.P., LAUQUE, D., *et al.* (2003). The predictive power of peritraumatic dissociation and acute stress symptoms for posttraumatic stress symptoms : a three-month prospective study. *American Journal of Psychiatry, 160*(7), 1337-1339.

BIRMES, P., BRUNET, A., BENOIT, M., DEFER, S., HATTON, L., SZTULMAN, H., *et al.* (2005a). Validation of the Peritraumatic Dissociative Experiences Questionnaire self-report version in two samples of French-speaking individuals exposed to trauma. *European Psychiatry, 20*(2), 145-151.

BIRMES, P., SCHMITT, L., et ARBUS, C. (2005b). Syndromes psychotraumatiques : quels aspects cliniques ? *Revue du praticien. Médecine générale, 19*, 64-68.

BISSON, J.I., JENKINS, P.L., ALEXANDER, J., et BANNISTER, C. (1997). Randomised controlled trial of psychological debriefing for victims of acute burn trauma. *British Journal of Psychiatry, 171*, 78-81.

BISSON, J.I., SHEPHERD, J.P., JOY, D., PROBERT, R., et NEWCOMBE, R.G. (2004). Early cognitive-behavioural therapy for post-traumatic stress symptoms after physical injury. Randomised controlled trial. *British Journal of Psychiatry, 184*, 63-69.

BISSON, J.I., et ANDREW, M. (2007). Psychological treatment of post-traumatic stress disorder (PTSD). *Cochrane database of systematic reviews (online),* (3) CD003388.

BLANCK, T., NUJHOLT, I., ECKART, K., et SPIESS, J. (2002). Priming of long-term potentiation in mouse hippocampus by corticotropin-releasing factor and acute stress : implication for hippocampus-dependent learning. *Journal of Neuroscience, 22*, 3788-3794.

BLANK, A.S. Jr. (1994). Clinical detection, diagnosis, and differential diagnosis of post-traumatic stress disorder. *Psychiatric Clinics of North America, 17*(2), 351-383.

BONNE, O., NEUMEISTER, A., et CHARNEY, D.S. (2003). Neurobiological mechanisms of psychological trauma. Dans R.J. Ursano et A.E. Norwood (dir.), Trauma and Disaster Responses and Management, *Review of Psychiatry series, 22*(1), Washington : American Psychiatric Publishing.

BORSCHMANN, R., et MORAN, P. (2011). Crisis management in borderline personality disorder. *International Journal of Social Psychiatry, 57*(1), 18-20.

BOSCARINO, J.A. (2004). Posttraumatic stress disorder and physical illness : results from clinical and epidemiologic studies. *Annals of the New York Academy of Science, 1032*, 141-153.

BOSZORMENYI-NAGY, I. (1973). *Invisible Loyalties*. New York : Harper and Row.

BOTELLA, L., CORBELLA, S., BELLES, L., PACHECO, M., GOMEZ, A.M., HERRERO, O., RIBAS, E., et PEDRO, N. (2008). Predictors of therapeutic outcome and process. *Psychotherapy Research, 18*(5), 535-542.

BOURGEOIS, M.-L. (2004). Les deuils traumatiques. *Revue francophone du stress et du trauma, 4*(4), 241-247.

BOWEN, M. (1984). *La différenciation du soi*. Paris : ESF.

BOYER, R., LESAGE, A., GUAY, S., BLEAU, P., SÉGUIN, M., STEINER, W., *et al.* (2010). Report on a study conducted with students and staff of Dawson College on the psychological impact of the incident and the search for support. Second of four reports presented to the ministère de la Justice du Québec on the evaluation of the psychological impact and intervention after the shooting at Dawson College on September 13, 2006. Montréal : Institut de recherche du Centre universitaire de santé de McGill.

BRACHA, H.S. (2004). Freeze, Flight, Fight, Fright, Faint : Adaptationist perspectives on the Acute Stress Response Spectrum. *CNS Spectrum, 9*(9), 679-685.

BRADLEY, M.F., et PAUZÉ, R. (2008). Cycle de vie familiale, échec dans la résolution des tâches développementales et apparition de l'anorexie à l'adolescence. *Thérapie familiale, 29*(3), 335-353.

BRADLEY, M.F., et PAUZÉ, R. (2009). Étude sur la résolution des tâches développementales chez les familles d'adolescents présentant une dysfonction alimentaire. *Thérapie familiale, 30*(3), 353-377.

BRENT, D.A., OQUENDO, M., *et al.* (2002). Familial pathways to early-onset suicide attempt : risk for suicidal behavior in offspring of mood-disordered suicide attempters. *Archives of General Psychiatry, 59*, 801-807.

BRESLAU, N. (2001). The epidemiology of posttraumatic stress disorder : what is the extent of the problem ? *Journal of Clinical Psychiatry, 62 suppl. 17*, 16-22.

BRESLAU, N., DAVIS, G.C., ANDRESKI, P., et PETERSON, E. (1991). Traumatic events and posttraumatic stress disorder in an urban population of young adults. *Archives of General Psychiatry, 48*(3), 216-222.

BRESLAU, N., KESSLER, R., CHILCOAT, H., SCHULTZ, L., DAVIS, G., et ANDRESKI, P. (1998). Trauma and posttraumatic stress disorder in the community. *Archives of General Psychiatry, 55*, 626-632.

BRESSI, C., DAMSA, C., PIRROTTA, R., LAZIGNAC, C., et INVERNIZZI, G. (2005). *Bulletin de la Société des sciences médicales du Grand-Duché de Luxembourg, 3*, 293-301.

BREWIN, C.R., ANDREWS, B., et VALENTINE, J.D. (2000). Meta-analysis of risk factors for posttraumatic stress disorder in trauma-exposed adults. *Journal of Consulting and Clinical Psychology, 68*(5), 748-766.

BREWIN, C.R., et HOLMES, E.A. (2003). Psychological theories of posttraumatic stress disorder. *Clinical Psychology Review, 23*(3), 339-376.

BROADHEAD, J., ABAS, M., KHUMALO SAKUTUKWA, G., CHIGWANDA, M., et GARURA, E. (2001). Social support and life events as risk factors for depression amongst women in an urban setting in Zimbabwe. *Social Psychiatry And Psychiatric Epidemiology, 36*(3), 115-122.

BRONFENBRENNER, U. (1979) *The Ecology of Human Development*. Cambridge : Harvard University Press.

BROOKER, C., RICKETTS, T., BENNETT, S., et LEMME, F. (2007). Admission decisions following contact with an emergency mental health assessment and intervention service. *Journal of Clinical Nursing, 16*(7), 1313-1322.

BROWN, G.W., HARRIS, A.T., ADLER, Z., et BRIDGE, L. (1986). Social support, self-esteem and depression. *Psychological Medicine, 16*, 813-831.

BROWN, G.W., et HARRIS, A.T. (1989). *Life Events and Illness*. New York : Guilford Press.

BRUNET, A. (1996). Expositions récurrentes aux événements traumatiques : Inoculation ou vulnérabilité croissante ? *Santé mentale au Québec, 21*(1), 145-162.

BRUNET, A., WEISS, D.S., METZLER, T.J., BEST, S.R., NEYLAN, T.C., ROGERS, C., FAGAN, J., et MARMAR, C.R. (2001). The peritraumatic distress inventory : A proposed measure of PTSD criterion A2. *American Journal of Psychiatry, 158*(9), 1480-1485.

BRUNET, A., et BIRMES, P. (2002). Psychopathologie des réactions précoces après un événement traumatique. *Annales médico-psychologiques, 160*(5-6), 461-463.

BRUNET, A., HOLOWKA, D., et LAURENCE, J.R. (2002). Dissociative phenomena. Dans M.J. Aminoff et R.B. Daroff (dir.), *Encyclopedia of the neurological sciences* (25-27). San Diego : Academic Press.

BRUNET, A., ST-HILAIRE, A., JEHEL, L., et KING, S. (2003). Validation of a French version of the impact of event scale-revised. *Canadian Journal of Psychiatry, 48*(1), 56-61.

BRUNET, A., AKERIB, V., et BIRMES, P. (2007). Don't throw out the baby with the bathwater (PTSD is not overdiagnosed). *Canadian Journal of Psychiatry, 52*(8), 501-502.

BRUNET, A., ORR, S.P., TREMBLAY, J., ROBERTSON, K., NADER, K., et PITMAN, R.K. (2008). Effect of post-retrieval propranolol on psychophysiologic responding during subsequent script-driven traumatic imagery in post- traumatic stress disorder. *Journal of Psychiatric Research, 42*(6), 503-506.

BRYANT, R.A. (2011). Acute stress disorder as a predictor of posttraumatic stress disorder : a systematic review. *Journal of Clinical Psychiatry, 72*(2), 233-239.

BRYANT, R.A., HARVEY, A.G., DANG, S.T., SACKVILLE, T., et BASTEN, C. (1998). Treatment of acute stress disorder : a comparison of cognitive-behavioral therapy and supportive counseling. *Journal of Consulting and Clinical Psychology, 66*(5), 862-866.

BRYANT, R.A., SACKVILLE, T., DANG, S.T., MOULDS, M., et GUTHRIE, R. (1999). Treating acute stress disorder : an evaluation of cognitive behavior therapy and supportive counseling techniques. *American Journal of Psychiatry, 156*(11), 1780-1786.

BRYANT, R.A., HARVEY, A.G., GUTHRIE, R.M., et MOULDS, M.L. (2000). A prospective study of psychophysiological arousal, acute stress disorder, and posttraumatic stress disorder. *Journal of Abnormal Psychology, 109*(2), 341-344.

BRYANT, R.A., MOULDS, M.L., et NIXON, R.V. (2003). Cognitive behaviour therapy of acute stress disorder : a four-year follow-up. *Behaviour Research and Therapy, 41*(4), 489-494.

BRYANT, S., et RANGE, M.L. (1995). Suicidality in college women who report multiple versus single types of maltreatment by parents : A brief report. *Journal of Child Sexual Abuse, 4*, 87-94.

BUI, E., BRUNET, A., ALLENOU, C., CAMASSEL, C., RAYNAUD, J.P., CLAUDET, I., *et al.* (2010a). Peritraumatic reactions and posttraumatic stress symptoms in school-aged children victims of road traffic accident. *General Hospital Psychiatry, 32*(3), 330-333.

BUI, E., JOUBERT, S., MANETTI, A., CAMASSEL, C., CHARPENTIER, S., RIBEREAU-GAYON, R., *et al.* (2010b). Peritraumatic distress predicts posttraumatic stress symptoms in older people. *International Journal of Geriatric Psychiatry, 25*(12), 1306-1307.

BUI, E., TREMBLAY, L., BRUNET, A., RODGERS, R., JEHEL, L., VERY, E., *et al.* (2010c). Course of posttraumatic stress symptoms over the 5 years following an industrial disaster : a structural equation modeling study. *Journal of Traumatic Stress, 23*(6), 759-766.

BUI, E., BRUNET, A., OLLIAC, B., VERY, E., ALLENOU, C., RAYNAUD, J.P., *et al.* (2011). Validation of the Peritraumatic Dissociative Experiences Questionnaire and Peritraumatic Distress Inventory in school-aged victims of road traffic accidents. *European Psychiatry, 26*(2), 108-111.

BUREAU DE LA TRADUCTION et DIRECTION DE LA TERMINOLOGIE ET DES SERVICES LINGUISTIQUES DU CANADA. (1990). *Vocabulaire de sémiologie de l'appareil locomoteur* (vol. 1). Ottawa : Ministre des Approvisionnements et Services Canada.

BURGESS, A.W., et BALDWIN B.A. (1981). *Crisis intervention theory and practice : A clinical handbook*. Upper Saddle River : Prentice-Hall.

BURGESS, A. W., HARTMAN, C., et CLEMENTS, P. (1995). Biology of memory and childhood trauma. *Journal of Psychological Nursing, 33*, 16-26.

BURGESS, A.W., et ROBERTS, A.R. (2000). Crisis intervention for persons diagnosed with clinical disorders based on the stress-crisis continuum. Crisis intervention handbook : Assessment, treatment, and research (2e éd.), (56-76). New York : Oxford University Press.

CADELL, S., REGEHR, C., et HEMSWORTH, D. (2003). Factors contributing to posttraumatic growth : A proposed structural equation model. *American Journal of Orthopsychiatry, 73*, 279–287.

CALLAHAN, J. (1994). Defining crisis and emergency. *Crisis : The Journal of Crisis Intervention and Suicide Prevention, 15*(4), 164-171.

CALLAHAN, J. (1998). Crisis theory and crisis intervention in emergencies. Dans P.M. Kleespies (dir.). *Emergencies in Mental Health Practice. Evaluation and Management* (22-40). New York/ Londres : Guilford Press.

CAPITAINE, M., RODGERS, R.F., et CHABROL, H. (2011). Unwanted sexual experiences, depressive symptoms and disordered eating among college students. *Eating Behaviors, 12*(1), 86-89.

CAPLAN, G. (1964). *Principles of preventive psychiatry*. New York : Basic Books.

CARDENA, E., KOOPMAN, C., CLASSEN, C., WAELDE, L.C., et SPIEGEL, D. (2000). Psychometric properties of the Stanford Acute Stress Reaction Questionnaire (SASRQ) : a valid and reliable measure of acute stress. *Journal of Traumatic Stress, 13*(4), 719-734.

CAREY-BÉLANGER, E., et CÔTÉ, C. (1982). Les interventions brèves : huit ans après. *Service social, 31*(2-3).

CARON, J., TEMPIER, R., MERCIER, C., et LEOUFFRE, P. (1998). Components of social support and quality of life in severely mentally ill, low income individuals and a general population group. *Community Ment. Health J., 34*(5), 459-475.

CARTER, B., et MCGOLDRICK, M. (1988). *Family Life Cycles : a Framework for Family Therapy*. New York : Gardner Press.

CÉGEP DE SAINT-JÉRÔME. (1997). *Guide pédagogique*.

CHEN, C.-H., TAN, H.K.-L., LIAO, L.-R., CHEN, H.-H., CHAN, C.-C., CHENG, J.-J.-S., *et al.* (2007). Long-term psychological outcome of 1999 Taiwan earthquake survivors : a survey of a high-risk sample with property damage. *Comprehensive Psychiatry, 48*(3), 269-275.

CIRILLO, S. (1988). *Familles en crise et placement familial : guide pour les intervenants*. Paris : ESF.

CLÉMENT, M., et FORTIN, D. (1994). *Crise et services d'intervention de crise en santé mentale : quelques urgences psychiatriques de la région de Québec*. Québec : Centre de recherche sur les services communautaires.

COHEN, S., CLARK, M.S., et SHERROD, D.R. (1986). Social skills and the stress-protective role of social support. *Journal of Personality and Social Psychology, 50*(5), 963-973.

COMPTON, M.T., ESTERBERG, M.L., MCGEE, R., KOTWICKI, R.J., et OLIVA, J.R. (2006). Crisis intervention team training : Changes in knowledge, attitudes, and stigma related to schizophrenia. *Psychiatric Services, 57*(8), 1199-1202.

COOK-DARZENS, S. (2002). *Thérapie familiale de l'adolescent anorexique*. Paris : Dunod.

CORCORAN, K., et FISHER, J. (2000). *Measures for clinical practice : A source book*. Beverly Hills : Sage.

CORDOVA, M.J., RUZEK, J.I., BENOIT, M., et BRUNET, A. (2003). Promotion of emotional disclosure following illness and injury : a brief intervention for medical patients and their families. *Cognitive and Behavioral Practices, 10*(4), 358-371.

COUTURE-TRUDEL, P.-M., et MORIN, M.-È. (2007). La garde en établissement au Québec : enjeux de la détention civile en psychiatrie. *Santé mentale au Québec, 32*(1), 229-244.

CROCQ, L. (1999). *Les traumatismes psychiques de guerre*. Paris : Odile Jacob.

CROCQ, L. (2002). Histoire critique du debriefing. *Les debriefings psychologiques en question* (73-130). Anvers : Garant.

CROCQ, L. (2004). L'intervention psychologique auprès des victimes en période post-immédiate. La question du debriefing. *Le Journal des psychologues, 218*, 8-14.

CROCQ, L. (2005). Histoire de la psychiatrie de l'avant dans les conflits armés. *Revue francophone du stress et du trauma, 5*(1), 43-54.

CROWLEY, B. (2003a). The assessment of danger in everyday practice. *Psychiatric Times, 20*(6), 1-6.

CROWLEY, B. (2003b). Measures to take after diagnosis of violence or danger. *Psychiatric Times, 20*(7), 1-8.

CUENDET, C.L. (1988) Modèle d'évaluation des systèmes familiaux en crise. *Thérapie familiale, 9*(3), 219-230.

CUKOR, J., SPITALNICK, J., DIFEDE, J., RIZZO, A., et ROTHBAUM, B. O. (2009). Emerging treatments for PTSD. *Clinical Psychology Review, 29*(8), 715-726.

CYRULNIK, B. (2001). *Les vilains petits canards*. Paris : Odile Jacob.

DAMSA, C., DI CLEMENTE, T., MASSARCZYK, O., VASILESCU, M.C., HAUPERT, J., PREDESCU, A., *et al.* (2003). L'intervention de crise dans un service d'urgences psychiatriques diminue le nombre d'hospitalisations volontaires en psychiatrie. *Annales médico-psychologiques, 161*(9), 693-699.

DARVES-BORNOZ, J.M., ALONSO, J., DE GIROLAMO, G., DE GRAAF, R., HARO, J.M., KOVESS-MASFETY, V., *et al.* (2008). Main traumatic events in Europe : PTSD in the European study of the epidemiology of mental disorders survey. *Journal of Traumatic Stress, 21*(5), 455-462.

DEAHL, M., SRINIVASAN, M., JONES, N., THOMAS, J., NEBLETT, C., et JOLLY, A. (2000). Preventing psychological trauma in soldiers : the role of operational stress training and psychological debriefing. *British Journal of Medical Psychology, 73(1)*, 77-85.

DE CLERCQ, M. (1997). *Urgences psychiatriques et interventions de crise*. Bruxelles : De Boeck et Larcier.

DE CLERCQ, M., et VERMEIREN, E. (1999). Le débriefing psychologique : controverses, débat et reflexions. *Nervure, XII*(6), 55-61.

DE COSTER, R. (1990). *La tragédie du 6 décembre 1989 à l'École polytechnique de Montréal*. Montréal : Groupe de travail De Coster.

DELAGE, M. (2002). Traumatisme psychique et résilience familiale. *Revue francophone du stress et du trauma, 2*(2), 69-78.

DELGADO, J.M. (1967). *Physical Control of the Mind. Toward a Psychocivilized Society*. New York : Irvinton Publishers.

DE SOIR, E., et VERMEIREN, E. (2002). *Les débriefings psychologiques en question*. Anvers : Garant.

DESPLAND, J.-N., DRAPEAU, M., et DE ROTEN, Y. (2005). A naturalistic study of the effectiveness of a four-session format : The brief psychodynamic intervention. *Brief Treatment and Crisis Intervention, 5*(4), 368-378.

DEVILLY, G.J., et ANNAB, R. (2008). A randomised controlled trial of group debriefing. *Journal of Behavior Therapy and Experimental Psychiatry, 39*(1), 42-56.

DE VRIES, G.J., et OLFF, M. (2009). The lifetime prevalence of traumatic events and posttraumatic stress disorder in the Netherlands. *Journal of Traumatic Stress, 22*(4), 259-267.

DOLAN, M., ET DOYLE, M. (2000). Violence risk prediction. Clinical and actuarial measures and the role of the Psychopathy Checklist. *British Medical Journal of Psychiatry, 177*, 303-311.

DOUGLAS, K.S., WEBSTER, C.D., HART, S.D., EAVES, D., et OGLOFF, J.R.P. (2001). *HCR-20 companion guide*. Burnaby : Mental Health Law and Policy Institute, Simon Fraser University.

DOUGLAS, K.S., OGLOFF, J.R.P., et HART, S.D. (2003). Evaluation of a model of violence risk assessment among forensic psychiatric patients. *Psychiatric Services, 54*, 1372-1379.

DOWD, M.-A., et LECOURS, R. (2011). *Les difficultés d'application de la Loi sur la protection des personnes dont l'état mental représentent un danger pour elles-mêmes ou pour autrui*. Québec : Protecteur du citoyen.

DUBOSC, A., CAPITAINE, M., FRANKO, D.L., BUI, E., BRUNET, A., CHABROL, H., et RODGERS, R. (sous presse). Adult sexual assault and disordered eating : the mediation role of posttraumatic stress disorder symptoms. *Journal of Traumatic Stress*.

DUCHET, C., DUCROCQ, F., VAIVA, G., JEHEL, L., PRIETO, N., LOUVILLE, P., *et al.* (2004, 11 et 12 juin). Présentation d'un modèle d'interventions psychothérapiques post-immediates (I.P.P.I.). 6es journées scientifiques de l'Association de formation et de recherche des cellules d'urgence médico-psychologique, Lyon.

DUCROCQ, F., et VAIVA, G. (2005). From the biology of trauma to secondary preventive pharmalogical measures for post-traumatic stress disorders. *Encephale, 31*(2), 212-226.

D'ZURILLA, T.J., et GOLDFRIED, M.R. (1971), Problem solving and behavior modification. *Journal of Abnormal Psychology*, 78, 107-126.

D'ZURILLA, T.J., et NEZU, A.M. (1999). *Problem solving therapy. A social competence approach to clinical intervention* (2e éd.). New York : Springer.

EASTERBROOK, J.A. (1959) The effect of emotion on cue utilization and the organization of behavior. *Journal of Personality and Social Psychology, 2*, 604-605.

EHLERS, A., BISSON, J., CLARK, D.M., CREAMER, M., PILLING, S., RICHARDS, D., *et al.* (2010). Do all psychological treatments really work the same in posttraumatic stress disorder ? *Clinical Psychology Review, 30*(2), 269-276.

ENGEL, G.L. (1980). The clinical application of biopsychosocial model. *American Journal of Psychiatry, 137*(5), 535-544.

ERICKSON, E. (1959). *Some considerations regarding theory and assessment relevant to attachment beyond infancy*. Chicago : University of Chicago Press.

EVERLY, G., FLANNERY, R., et MITCHELL, J. (2000). Critical incident stress management (Cism) : A review of the literature. *Agression and Violent Behavior, 5*, 23-40.

EYRE, A. (1999). In remembrance : Post-disaster rituals and symbols. *Australian Journal of Emergency Management, 14*(3), 23-29.

FAZEL, S., GULATI, G., LINSELL, L., GEDDES, J.R., et GRANN, M., (2009). Schizophrenia and violence : Systematic review and meta-analysis. *PLoS Medecine, 6*(8),1-15.

FINKENBINE, R., REDWINE, B., HARDESTY, S., et CARSON, W. (1998). Ethical approach in contemporary psychiatry : a pragmatic approach in a Psychiatry Access Center. *General Hospital Psychiatry, 20*, 231-234.

FOA, E.B., ZOELLNER, L.A., et FEENY, N.C. (2006). An evaluation of three brief programs for facilitating recovery after assault. *Journal of Traumatic Stress, 19*(1), 29-43.

FOLKMAN, S., et LAZARUS, R.S. (1985). If it changes it must be a process : Study of emotion and coping during three stages of a college examination. *Journal of Personality & Social Psychology, 48*,150-170.

FREEDMAN, S.A., BRANDES, D., PERI, T., et SHALEV, A. (1999). Predictors of chronic post-traumatic stress disorder. A prospective study. *British Journal of Psychiatry, 174*, 353-359.

FREUD, S. (1920). *Au-delà du principe de plaisir.* Paris : Payot.

FRIEDMAN, M.J., RESICK, P.A., BRYANT, R.A., et BREWIN, C.R. (2011). Considering PTSD for DSM-5. *Depression and Anxiety, 28*(9), 750–769.

GALEA S., VLAHOV, D., RESNICK H., AHERN, J., SUSSER, E., GOLD, J., *et al.* (2003). Trends in probable posttraumatic stress in New York City after the September 11 terrorist attacks. *American Journal of Epidemiology, 158*, 514-524.

GEORGE, L., DURBIN, J., SHELDON, T., et GOERING, P. (2002). Patient and contextual factors related to the decision to hospitalize patients from emergency psychiatric services. *Psychiatric Services, 53*(12), 1586-1591.

GERMER, C.K., SIEGEL, R.D., et FULTON, P.R. (dir.) (2005). *Mindfulness and Psychotherapy*. New York : Guilford Press.

GIRARD, M. (2004). Le concept de victime latente. *Revue francophone du stress et du trauma, 4*(1), 21-25.

GLANCY, G.D., et CHAIMOWITZ, G. (2005). The clinical use of risk assessment. *Canadian Journal of Psychiatry, 50*(1), 12-17.

GLANCY, G., et SAINI, M.A. (2005). An evidenced-based review of psychological treatments of anger and aggression. *Brief Treatment and Crisis Intervention, 5*(2), 229-248.

GLOVER, A.J.J., NICHOLSON, D.E., et HEMMATI, T. (2002). A comparison of predictors of general and violent recidivism among high risk federal offenders. *Criminal Justice and Behavior, 29*, 235-249.

GOGNALONS-NICOLET, M., et ANDREOLI, A. (1989). Évaluer la crise ? [Crises assessment ?]. *L'Information psychiatrique, 65*(9), 891-900.

GONÇALVES, V., JAYSON, G., et TARRIER, N. (2011). A longitudinal investigation of posttraumatic stress disorder in patients with ovarian cancer. *Journal of psychosomatic research, 70*(5), 422-431.

GOTTLIEB, B.H. (1979). The primary group as supportive milieu : Applications to community psychology. *American Journal of Community Psychology, 7*(5), 469-480.

GRANN, M., LANGSTROM, N., et TENGSTROM, A. (1999). Psychopathy (PCL-R) predicts violent recidivism among criminal offenders with personality disorders in Sweden. *Law and Human Behavior, 23*(2), 205-217.

GRAY, M.J., et LITZ, B.T. (2005). Behavioral interventions for recent trauma : Empirically informed practice guidelines. *Behavior modification, 29*(1), 189-215.

GUTSTEIN, S.E., RUDD, F.M., GRAHAM, C.J., et RAYHA, L.L. (1988). Systemic crisis intervention as a response to adolescent crisis : An outcome study. *Family Process, 27*(2), 201-211.

HALEY, J. (1979). *Nouvelles stratégies en thérapie familiale.* Montréal : France Amérique.

HALPERN, H.A. (1973). Crisis theory : A definitional study. *Community Mental Health Journal, 9*, 342-349.

HARE, R. (2003). *Manual for Hare Psychopathy Checklist-Revised (2e version).* Toronto : Multi-Health Systems.

HARVEY, C.A., et FIELDING, J.M. (2003). The configuration of mental health services to facilitate care for people with schizophrenia. *The Medical Journal of Australia, 178 suppl.*, S49-S52.

HAW, C., HOUSTON, K., TOWNSEND, E., et HAWTON, K. (2001). Deliberate self-harm patients with alcohol disorders : Characteristics, treatment, and outcome. *Crisis : The Journal of Crisis Intervention and Suicide Prevention, 22(3)*, 93-101.

HAWTON, K., et HEERINGEN, K. (2009). Suicide. *Lancet, 373*, 1372-1381.

HAYES, S.C., STROSAHL, K., et WILSON, K.G. (1999). *Acceptance and Commitment Therapy : An experiential approach to behavior change.* New York : Guilford Press.

HAYES, S.C., FOLLETTE, V.M., et LINEHAN, M.M. (dir.). (2004) *Minfulness and acceptance : Expanding the cognitive- behavioral tradition.* New York : Guilford Press.

HENDERSON, C., FLOOD, C., LEESE, M., THORNICROFT, G., SUTHERBY, K., et SZMUKLER, G. (2004). Effect of joint crisis plans on use of compulsory treatment in psychiatry : Single blind randomised controlled trial. *British Medical Journal, 329*, 136-138.

HENDRICKS, J.E., et BYERS, B.D. (dir.). (2002). *Crisis intervention in criminal justice/social service.* Springfiled : Charles C. Thomas Publisher.

HEPP, U., GAMMA, A., MILOS, G., EICH, D., AJDACIC-GROSS, V., ROSSLER, W., *et al.* (2006). Prevalence of exposure to potentially traumatic events and PTSD. The Zurich Cohort Study. *European Archives of Psychiatry and Clinical Neuroscience, 256*(3), 151-158.

HETRICK, S.E., PURCELL, R., GARNER, B., et PARSLOW, R. (2010). Combined pharmacotherapy and psychological therapies for post traumatic stress disorder (PTSD). *Cochrane Database Systemaric Review (online)*, (7), CD007316.

HILLMAN, J.L. (2002). *Crisis intervention and trauma : New approaches to evidence-based practice.* New York : Kluwer Academic/Plenum Publishers.

HILTON, N.Z., HARRIS, G.T., et RICE, M.E. (2001). Predicting violence by serious wife assaulters. *Journal of Interpersonal Violence, 16*, 408-423.

HOBFOLL, S.E. (1989). Conservation of resources. A new attempt at conceptualizing stress. *American Psychologist, 44*(3), 513-524.

HOBFOLL, S.E. (1998). *Stress, Culture and Community.* New York : Plennum Press.

HOBFOLL, S.E. (2001). The influence of culture, community, and the nested-self in the stress process : Advancing conservation of resources. *Theory Applied Psychology - an International Review, 50*(3), 337-370.

HOFF, L.A. (1995). *People in Crisis : Understanding and Helping* (4e éd.). San Francisco : Jossey-Bass.

HOFF, L.A. (2001). *People in crisis : Clinical and public health perspectives* (5e éd.). San Francisco : Jossey-Bass.

HOLBROOK, T.L., GALARNEAU, M.R., DYE, J.L., QUINN, K., *et al.* (2010). Morphine use after combat injury in Iraq and post-traumatic stress disorder. [Research Support, U.S. Gov't, Non-P.H.S.]. *New England Journal of Medicine, 362*(2), 110-117.

HOROWITZ, J. (1986). *Stress response syndromes* (2e éd.). Northvale : Jason Aronson.

HORVATH, A., et BEDI, R. (2002) The alliance. Dans J.C. Norcross (dir.). *Psychotherapy relationship that work : Therapist contributions and responsiveness to patients*. New York : Oxford University Press.

HUANG, G.F., BESSON, J.M., et BERNARD, J.F. (1993). Intravenous morphine depresses the transmission of noxious messages to the nucleus centralis of the amygdala. *European Journal of Pharmacology, 236*(3), 449-456.

IPSER, J.C., et STEIN, D.J. (2011). Evidence-based pharmacotherapy of post-traumatic stress disorder (PTSD). *International Journal of Neuropsychopharmacology*, 1-16.

ISRAËL, M. (1991). L'intervention de crise dans un établissement hospitalier : aspects théoriques et pratiques. *Santé mentale au Québec, 16*(2), 237-252.

JACOBSON, G.F. (1980). Crisis Theory. New Directions for Mental Health Services. *Crisis Intervention in the 1980's, 6*, 1-10.

JAMES, R.K., et GILLILAND, B.E. (2001). *Crisis Intervention Strategies*. Belmont : Brooks/Cole.

JANET, P. (1909). Problèmes psychologiques de l'émotion. *Revue neurologique, 17*, 1551-1687.

JANIS, I.L., et MANN, L. (1977). Emergency decision making : A theoretical analysis of responses to disaster warnings. *Journal of Human Stress, 3*(2), 35-48.

JANOFF-BULMAN, R. (1992). *Shattered assumptions : Towards a new psychology of trauma*. New York : Free Press.

JANOSIK, E.H. (1984). *Crisis counseling : A contemporary approach*. Belmont : Wadsworth.

JEHEL, L., PATERNITI, S., BRUNET, A., DUCHET, C., et GUELFI, J.D. (2003). Prediction of the occurrence and intensity of post-traumatic stress disorder in victims 32 months after bomb attack. *European Psychiatry, 18*(4), 172-176.

JEHEL, L., BRUNET, A., PATERNITI, S., et GUELFI, J.D. (2005). Validation of the Peritraumatic Distress Inventory's French translation. *Canadian Journal of Psychiatry, 50*(1), 67-71.

JOHNSON, S., GILBURT, H., LLOYD-EVANS, B., et SLADE, M. (2007). Acute in-patient psychiatry : Residential alternatives to hospital admission. *Psychiatric Bulletin, 31*(7), 262-264.

JONES, D.R. (1985). Secondary disaster victims : The emotional effects of recovering and identifying human remains. *American Journal of Psychiatry, 142*(2), 303-307.

JOSEPH, S.A., WILLIAMS, R.M., et YULE, W. (1997). Intervention and treatment. Dans S.A. Joseph, R.M. Williams et W. Yule (dir.), *Understanding post-traumatic stress : A psychosocial perspective on ptsd and treatment* (109-137). Chichester : Wiley.

JOY, C.B., ADAMS, C.E., et RICE, K. (2006). *Crisis intervention for person with severe mental illnesses (review). Cochrane Database of Systematic Reviews (online)*, (4). Oxford : Wiley & Sons.

KANEL, K. (2003). *A guide to crisis intervention* (2e éd.). Pacific Grove : Brooks/Cole.

KANFER, F.H. (1970). Self-regulation : Research, issues and speculations. Dans C. Neuringer et L. Michael (dir.), *Behavior modification in clinical psychology* (178-220). New York : Appleton-Centurry-Crofts.

KARAM, E.G., ANDREWS, G., BROMET, E., PETUKHOVA, M., RUSCIO, A.M., SALAMOUN, M., *et al.* (2010). The role of criterion A2 in the DSM-IV diagnosis of posttraumatic stress disorder. *Biological Psychiatry, 68*(5), 465-473.

KASL, S.V., RODRIGUEZ, E., et LASCH, K.E. (1998). The impact of unemployment on health and well-being. Dans B.P. Dohrenwend (dir.), *Adversity, stress, and psychopathology*. New York : Oxford University Press.

KAZANTZIS, N., FLETT, R. A., LONG, N. R., MACDONALD, C., MILLAR, M., et CLARK, B. (2010). Traumatic events and mental health in the community : a New Zealand study. *International Journal of Social Psychiatry, 56*(1), 35-49.

KEENEY, B. (1979). Ecosystemic epistemology : An alternative paradigm for diagnosis. *Family Process, 18*, 117-129.

KENNEDY-MOORE, E., et WATSON, J.C. (1999). *Expressing emotion : Myths, realities, and therapeutic strategies*. New York : Guilford Press.

KENNETH, F. (2002). *Crisis intervention. A Handbook of Immediate Person-to-Person Help*. Springfield : Charles C. Thomas Publishers.

KESSLER, R.C. (2000). Posttraumatic stress disorder : the burden to the individual and to society. *Journal of Clinical Psychiatry, 61 suppl. 5*, 4-12.

KESSLER, R.C., SONNEGA, A., BROMET, E., HUGHES, M., et NELSON, C.B. (1995). Posttraumatic stress disorder in the National Comorbidity Survey. *Archives of General Psychiatry, 52*(12), 1048-1060.

KESSLER, R.C., BERGLUND, P., DEMLER, O., JIN, R., MERIKANGAS, K.R., et WALTERS, E.E. (2005a). Lifetime prevalence and age-of-onset distributions of DSM-IV disorders in the National Comorbidity Survey Replication. *Archives of General Psychiatry, 62*(6), 593-602.

KESSLER, R.C., CHIU, W.T., DEMLER, O., MERIKANGAS, K.R., et WALTERS, E.E. (2005b). Prevalence, severity, and comorbidity of 12-month DSM-IV disorders in the National Comorbidity Survey Replication. *Archives of General Psychiatry, 62*(6), 617-627.

KILPATRICK, D.G., RUGGIERO, K.J., ACIERNO, R., SAUNDERS, B.E., RESNICK, H.S., et BEST, C.L. (2003). Violence and risk of PTSD, major depression, substance abuse/dependence, and comorbidity : results from the National Survey of Adolescents. *Journal of Consulting and Clinical Psychology, 71*(4), 692-700.

KING, S., BARR, R.G., BRUNET, A., SAUCIER, J.-F., MEANEY, M., WOO, S., *et al.* (2000). La tempête de verglas : Une occasion d'étudier les effets du stress prénatal chez l'enfant et la mère. *Santé mentale au Québec, xxv*(1), 163-184.

KIRK, A.K., STANLEY, G.V., et BROWN, D.F. (1988). Changes in patients' stress and arousal levels associated with therapists' perception of their requests during crisis intervention. *British Journal of Clinical Psychology, 27*(4), 363-369.

KIRK, W.G. (1993). *Adolescent suicide : A school-based approach to assessment and intervention*. Champaign : Research Press.

KORF, J., BUNNEY, B.S., et AGHAJANIAN, G.K. (1974). Noradrenergic neurons : Morphine inhibition of spontaneous activity. *European Journal of Pharmacology, 25*, 165-169.

KOSHES, R.J., et ROWE, B.A. (1992). Psychiatric debriefing following operation desert shield storm. *Journal of the US Army Medical Dept, 11*(12), 14-18.

KULIC, K.R. (2005). The Crisis Intervention Semi-Structured Interview. *Brief Treatment and Crisis Intervention, 5*(2), 143-157.

KUTZ, D. (1996). Military psychiatry : a cross cultural perspective. *Military Medecine, 161*(2), 78-83.

LABORIT, H. (1972). L'illogisme de l'événement. *Communications, 18*, 107-115.

LAMARRE, S. (2008). Rapports de contrôle et de coopération : du protectionnisme au partenariat. Dans L. Landry Balas (2e éd.), (79-94). *L'approche systémique en santé mentale*. Montréal : PUM.

LANDEEN, J., PAWLICK, J., ROLFE, S., COTTEE, I., et HOLMES, M. (2004). Delineating the population of a mobile crisis team : Organizing diversity. *Canadian Journal of Psychiatry, 49*(1), 45-50.

LANGE, A., RIETDIJK, D., HUDCOVICOVA, M., VAN DE VEN, J.P., SCHRIEKEN, B., et EMMELKAMP, P.M. (2003). Interapy : a controlled randomized trial of the standardized treatment of posttraumatic stress through the internet. *Journal of Consulting and Clinical Psychology, 71*(5), 901-909.

LANGSLEY, D.G., MACHOTKA, P., et FLOMENHAFT, K. (1971). Avoiding mental hospital admission : A follow-up study. *American Journal of Psychiatry, 127*(10), 1391-1394.

LAUER, M., et BROWNSTEIN, R. (2008). Replacing revolving door : a collaborative approach to treating individuals in crisis. *Journal of Psychosocial Nursing and Mental Health Services, 46*(6), 24-32.

LAZARUS, R. (1974). Psychological stress and coping in adaptation and illness. *International Journal of Psychiatry in Medicine, 5*(4), 321-333.

LAZARUS, R.S. (1985). The psychology of stress and coping. *Issues in Mental Health Nursing, 7*(1), 399-418.

LAZARUS, R.S., et FOLKMAN, S. (1984). *Stress, appraisal and coping*. New York : Springer.

LAZIGNAC, C., DAMSA, C., CAILHOL, L., ANDREOLI, A., PICHENE, C. et MORO, M.-R. (2005). Facteurs sociodémographiques et construction de l'alliance thérapeutique aux urgences psychiatriques. *Annales médico-psychologiques, 163*(1), 53-57.

LEBIGOT, F. (2002). L'effroi du traumatisme psychique : Le regarder en face ou s'en protéger. *Revue francophone du stress et du trauma, 2*(3), 139-146.

LEBIGOT, F., et JEUDY, E. (1995). Dépressions post- traumatiques. Dans J.P. Olié, M.F. Poirier et H. Lôo (dir.). *Les maladies dépressives*. Paris : Flammarion.

LEBIGOT, F., DAMIANI, C., et MATHIEU, B. (2001). Débriefing psychologique des victimes. Dans M. De Clercq et F. Lebigot (dir.). *Les traumatismes psychiques* (163-187). Paris : Masson.

LEBLANC, L., et SÉGUIN, M. (2001). *Relation d'aide : concepts de base et interventions spécifiques*. Montréal : Éditions Logiques.

LECOMTE, Y., et LEFEBVRE, Y. (1986). L'intervention en situation de crise. *Santé mentale au Québec, 11*(2), 122-142.

LINDEMANN, E. (1944). Symptomatology and management of acute grief. *American Journal of Psychiatry, 101*, 141-148.

LINEHAN, M.M. (1993). *Skill Training Manual for Treating Borderline Personality Disorder*. New York : Guilford Press.

LINK, B.G., ANDREWS, H., et CULLEN, F.T. (1992). The violent and illegal behavior of mental patients reconsidered. *American Sociological Review, 57*, 275-292.

LINK, B.G., et STUEVE, A. (1994). Psychotic symptoms and the violent/illegal behavior of mental patients compared to community controls. Dans J. Monohan et H. Steadman (dir.), *Violence and mental disorder : Developments in risk assessment* (137-159). Chicago : University of Chicago Press.

LITZ, B.T., GRAY, J., BRYANT, R.A., et ADLER, A.B. (2002). Early intervention for trauma : current status and future directions. *Clinical psychology : Science and Practice, 9*(2), 112-134.

LLOYD-EVANS, B., SLADE, M., JAGIELSKA, D., et JOHNSON, S. (2009). Residential alternatives to acute psychiatric hospital admission : Systematic review. *British Journal of Psychiatry, 195*(2), 109-117.

LYNCH, J.W., DAVEY SMITH, G., KAPLAN, G.A., et HOUSE, J.S. (2000). Income inequality and mortality : importance to health of individual income, psychosocial environment, or material conditons. *British Medical Journal, 320*, 1200-1204.

MALOUFF, J., THORSTEINSSON, E., et SCHUTTE, N.S. (2007). The efficacy of problem solving therapy in reducing mental and physical health problems : A meta-analysis. *Clinical Psychology Review, 27*(1), 46-57.

MALTAIS, D. (2003). *Catastrophes en milieu rural*. Québec : Éditions JCL.

MALTAIS, D., ROBICHAUD, S., et SIMARD, A. (2001a). *Désastres et sinistrés*. Québec : Éditions JCL.

MALTAIS, D., ROBICHAUD, S., et SIMARD, A. (2001b). *Sinistres et intervenants*. Québec : Éditions JCL.

MANN, J.J. (2004). Searching for triggers of suicidal behavior. *American Journal of Psychiatry, 161*, 395-397.

MARKS, I., LOVELL, K., NOSHIRVANI, H., LIVANOU, M., et THRASHER, S. (1998). Treatment of posttraumatic stress disorder by exposure and/or cognitive restructuring : a controlled study. *Archives of General Psychiatry, 55*(4), 317-325.

MARMAR, C.R., et HOROWITZ, M.J. (1988). Diagnosis and phase-oriented treatment of post-traumatic stress disorder. Dans J.P. Wilson et Z. Harel (dir.), *Human adaptation to extreme stress : From the Holocaust to Vietnam. The Plenum series on stress and coping* (81-103). New York : Plenum Press.

MARMAR, C.R., WEISS, D.S., SCHLENGER, W.E., FAIRBANK, J.A., JORDAN, B.K., KULKA, R.A., *et al.* (1994). Peritraumatic dissociation and posttraumatic stress in male Vietnam theater veterans. *American Journal of Psychiatry,151*(6), 902-907.

MARSHALL, S.L.A. (1947). *Men under fire : the problem of battle command in future war*. New York : William Morrow and co.

MARTIN, A., et MARCHAND, A. (2003). Prediction of posttraumatic stress disorder : Peritraumatic dissociation, negative emotions and physical anxiety among french-speaking university students. *Journal of Trauma and Dissociation, 4*(2), 49-63.

MATHUR, A., CAILHOL, L., BIRMES, P., et SCHMITT, L. (2004). Catastrophes des grandes cités : Quels troubles évaluer ? *Revue francophone du stress et du trauma, 4*(1), 27-34.

MCCAUGH, J.L. (1989). Involvement of hormonal and neuromodulatory systems in the regulation of memory storage : endogenous modulation of memory storage. *Annal Reviews in the Neurosciences, 12*, 225-287.

MCCAUGH, J.L. (2000). Memory-A century of consolidation. *Science, 287*, 248-251.

MCCUBBIN, H.I., THOMPSON, A.I., et MCCUBBIN, M.A. (1996). *Family Assessment : Resiliency, Coping and Adaptation. Inventories for Research and Practice*. Madison : University of Wisconsin Publishers.

MCGIRR, A., PARIS, J., *et al.* (2007a). Risk factors for suicide completion in borderline personality disorder: a case-control study of cluster B comorbidity and impulsive aggression. *Journal of Clinical Psychiatry, 68*, 721-729.

MCGIRR, A., RENAUD, J., *et al.* (2007b). Impulsive-aggressive behaviours and completed suicide across the life cycle: a predisposition for younger age of suicide. *Psychological Medicine*, 6 septembre, 1-11.

MEEHAN, T., et BOATENG, A. (1997). Crisis intervention workers in New South Wales: knowledge, skills, qualities and preparation. *Australian and New Zealand Journal of Mental Health and Nursing, 6*(3), 122-8.

MEICHENBAUM, D. (2001). *Treatment of individuals with anger-control problems and aggressive behaviors*. Vlearwater: Institute Press.

MELLMAN, T.A., BUSTAMANTE, V., DAVID, D., et FINS, A.I. (2002). Hypnotic medication in the aftermath of trauma. *Journal of Clinical Psychiatry, 63*(12), 1183-1184.

MELOY, J.R. (2003). Pathologies of attachment, violence, and criminality. Dans A.M. Goldstein (dir.), *Handbook of psychology: Forensic psychology*, vol. 11 (509-526). New York: John Wiley & Sons.

MELOY, J.R. (2009). Threats, stalking, and criminal harassment. Dans G.-F. Pinard et L.S. Pagani (dir.), *Clinical assessment of dangerousness: Empirical contributions* (238-257). New York: Cambridge University Press.

MESSICK, J.M., et AGUILERA, D.C. (1976). *Intervention en situation de crise: théorie et méthodologie* (2e éd). Saint-Louis: Mosby.

MILLER, L.J. (2008). Prazosin for the treatment of posttraumatic stress disorder sleep disturbances. *Pharmacotherapy, 28*(5), 656-666.

MINISTÈRE DE LA SANTÉ ET DES SERVICES SOCIAUX. (2005). *Plan d'action en santé mentale 2005-2010. La force des liens*. Québec: Direction des communications du MSSS.

MINISTÈRE DE LA SANTÉ ET DES SERVICES SOCIAUX. (2011). *Rapport d'enquête sur les difficultés d'application de la Loi sur la protection des personnes dont l'état mental présente un danger pour elles-mêmes ou pour autrui*. Québec: La Direction des communications du MSSS.

MINUCHIN, S. (1998). *Familles en thérapie*. Érès: Toulouse.

MITCHELL, J.T. (1983). When disaster strikes: the critical incident stress debriefing processs. *Emergency Medical Services, 8*, 36-39.

MITCHELL, J.T. (2003). Major misconceptions in crisis intervention. *International Journal of Emergency Mental Health, 5*(4), 185-197.

MITCHELL, J.T. (2004, 30 janvier-1er février). Working together to support individuals in emergency or disaster (31-46). London: Bristish Red Cross, UK office.

MITCHELL, J.T., et EVERLY, G.S. Jr. (1995). The critical incident stress debriefing (CISD) and the prevention of work-related traumatic stress among high risk occupational groups. Dans G.S. Everly Jr. et J.M. Lating (dir.). *Plenum series on stress and coping. Psychotraumatology: Key papers and core concepts in post-traumatic stress* (267-280). New York: Plenum Press.

MONAHAN, J., STEADMAN, H.J., SILVER, E., APPELBAUM, P.S., CLARK ROBBINS, P., *et al.* (2001). *Rethinking risk assessment: The MacArthur Study of Mental Disorder and Violence*. New York: Oxford University Press.

MORAN, P., BORSCHMANN, R., FLACH, C., BARRETT, B., BYFORD, S., HOGG, J. *et al.* (2010). The effectiveness of joint crisis plans for people with borderline personality disorder: protocol for a pilot randomised controlled trial. *Trials*, 11-18.

MORIN, E. (1977). *La méthode: La nature de la Nature* (tome 1). Paris: Seuil.

MORISSETTE, P. (1984). *Le suicide: démystification, intervention, prévention*. Québec: C.P.S. Québec.

MORMONT, C. (2004). À propos du deuil. *Revue francophone du stress et du trauma, 4*(4), 239-240.

MOSSMAN, D. (2004). Understanding prediction instruments. Dans R.I. Simon et L.H. Gold (dir.), *Textbook of forensic psychiatry* (501-523). Washington: American Psychiatric Publishing.

MUNETZ, M.R., et GRIFFIN, P.A. (2006). Use of the sequential intercept model as an approach to decriminalization of people with serious mental illnesses. *Psychiatric Services, 57*, 544-549.

MYER, R.A. (2001). *Assessment for crisis intervention: A triage assessment model*. Belmont: Wadsworth/Thomson Learning.

MYERS, G.E., et MYERS, M.T. (1984). *Les bases de la communication interpersonnelle*. Montréal: McGraw-Hill.

NEHME, A., DUCROCQ, F., et VAIVA, G. (2004). Les debriefings psychologiques dans la prévention des syndromes psychotraumatiques. Revue de la littérature. *Revue francophone du stress et du trauma, 4*(4), 249-263.

NEWHILL, C.E. (1989). Psychiatric emergencies: Overview of clinical principles and clinical practice. *Clinical Social Work Journal, 17*(3), 245-258.

NEZU, A.M. (2004). Problem solving and behavior therapy revisited. *Behavior Therapy, 35*, 1-33.

NORRIS, F.H. (1992). Epidemiology of trauma: frequency and impact of different potentially traumatic events on different demographic groups. *Journal of Consulting and Clinical Psychology, 60*(3), 409-418.

NORTH, C.S. (2003). Psychiatric epidemiology of disaster responses. Dans R.J. Ursano et A.E. Norwood (dir.), *Trauma and disaster: Responses and management* (vol. 12) (37-62). Washington: American Psychiatric Publishing.

O'DONNELL, M.L., CREAMER, M., et PATTISON, P. (2004). Posttraumatic stress disorder and depression following trauma: Understanding comorbidity. *American Journal of Psychiatry, 161*(8), 1390-1396.

OKUN, B.F. (2002). *Effective helping Interviewing and Counseling techniques* (6e éd.). Pacific Grove: Brooks/Cole.

OLIVA, J.R., et COMPTON, M.T. (2008). A statewide crisis intervention team (CIT) initiative: Evolution of the Georgia CIT program. *Journal of the American Academy of Psychiatry and the Law, 36*(1), 38-46.

ONNIS, L. (1988). Crises et systèmes humains: influence de l'intervention thérapeutique sur la définition et l'évolution de la crise. *Cahiers critiques de thérapie familiale et de pratiques de réseaux, 8*, 73-82.

ONNIS, L. (1989). *Corps et contexte: thérapie familiale des troubles psychosomatiques*. Paris: ESF.

ONNIS, L. (1990). Thérapie systémique et optique de la complexité. *Cahiers critiques de thérapie familiale et de pratiques de réseaux, 11*, 107-110.

ONNIS, L. (1991). Texte et contexte en psychosomatique: des modèles réductionnistes à une épistémologie de la complexité. *Cahiers critiques de thérapie familiale et de pratiques de réseaux, 13*, 245-257.

ORGANISATION MONDIALE DE LA SANTÉ. (1993). *CIM : Classification internationale des troubles mentaux et des troubles du comportement* (10e éd.). Paris : Masson.

ORSILLO, S.M., RAJA, S., et HAMMOND, C. (2002). Gender issues in PTSD with comorbid mental health disorders. Dans R. Kimerling, P. Ouimette et J. Wolfe (dir.), *Gender and PTSD* (207-231). New York : Guilford Press.

OTTINO, J. (1999). Suicide attempts during adolescence : Systematic hospitalization and crisis treatment. *Crisis, 20*(1), 41-48.

OZER, E.J., BEST, S.R., LIPSEY, T.L., et WEISS, D.S. (2003). Predictors of posttraumatic stress disorder and symptoms in adults : a meta-analysis. *Psychological Bulletin, 129*(1), 52-73.

PADALA, P.R., MADISON, J., MONNAHAN, M., MARCIL, W., PRICE, P., RAMASWAMY, S., *et al.* (2006). Risperidone monotherapy for post-traumatic stress disorder related to sexual assault and domestic abuse in women. *International Clinical Psychopharmacology, 21*(5), 275-280.

PAGANI, L., et PINARD, G.-F. (2009). Clinical assessment of dangerousness : An overview of the literature. Dans G.-F. Pinard et L.S. Pagani (dir.), *Clinical assessment of dangerousness : Empirical contributions* (1-22). New York : Cambridge University Press.

PARAD, H.J. (1965). *Crisis intervention : Selected readings.* Oxford : Family Service Association America.

PARENT, J., et COUSINEAU, M.-M. (2003). Conséquence à long terme d'un *mass murder* : Le cas de Polytechnique, neuf ans plus tard. *Journal international de victimologie, 1*(3).

PATTERSON, J.M. (2002). Understanding Family Resilience. *Journal of Clinical Psychology, 58*(3), 233-246.

PAUZÉ, R. (2001). *Guide de formation sur l'intervention en contexte de crise.* Groupe de recherche sur les inadaptations sociales de l'enfance. Université de Sherbrooke.

PAUZÉ, R., JOLY, J., YERGEAU, E, TOUPIN, J., et TOUCHETTE, L (2005). *Évolution des jeunes et des familles desservis par le programme Crise-Ado-famille.* Groupe de recherche sur les inadaptations sociales de l'enfance. Université de Sherbrooke.

PAVAN, L., FUSCO, E., GAMBARO, F., GRANÀ, S., MARINI, M., PADOANI, W., *et al.* (2003). Open trial on crisis psychotherapy in Padova, Italy. *Brief Treatment and Crisis Intervention, 3*(1), 37-46.

PÉLADEAU, N., MERCIER, C., et COUTURE, L. (1991). Les centres de crise et les services en santé mentale : l'expérience du Sud-Ouest de Montréal. *Santé mentale au Québec, 16*(2), 267-288.

PERKONIGG, A., KESSLER, R.C., STORZ, S., et WITTCHEN, H.U. (2000). Traumatic events and post-traumatic stress disorder in the community : prevalence, risk factors and comorbidity. *Acta Psychiatrica Scandinavica, 101*(1), 46-59.

PETER, D. (2003). Intervention immédiate et intervention de crise. *Revue francophone du stress et du trauma, 3*(1), 25-28.

PFEFFERBAUM, B.C. (2003). Victims of terrorism and the media. Dans Willey (dir.), *Terrorists, victims and society : Psychological perspectives on terrorism and its consequences.* Chichester : Wiley.

PITMAN, R.K., ALTMAN, B., GREENWALD, E., LONGPRE, R.E., MACKLIN, M.L., POIRE, R.E., *et al.* (1991). Psychiatric complications during flooding therapy for posttraumatic stress disorder. *Journal of Clinical Psychiatry, 52*(1), 17-20.

PITMAN, R.K., SANDERS, K.M., ZUSMAN, R.M., HEALY, A.R., CHEEMA, F., LASKO, N.B., *et al.* (2002). Pilot study of secondary prevention of posttraumatic stress disorder with propranolol. *Biological Psychiatry, 51*(2), 189-192.

PITTMAN, F. (1987). *Turning points. Treating Families in Transition and Crisis.* New York : W.W. Norton.

PITTMAN, F. (1988). Thérapeute familial et institution : le pot de terre contre le pot de fer. *Cahiers critiques de thérapie familiale et de pratiques de réseaux, 8*, 67-69.

POUNDJA, J., FIKRETOGLU, D., et BRUNET, A. (2006). The co-occurrence of posttraumatic stress disorder symptoms and pain : Is depression a mediator ? *Journal of Traumatic Stress, 19*(5), 747-751.

PRIETO, N., et LEBIGOT, F. (2003). Les soins psychiques précoces en cas de catastrophe. *Revue francophone du stress et du trauma, 3*(1), 29-34.

PURVES, D., et SANDS, N. (2009). Crisis and triage clinicians' attitudes toward working with people with personality disorder. *Perspectives in Psychiatric Care, 45*(3), 208-215.

QUARANTELLI, E.L., et DYNES, R.A. (1986). Community responses to disasters. Dans B.J. Sowder et M. Lystad (dir.), *Disasters and mental health : Contemporary perspectives and innovations in services to disaster victims* (169-179). Washington : American Psychiatric Press.

QUINSEY, V., HARRIS, G., RICE, M., et CORMIER, C. (1998). *Violent offenders : Appraising and managing risk.* Washington : American Psychological Association.

QUINSEY, V., KHANNA, A., et MALCOLM, P. (1998). A retrospective evaluation of the regional treatment sex offender treatment program. *Journal of Interpersonal Violence, 13*, 621-624.

QURESHI, S.U., LONG, M.E., BRADSHAW, M.R., PYNE, J.M., MAGRUDER, K.M., KIMBRELL, T., *et al.* (2011). Does PTSD impair cognition beyond the effect of trauma ? *Journal of Neuropsychiatry and Clinical Neuroscience, 23*(1), 16-28.

RAPOPORT, L. (1967). Crisis-oriented short term casework. *Social Service Review, 41*, 31-43.

RAPPORT DU COMITÉ D'EXPERTS SUR L'ORGANISATION DES SOINS DE SANTÉ MENTALE. (2004). *Troubles suicidaires et urgences en santé mentale.* Document inédit.

REISCH, T., SCHLATTER, P., et TSCHACHER, W. (1999). Efficacy of crisis intervention. *Crisis : The Journal of Crisis Intervention and Suicide Prevention, 20*(2), 78-85.

RENAUD, S. (2004). Interventions de crise auprès des patients souffrant d'un trouble de personnalité limite. *Santé mentale au Québec, 29*(2), 241-252.

RESICK, P.A., NISHITH, P., WEAVER, T.L., ASTIN, M.C., et FEUER, C.A. (2002). A comparison of cognitive-processing therapy with prolonged exposure and a waiting condition for the treatment of chronic posttraumatic stress disorder in female rape victims. *Journal of Consulting and Clinical Psychology, 70*(4), 867-879.

RESNICK, H.S., KILPATRICK, D.G., DANSKY, B.S., SAUNDERS, B.E., et BEST, C.L. (1993). Prevalence of civilian trauma and posttraumatic stress disorder in a representative national sample of women. *Journal of Consulting and Clinical Psychology, 61*(6), 984-991.

ROBERTS, A.R. (2000a). *Frontline Crisis Intervention : Step-by-step Practice Guidelines Case applications.* Oxford : Oxford University Press.

ROBERTS, A.R. (2000b). *Crisis intervention handbook : Assessment, treatment, and research* (2e éd.). New York : Oxford University Press.

ROBERTS, A.R. (2002). Assessment, crisis intervention, and trauma treatment : the integrative ACT intervention model. *Brief Treatment and Crisis Intervention, 2*(1), 1-21.

ROBERTS, A.R., YEAGER, K., et STREINER, D.L. (2004). Evidence-based practice with comorbid substance abuse, mental illness, and suicidality : Can the evidence be found ? *Brief Treatment and Crisis Intervention, 4*(2), 123-136.

ROBERTS, N.P., KITCHINER, N.J., KENARDY, J., et BISSON, J.I. (2009). Multiple session early psychological interventions for the prevention of post-traumatic stress disorder. *Cochrane Database of Systematic Reviews (online)*, (3), CD006869.

ROBERTS, N.P., KITCHINER, N.J., KENARDY, J., et BISSON, J.I. (2010). Early psychological interventions to treat acute traumatic stress symptoms. *Cochrane Database of Systematic Reviews (online)*, (3), CD007944.

ROMANO, H. (2007). Intervention médico-psychologique immédiate : Expérience d'une CUMP. *Revue Francophone du stress et du trauma, 7*(1), 45-50.

ROSE, S., BREWIN, C.R., ANDREWS, B., et KIRK, M. (1999). A randomized controlled trial of individual psychological debriefing for victims of violent crime. *Psychological Medicine, 29*(4), 793-799.

ROSE, S., BISSON, J., CHURCHILL, R., et WESSELY, S. (2002). Psychological debriefing for preventing post traumatic stress disorder (PTSD). *Cochrane Database of Systematic Reviews (online)*, (2), CD000560.

ROY-BYRNE, P.P., RUSSO, J., MICHELSON, E., ZATZICK, D., PITMAN, R.K., et BERLINER, L. (2004). Risk factors and outcome in ambulatory assault victims presenting to the acute emergency department setting : implications for secondary prevention studies in PTSD. *Depression and Anxiety, 19*(2), 77-84.

RUCHLEWSKA, A., MULDER, C.L., SMULDERS, R., ROOSENSCHOON, B.J., KOOPMANS, G., et WIERDSMA, A. (2009). The effects of crisis plans for patients with psychotic and bipolar disorders : A randomised controlled trial. *BMC Psychiatry, 9*, 41-49.

RUDNICK, A. (1998). Modified crisis intervention for personality disorder. *Crisis : The Journal of Crisis Intervention and Suicide Prevention, 19*(4), 177-184.

RUSK, T.N. (1971). Opportunity and technique in crisis psychiatry. *Comprehensive Psychiatry, 12*(3), 249-263.

RUTTER, M. (1981). Stress, coping and development : some issues and some questions. *Journal of Child Psychology and Psychiatry, 22*(4), 323-356.

RUTTER, M. (2002). The interplay of nature, nurture and developmental influences : the challenge ahead for mental health. *Archives of General Psychiatry, 59*, 996-1000.

SADOCK, B.J., et SADOCK, V.A. (2003). *Synopsis of psychiatry.* (9e éd.). Philadelphia : Lippincott, Williams & Wilkins.

SAMEROFF, A.J., et SEIFER, R. (1983) Familial risk and child competence. *Child Development, 54*, 1254-1268.

SAXE, G., STODDARD, F., COURTNEY, D., CUNNINGHAM, K., CHAWLA, N., SHERIDAN, R., *et al.* (2001). Relationship between acute morphine and the course of PTSD in children with burns. *Journal of the American Academy of Child and Adolescent Psychiatry, 40*(8), 915-921.

SCHNURR, P.P., FRIEDMAN, M.J., FOY, D.W., SHEA, M.T., HSIEH, F.Y., LAVORI, P.W., *et al.* (2003). Randomized trial of trauma-focused group therapy for posttraumatic stress disorder : results from a department of veterans affairs cooperative study. *Archives of General Psychiatry, 60*(5), 481-489.

SÉGUIN, M. (1989). Burnout and fatigue in caregivers. *Soins psychiatriques,* (102), 35-44.

SÉGUIN, M. (2001). Comment désamorcer une crise suicidaire avant la phase aiguë ou le passage à l'acte ? Dans *La crise suicidaire, Reconnaître et prendre en charge.* Conférence, Consensus de la Fédération française de psychiatrie (234-262). Paris : John Libbey Eurotext.

SÉGUIN, M., KIELY, M.C., et LESAGE, A. (1994). After suicide : A unique mourning experience ? *Santé Ment. Qué., 19*(2), 63-82.

SÉGUIN, M., et BRUNET, A. (1998). Les pertes et le deuil chez les enfants et les adolescents : Réactions typiques et atypiques. Dans E. Habimana, L.S. Éthier, D. Petot et M. Tousignant (dir.), *Psychopathologie de l'enfant et de l'adolescent.* Montréal : Gaëtan Morin éditeur.

SÉGUIN, M., BRUNET, A., et LEBLANC, L. (2005). *Intervention en situation de crise et en contexte traumatique.* Montréal : Gaëtan Morin.

SÉGUIN, M., LESAGE, A., TURECKI, G., BOUCHARD, M., CHAWKY, N., TREMBLAY, N., DAIGLE, F., et GUY, A. (2007). Life trajectories and burden of adversity. *Psychological Medicine, 37*(11), 1575-1584.

SÉGUIN, M., CHAWKY, N., GUAY, S., SZKRUMELAK, N., LESAGE, A., BLEAU, P., *et al.* (2010). Dawson College Shooting : SECURE (Support, Evaluation and Coordination United for Recovery and Education) : a multimodal psychological intervention plan. Third of four reports presented to the ministère de la Justice du Québec on the evaluation of the psychological impact and intervention after the shooting at Dawson College on September 13, 2006.

SELVINI, M. (1987). *Mara Selvini Palazzoli. Histoire d'une recherche.* Paris : ESF.

SELVINI-PALAZZOLI, M., CIRILLO, S., SELVINI, M., et SORRENTINO, A.M. (1990). *Les jeux psychotiques dans la famille.* Paris : ESF.

SELYE, H. (1956). *The stress of life.* New York : McGraw-Hill.

SHAD, M.U., SURIS, A.M., et NORTH, C.S. (2011). Novel combination strategy to optimize treatment for PTSD. *Human Psychopharmacology, 26*(1), 4-11.

SHALEV, A.Y., SAHAR, T., FREEDMAN, S., PERI, T., GLICK, N., BRANDES, D., *et al.* (1998). A prospective study of heart rate response following trauma and the subsequent development of post-traumatic stress disorder. *Archives of General Psychiatry, 55*(6), 553-559.

SHAZER, S. (1985). *Keys to solution in brief therapy.* Norton : New York.

SHEA, S.C. (2005) *Psychiatric Interviewing.* New York : Saunders.

SHEPHERD, G., BOARDMAN, J., et SLADE, M. (2008). *Making Recovery a Reality.* Londres : Sainsbury Centre for Mental Health.

SHEVLIN, M., HOUSTON, J.E., DORAHY, M.J., et ADAMSON, G. (2008). Cumulative traumas and psychosis : an analysis of the National Comorbidity Survey and the British Psychiatric Morbidity Survey. *Schizophrenia Bulletin, 34*(1), 193-199.

SIJBRANDIJ, M., OLFF, M., REITSMA, J.B., CARLIER, I.V., DE VRIES, M.H., et GERSONS, B.P. (2007). Treatment of acute posttraumatic stress disorder with brief cognitive behavioral therapy : a randomized controlled trial. *American Journal of Psychiatry, 164*(1), 82-90.

SIMEON, D., GREENBERG, J., KNUTELSKA, M., SCHMEIDLER, J., et HOLLANDER, E. (2003). Peritraumatic reactions associated with the World Trade Center disaster. *American Journal of Psychiatry, 160*(9), 1702-1705.

SLAIKEU, K.A. (1984). *Crisis Intervention : a Handbook for Practice and Research*. San Francisco : Jossey-Bass.

SLUZKI, C.E., et RANSOM, D.C. (1976). *Double Bind : the foundation of the communicational approach to the family*. New York : Grune & Stratton.

SOKOL, R. (1986, 13-14 octobre). Treatment of victims in hostage situations, the USAREUR stress management team. *Comportements dans les catastrophes de guerre et de paix* (218-228) : Symposium de l'OTAN.

SOLOMON, S.D., et DAVIDSON, J. R. (1997). Trauma : prevalence, impairment, service use, and cost. *Journal of Clinical Psychiatry, 58 suppl. 9*, 5-11.

SOURIS, M. (1988). Considérations théoriques sur les mouvements psychiques dans les situations de crise : conséquences psychothérapeutiques. *Acta Psychiatrica Belgica, 88*(4), 261-290.

SPIVACK, G., et SHURE, M.B. (1974). *Social adjustment of Young Children*. San Francisco : Jossey-Bass.

STEADMAN, H., GOUNIS, K., DENNIS, D., HOPPER, K., ROCHE, B., SWARTZ, M., et CLARK ROBBINS, P. (2001). Assessing the New York City involuntary outpatient commitment pilot program. *Psychiatry Services, 52*, 330-336.

STEIN, D.J., IPSER, J., et MCANDA, N. (2009). Pharmacotherapy of posttraumatic stress disorder : a review of meta-analyses and treatment guidelines. *CNS Spectrum, 14*(1), 25-31.

STEIN, D.J., IPSER, J.C., et SEEDAT, S. (2006). Pharmacotherapy for posttraumatic stress disorder (PTSD). *Cochrane Database of Systematic Reviews (online)*, (1), CD002795.

ST-LAURENT, D., et BOUCHARD, C. (2009). *L'épidémiologie du suicide au Québec : que savons-nous de la situation récente ?* Québec : Institut national de santé publique du Québec.

STRAUSS, G., GLENN, M., REDDI, P., AFAQ, I., PODOLSKAYA, A., RYBAKOVA, T., et EL-MALLAKH, R.S. (2005). Psychiatric disposition of patients brought in by crisis intervention team police officers. *Community Mental Health Journal, 41*(2), 223-228.

STROUL, B.A. (1989). Community support systems for persons with long-term mental illness : A conceptual framework. *Psychosocial Rehabilitation Journal, 12*(3), 9-26.

STUART, M.R., et MACKEY, K.J. (1977). Defining the differences between crisis intervention and short-term therapy. *Hospital & Community Psychiatry, 28*(7), 527-529.

SWANSON, J.W., HOLZER, C.E., GANGU, V.K., et JONO, R.T. (1990). Violence and psychiatric disorder in the community : Evidence from the epidemiologic catchment area surveys. *Hospital and Community Psychiatry, 41*, 761-770.

SWANSON, J.W., SWARTZ, M.S., ELBOGEN, E.B., VAN DORN, R.A., WAGNER, H.R., MOSER, L.A., *et al.* (2008). Psychiatric advance directives and reduction of coercive crisis interventions. *Journal of Mental Health, 17*(3), 255-267.

TARRIER, N., PILGRIM, H., SOMMERFIELD, C., FARAGHER, B., REYNOLDS, M., GRAHAM, E., *et al.* (1999). A randomized trial of cognitive therapy and imaginal exposure in the treatment of chronic posttraumatic stress disorder. *Journal of Consulting and Clinical Psychology, 67*(1), 13-18.

TAYLOR, F., et RASKIND, M.A. (2002). The alpha1-adrenergic antagonist prazosin improves sleep and nightmares in civilian trauma posttraumatic stress disorder. *Journal of Clinical Psychopharmacology, 22*(1), 82-85.

TAYLOR, H.R., FREEMAN, M.K., et CATES, M.E. (2008). Prazosin for treatment of nightmares related to posttraumatic stress disorder. *American Journal of Health System Pharmacy, 65*(8), 716-722.

TAYLOR, S., FEDOROFF, I.C., KOCH, W.J., THORDARSON, D.S., FECTEAU, G., et NICKI, R.M. (2001). Posttraumatic stress disorder arising after road traffic collisions : patterns of response to cognitive-behavior therapy. *Journal of Consulting and Clinical Psychology, 69*(3), 541-551.

TAYLOR, S., THORDARSON, D.S., MAXFIELD, L., FEDOROFF, I.C., LOVELL, K., et OGRODNICZUK, J. (2003). Comparative efficacy, speed, and adverse effects of three PTSD treatments : exposure therapy, EMDR, and relaxation training. *Journal of Consulting and Clinical Psychology, 71*(2), 330-338.

TELLIER, O., PASSAMAR, M., et VILAMOT, B. (2003). Catastrophes chimiques et information des populations. *Revue francophone du stress et du trauma, 3*(4), 249-254.

TERR, L.C. (1991). Childhood traumas : an outline and overview. *American Journal of Psychiatry, 148*(1), 10-20.

THOM, R. (1976). Crise et catastrophe. *Communications, 25*, 34-38.

TOROP, P., et TOROP, K. (1972). Hotlines and youth culture values. *American Journal of Psychiatry, 129*(6), 730-733.

TOUCHETTE, L. (2005). *Étude de l'évolution à court et à moyen terme de jeunes âgés de 12 à 17 ans et de leur famille desservis par un programme d'intervention brève et intensive de crise.* Thèse de doctorat. Faculté d'éducation Université de Sherbrooke.

TURECKI, G., SEQUERIA, A., *et al.* (2007). Suicide and serotonin : study of variation at seven serotonin receptor genes in suicide completers. *American Journal of Medical Genetics, 118B*, 36-40.

ULLMAN, S.E. (1997). Attributions, world assumptions, and recovery from sexual assault. *Journal of Child Sexual Abuse, 6*(1), 1-19.

ULMAN, R.B., et BROTHERS, D. (1988). *The shattered self : A psychoanalytic study of trauma*. Hillsdale : Analytic Press.

VAIVA, G., BRUNET, A., LEBIGOT, F., BOSS, V., DUCROCQ, F., DEVOS, P., LAFFARGUE, P., et GOUDEMAND, M. (2003a) Fright (effroi) and other peritraumatic responses after a serious motor vehicle accident : prospective influence on acute PTSD development. *Canadian Journal of Psychiatry, 48*, 395-401

VAIVA, G., DUCROCQ, F., JEZEQUEL, K., AVERLAND, B., LESTAVEL, P., BRUNET, A., *et al.* (2003b). Immediate treatment with propranolol decreases posttraumatic stress disorder two months after trauma. *Biological Psychiatry, 54*(9), 947-949.

VAIVA, G., JEHEL, L., COTTENCIN, O., DUCROCQ, F., DUCHET, C., OMNES, C., *et al.* (2008). Prevalence of trauma-related disorders in the French WHO study : Santé mentale en population générale (SMPG). *Encephale, 34*(6), 577-583.

VAN DER HART, O., NIJENHUIS, E., STEELE, K., et BROWN, D. (2004). Trauma-related dissociation : conceptual clarity lost and found.

Australian and New Zealand Journal of Psychiatry, 38(11-12), 906-914.

VAN DER HART, O., VAN OCHTEN, J.M., VAN SON, M.J., STEELE, K., et LENSVELT-MULDERS, G. (2008). Relations among peritraumatic dissociation and posttraumatic stress : a critical review. *Journal of Trauma and Dissociation, 9*(4), 481-505.

VAN EMMERIK, A.A., KAMPHUIS, J.H., HULSBOSCH, A.M., et EMMELKAMP, P.M. (2002). Single session debriefing after psychological trauma : a meta-analysis. *Lancet, 360*(9335), 766-771.

VAN EMMERIK, A.A., KAMPHUIS, J.H., et EMMELKAMP, P.M. (2008). Treating acute stress disorder and posttraumatic stress disorder with cognitive behavioral therapy or structured writing therapy : a randomized controlled trial. *Psychotherapy and Psychosomatics, 77*(2), 93-100.

VAN MINNEN, A., ARNTZ, A., et KEIJSERS, G.P. (2002). Prolonged exposure in patients with chronic PTSD: predictors of treatment outcome and dropout. *Behaviour Research Therapy, 40*(4), 439-457.

VAN ZELST, W.H., DE BEURS, E., BEEKMAN, A.T., DEEG, D.J., et VAN DYCK, R. (2003). Prevalence and risk factors of posttraumatic stress disorder in older adults. *Psychotherapy and Psychosomatics, 72*(6), 333-342.

VENTUREYRA, V.A., YAO, S.N., COTTRAUX, J., NOTE, I., et DE MEY-GUILLARD, C. (2002). The validation of the Posttraumatic Stress Disorder Checklist Scale in posttraumatic stress disorder and nonclinical subjects. *Psychotherapy and Psychosomatics, 71*(1), 47-53.

VOYER, M., SENON J.L., PAILLARD C., et JAAFARI, N. (2009). Dangerosité psychiatrique et prédictivité. *L'Information psychiatrique, 85*(8), 745-752.

VRAKAS, G. (2008). Rapport à la maladie et suicide chez les patients atteints de schizophrénie. *Frontières, 21*(1), 64-71.

WALSH, F. (1993). *Normal family process*. New York : Guilford Press.

WALSH, F. (1998) *Strengthening family resilience*. New York : Guilford Press.

WAMPOLD, B.E., IMEL, Z.E., LASKA, K.M., BENISH, S., MILLER, S.D., FLUCKIGER, C., *et al.* (2010). Determining what works in the treatment of PTSD. *Clinical Psychology Review, 30*(8), 923-933.

WANG, P.S., BERGLUND, P., OLFSON, M., PINCUS, H.A., WELLS, K.B., et KESSLER, R.C. (2005). Failure and delay in initial treatment contact after first onset of mental disorders in the national comorbidity survey replication. *Archives of General Psychiatry, 62*(6), 603-613.

WASSERMAN, G.A., et SERACINI, A.M. (2001). Family risk factors and family treatments for early-onset offending. Dans R. Loeber et D.P. Farrington (dir.), *Child Delinquent* (165-170). Thousand Oaks : Sage.

WATZLAWICK, P. (1988). *L'invention de la réalité*. Paris : Seuil.

WATZLAWICK, P. (1991). *Les cheveux du Baron de Münchhausen : psychothérapie et réalité*. Paris : Seuil.

WEATHERS, F.W., KEANE, T.M., et DAVIDSON, J.R. (2001). Clinician-administered PTSD scale : a review of the first ten years of research. *Depression and Anxiety, 13*(3), 132-156.

WEBSTER, C., DOUGLAS, K.S., EAVES, E., et HART, S.D. (1997). *The HCR-20 : Assessing risk for violence* (2e version). Burnaby : Simon Fraser University.

WEBSTER, C.D., MULLER-ISBERNER, R., et FRANSSON, G. (2003). Violence risk assessment : Using structured clinical guides professionally. *International Journal of Forensic Mental Health, 1*, 43-51.

WEISMAN, G.K., et BELLACK, A.S. (1989). Crisis intervention. Dans *A Clinical guide for the treatment of schizophrenia* (101-134). New York : Plenum Press.

WESTEFELD, J.S., et HECKMAN-STONE, C. (2003). The integrated problem-solving model of crisis intervention : Overviews and application. *The Counseling Psychologist, 31*(2), 221-239.

YEHUDA, R. (2002). Post-traumatic stress disorder. *New England Journal of Medicine, 346*(2), 108-114.

YERKES, R.M., et DODSON, J.D. (1908). The relation of the strenght of stimulus to rapidity of habit formation. *Journal of Comparative Neurology and Psychology, 18*, 459-482.

Index